REVUE

DES

SCIENCES PHILOSOPHIQUES

ET

THÉOLOGIQUES

———

TOME 91

———

PARIS
LIBRAIRIE PHILOSOPHIQUE J. VRIN
6, Place de la Sorbonne, Vᵉ

—

2007

Rev. Sc. ph. th. 91 (2007) 5-6

LIRE LES PÈRES
AU MOYEN ÂGE

La réappropriation des Pères à l'époque médiévale

Présentation

par Emmanuel Falque

Après la séance académique organisée autour du *Saint Anselme* de Michel Corbin le 11 juin 2005[1], la Faculté de philosophie, sous l'impulsion de son laboratoire nouvellement refondé, renoue avec la grande tradition qui fut la sienne en philosophie médiévale. Les noms célèbres de Jean Chatillon, de Dominique Dubarle et de Michel Corbin suffiront à nous en convaincre. À l'instar de la belle formule de Bernard de Chartres, consignée par son secrétaire Jean de Salisbury, nous sommes déjà à leur égard comme des « nains juchés sur des épaules de géants ». Non pas qu'il s'agisse ici d'en assurer la relève, et ainsi de s'en défaire, mais en cela seulement qu'en s'élevant sur leurs larges épaules, on parviendra à voir sinon plus loin qu'eux, au moins à partir d'eux. Fruit d'un long travail de labourage et de déchiffrement mené pendant plus deux ans par le Laboratoire de philosophie patristique et médiévale de la Faculté de philosophie de l'Institut catholique de Paris, le présent colloque[2] en recueille donc comme le fruit mûr, et marque un pas décisif de la collaboration ecclésiale et universitaire de nos institutions dans le paysage français de la recherche aujourd'hui.

« Lire les Pères au Moyen Âge », ou tenter de réinterroger la « réappropriation philosophique des Pères à l'époque médiévale », revient ainsi à reconnaître que la relecture de notre aujourd'hui dépend aussi de la manière dont les anciens, et en particulier les médiévaux, ont relu leur propre culture. On ne fait jamais du neuf qu'à partir de l'ancien, et on ne comprend jamais mieux l'ancien que lorsqu'on interroge ses propres stratégies de réappropriation du plus ancien encore. Du rapport que les médiévaux ont entretenu avec les Pères dépend

1. Textes publiés dans la revue de l'Institut catholique de Paris, *Transversalités*, 93 (2005), p. 151-196.
2. Ce colloque s'est tenu à l'Institut catholique de Paris, les 27 et 28 mai 2005.

probablement la relation que nous mêmes nous entretenons avec les médiévaux. Dans ce jeu de chassé-croisé se constitue leur propre culture, comme aussi probablement la nôtre. En deçà ou au-delà de l'interrogation du passé, et même du « plus que passé », dépend donc le rapport à notre présent, seul à même quant à lui d'ouvrir vers un nouvel avenir – pour la philosophie médiévale certes, mais aussi pour notre propre culture européenne dans l'acte de la réappropriation de ses sources. De l'hier se tire notre demain, et du rapport de l'hier à l'avant hier se comprend aussi notre aujourd'hui.

Un fait mérite ainsi d'être souligné : ce sont les hommes qui font les institutions, et non pas l'inverse. Loin de servir sa propre cause, la faculté de philosophie de l'Institut catholique de Paris se réjouit ainsi des collaborations entretenues, et continuées, avec d'autres chercheurs appartenant à d'autres institutions – laïques ou davantage confessionnelles. Avec et par les intervenants qui aujourd'hui et demain nous font l'honneur de leur collaboration, c'est la Faculté de philosophie de l'Institut catholique de Paris qui est certes représentée, mais aussi la Faculté de théologie, la Faculté des lettres, l'École pratique de Hautes Études, le Centre d'Études des Religions du Livre, le CNRS et l'Université de la Sorbonne – sans compter la *Revue des Sciences philosophiques et théologiques* éminemment présente par la participation active de son directeur à notre laboratoire comme à la vie de la faculté. La philosophie médiévale, de par son contenu et l'intention des chercheurs, possède en effet cela en propre qu'elle saura faire preuve en elle-même d'un certain œcuménisme. Non pas, loin s'en faut, qu'il revienne aux institutions comme aux personnes de penser le même, mais en cela seulement que dans la diversité des approches se dit aussi la diversité d'une période pour le moins variée.

« Traduction et transmission », « réappropriation », et « *Sancti* » constitueront ainsi successivement les trois temps de notre recherche. La reprise matérielle des textes des Pères par les médiévaux (*traduction et transmission*) détermine leur acte de relecture (*réappropriation*), comme aussi le rapport diversifié qu'ils entretiennent à l'autorité (*Sancti*). Trois moments qui font la philosophie médiévale comme telle, et en dehors desquels rien de ce qui se dit à leur sujet n'a de sens, s'il n'est en même temps rapporté à la façon dont eux-mêmes se rapportent à leurs propres prédécesseurs.

Le champ ouvert par nos traductions des médiévaux, par nos tentatives de réappropriation, et par la reconnaissance en eux d'autorités pour notre temps, est aujourd'hui immense. Puissent les étudiants, au-delà des chercheurs déjà en place, aussi y tracer leur voie. On déchiffre d'abord le livre de sa vie en ouvrant les livres des auteurs, et on apprend de leur mode de lecture notre propre manière de lire notre aujourd'hui. Les vocations se préparent, qui attendent encore leur éclosion. Que la Faculté de philosophie de l'Institut catholique de Paris, le dynamisme du Laboratoire de philosophie patristique et médiévale, et le soutien actif de la *Revue des Sciences philosophiques et théologiques*, puissent aussi y contribuer, c'est là notre vœu le plus cher. Dans la modestie des tâches individuelles se tiennent les plus grandes entreprises. Chacun y portera sa charge, à la mesure de ce qu'il pense devoir y effectuer.

Rev. Sc. ph. th. 91 (2007) 7-21

LA TRANSMISSION
DES TEXTES PATRISTIQUES
À L'ÉPOQUE CAROLINGIENNE

par Dominique ALIBERT

L'historien de l'époque carolingienne est conduit à s'interroger devant le fleuve de citations d'auteurs antiques, de Pères de l'Église, dans les textes qu'il lit. Devant les copies d'auteurs antiques et tardo-antiques qu'il croise en parcourant les titres des manuscrits qui peuplaient les bibliothèques médiévales, il est contraint de se demander quel rôle ont joué les temps carolingiens dans la transmission des textes et de la pensée des Pères de l'Église. Et surtout cette transmission matérielle, qui recouvre un certain nombre d'enjeux économiques, ne rejoint-elle pas d'autres préoccupations? Les choix qui sont faits, en cette période de pénurie [1], ne sont-ils pas dictés par la volonté de faire vivre un héritage [2], héritage pleinement assumé et qui participe pleinement à la vie intellectuelle et politique de l'époque? Prenons quelques exemples, glanés çà et là au gré des rencontres avec les sources carolingiennes.

Le premier jalon de notre enquête est constitué par la quête du manuscrit, le désir de copier les textes des Pères, comme nous l'apprend une lettre adressée à l'abbé Alstig par Loup, abbé de Ferrières [3] entre 840 et 862 :

> « Je vous prie instamment de m'envoyer par des courriers très sûrs [...] les ouvrages suivants pour les remettre à Lantramne, qui vous est bien connu, pour les faire copier ici et vous les restituer le plus vite possible; ce sont les *Questions* de saint Jérôme, qu'au témoignage de Cassiodore il rédigea sur

---

1. Le livre est alors un produit de luxe. Sur les questions économiques qui sous-tendent la confection des manuscrits, on nous permettra de renvoyer à D. ALIBERT et C. DE FIRMAS, *Les sociétés en Europe, mi-VI*-fin IX* siècle*, Paris, SEDES, 2002.

2. Ce terme est préférable, nous semble-t-il dans ce cadre pour l'historien, à celui de tradition.

3. Pour une première approche de Loup de Ferrières, outre l'introduction de l'édition de la *Correspondance* qu'a donnée Léon LEVILLAIN, Paris, Les Belles Lettres, 1927, p. V-XXII, on peut voir Franz BRUNHÖLZL, *Histoire de la littérature latine du Moyen Âge*, Paris-Turnhout, Brepols, 1991, p. 229-233.

l'Ancien et le Nouveau Testament ; les *Questions* analogues de votre compa-
triote Bède sur les deux testaments ; du même Jérôme, les livres des *Commentaires sur Jérémie*, qui font suite aux six premiers livres que nous avons
chez nous » [4].

Le second champ d'investigation est celui de l'influence de la patristique sur les monarques médiévaux. Eginhard qui, dans sa *Vie de Charlemagne* écrit, à propos des repas de son héros [5] : « Pendant le repas [...]
il aimait aussi se faire lire les ouvrages de saint Augustin et, en particulier, celui qui est intitulé *La Cité de Dieu* » [6], nous invite à nous interroger sur ce point.

Troisième piste : l'apocryphité. Derrière ce néologisme se cachent
des foules de clercs anonymes, dont l'érudition fait parfois tomber le
masque à force de travail, qui abritent leurs écrits derrière le nom de
tel ou tel Père. Augustin ou Jérôme, pour ne prendre que deux exemples, font ainsi les frais de ces multiples déguisements qui gauchissent
d'autant leur œuvre [7].

Quatrième indice. Vers 865- 868 peut-être, Charles le Chauve s'offre
un superbe psautier [8], écrit en lettre d'or, enluminé de magnifiques
peintures et orné de splendides sculptures d'ivoire qui viennent se pla-
cer sur la reliure. L'iconographie de ces plaques a, bien évidemment,
une signification politique qui repose en partie sur un commentaire
d'Ambroise de Milan [9].

Dernier domaine à explorer : les images. Aux temps carolingiens la
chrétienté est agitée, en Occident certes, en Orient surtout, par une
violente querelle, la querelle des images, passée à l'histoire sous le nom

---

4. LOUP DE FERRIÈRES, *Correspondance*, trad. Léon Levillain, éd. cit., p. 78-80 :
« Atque ut, quod polliceor, vos exequamini priores, obnixe flagito, ut *Quaestiones* beati
Jieronimi, quas, teste Cassiodoro, in vetus et novum testamentum elaboravit, Bedae
quoque vestri similiter *Quaestiones* in utrumque testamentum, item memorati Jero-
nimi libros *Explanationum in Hieremiam*, praeter sex primos qui apud nos reperiun-
tur, ceteros qui secuntur, praeterea Quintiliani *Institutionuum oratoriarum* libros XII
per certissimos nuntios mihi ad cellam sancti Judoci, quae tandem aliquando nobis
reddita est, dirigatis tradenmo Lantranmo, qui bene vobis notas est, ibique exscri-
bendos vobisque, quam potuerit fieri celerius, remittendos »
5. Voir l'introduction à EGINHARD, *Vie de Charlemagne*, éd. Louis HALPHEN, Paris,
Les Belles Lettres, 1981, p. V-XXIII ; voir également F. BRUNHÖLZL, *op. cit.*, p. 77-82.
6. EGINHARD, *Vie de Charlemagne*, trad. Louis Halphen. éd. cit., p. 72 : « Inter cae-
nandum aut aliquod acroama aut lectorem audiebat. Legebantur ei historiae et anti-
quorum res gestae. Delectabatur et libris sancti Augustini praecipueque his qui *De
civitate Dei* praetitulati sunt ».
7. Sur ce concept, en général, voir Simon-Claude MIMOUNI, « Le concept
d'apocryphité dans le christianisme ancien et médiéval : réflexions en guise
d'introduction » dans *Apocryphité : histoire d'un concept transversal aux religions du
livre*, Turnhout, Brepols, 2002, p. 1-30. Pour un exemple carolingien, voir un commentaire des Livres des Rois et des Livres des Chroniques attribué à saint Jérôme :
PSEUDO-JÉRÔME. *Quæstiones hebraicæ in libros regum et paralipomenon*, PL 23, col.
1330-1402.
8. *Psautier de Charles le Chauve*, Paris, BNF (*Ms.* Lat. 1152). Pour une mise à jour,
voir Dominique ALIBERT, *Les Carolingiens et leurs images. Iconographie et idéologie*,
Paris-Sorbonne, 1994, p. 213-215.
9. Voir D. ALIBERT, *op. cit.*, 1994, p. 220-222.

d'iconoclasme[10]. Quand Charlemagne décide de légiférer en la matière, il a recours à l'autorité du pape Grégoire et à l'une de ses lettres :

« Adorer les images ou les briser va à l'encontre des ordonnances du bienheureux Grégoire, évêque de Rome. Le culte des images a été l'occasion d'un synode à cause de l'amour qui portait Constantin, sa mère Irène ainsi que l'évêque de Constantinople Taraise à les adorer très impertinemment. Or le bienheureux Grégoire, évêque de Rome, a défendu de les adorer comme de les briser de façon appropriée et claire : il a mandé à Serenus évêque de Marseille ce qui devait être observé, ce qui devait être maintenu dans ce domaine »[11].

Ces quelques exemples, empruntés à un fleuve de citations, de titres de manuscrits, n'avaient d'autre but que de montrer la variété des emplois que les temps carolingiens font de leur héritage patristique. Il est évident que l'on ne va pas tenter ici une synthèse sur la question de la connaissance patristique des clercs et des souverains carolingiens[12]. On tentera simplement ici de répondre à quelques interrogations : comment se présentent matériellement ces textes patristiques, quels sont ceux qui sont retenus et quel usage en fait-on ? Pour apporter des réponses à ces questions, on a essentiellement consulté les œuvres de plusieurs personnages clés, à des moments décisifs de l'histoire intellectuelle carolingienne[13]. On a aussi procédé à des sondages chez des auteurs qui nous sont plus familiers, ou qui nous semblaient particulièrement représentatifs du monde culturel carolingien. Il va sans dire que l'on ne traitera pas des Pères médiévaux, exception faite de Grégoire le Grand et d'Isidore de Séville, qui sont des auteurs charnières pour le propos qui nous intéresse. L'étude qui suit s'organisera autour des trois pôles que l'on vient de définir. Une première partie sera dédiée à l'archéologie du livre, puisqu'elle se penchera sur les vestiges matériels et leurs traces dans les textes. La seconde ira à la rencontre des Pères

10. Dans une bibliographie qui tend à devenir gigantesque, on verra, pour une première approche Marie-France AUZEPY « Francfort et Nicée II » dans *Das Frankfurter Konzil von 794*, Rainer BERNDT (éd.), Mayence, Gesellschaft für Mittelrheinische Kirchengeschichte, 1997, p. 279-300, et Jean-Claude SCHMITT, *Le corps des images*, Paris, Gallimard, p. 64-75. Nombre de contributions des beaux volumes : *Testo e immagine nell'alto Medioevo*, Spolète, Centro di Studi sull'alto medioevo, 1994, 2 vol., portent sur cette question.

11. *Opus Caroli regis contra synodum (Libri Carolini)*, éd. Ann FREEMAN, Paul MEYVAERT. *MGH*, Hanovre, Hahn, 1998, p. 278 : « Quod contra beati Gregorii Romane urbis antestitis, instituta sit imagines adorare seu frangere. Imagines sane, quarum insolentissime adorationis amor Constantino et matri eius Herene nec non et Tharasio, Constantinopolitano episcopo exercende synodi causa extitit, quorum discutiendus error presentis nobis disputationis materiam prebuit, a beato Gregorio, Romane urbis antestite, et adorari prohibentur et frangi, qui non longe a causa vagantibus verbis nullisque dubietatis ambagibus involutis sermonibus, sed proprie ac pure, et quid in hac parte observandum quidve tenendum sit, Sereno Massiliensi episcopo suis mandavit apicibus ».

12. En effet, pour cerner la connaissance carolingienne des Pères, il faudrait aborder la question des manuscrits. Ce qui impliquerait de dépouiller des centaines de catalogues de bibliothèque. Il faudrait également explorer plusieurs centaines de traités, de recueils de correspondances.

13. Nous avons volontairement laissé de côté l'œuvre de Jean Scot Érigène et ses liens avec le Pseudo-Denys. Pedro Calixto en traite par ailleurs.

que fréquentent les auteurs carolingiens, comme Jérôme, Augustin ou Bède. La troisième, plus développée, sera consacrée aux emplois que font de leur connaissance des Pères les clercs et les souverains carolingiens.

I. MATÉRIALITÉ DE LA TRANSMISSION

Nous sommes accoutumés à utiliser de grandes collections de textes qui nous offrent l'essentiel de la production patristique grecque, latine et orientale, sous la forme commode de volumes aisément consultables. Même si nous savons qu'il convient d'en user avec circonspection, en recourant abondamment de tables correctrices, « le plagiaire de Dieu[14] », l'abbé Migne, a quand même mis à notre disposition cent soixante-sept volumes de Pères grecs, quatre-vingt-un d'orientaux et deux cent vingt et un de latins. En outre, même si nous n'avons pas, à titre individuel, les moyens de nous les offrir, ces livres sont bien loin de représenter la valeur qu'avait un seul volume aux temps carolingiens. Ainsi, pour prendre quelques exemples, la bibliothèque de Charlemagne comptait quelques dizaines de volumes[15], tout comme celle de son petit-fils Charles le Chauve[16], et celle du puissant marquis de Frioul en compte une cinquantaine[17]. Les bibliothèques monastiques étaient mieux fournies, mais ces dernières, là encore, étaient loin de rassembler un nombre considérable d'ouvrages. Ainsi Fulda, qui passait pour avoir la bibliothèque la plus riche de l'époque, recèle environ mille volumes, tandis que le monastère alsacien de Murbach n'en possède pas plus de quatre cents[18].

Pourquoi cette pénurie de livres? Parce que la matière première d'un livre coûte cher et qu'il est long et difficile à réaliser[19]. Dans une société de subsistance, la réalisation d'un livre se compte en têtes de bétail. Un simple exemple permet de le comprendre : une page *in-folio* requiert la peau d'un mouton. La difficulté est tout aussi évidente : il s'agit de dessiner des lettres alors que tout le poids du bras repose sur l'index, avec une plume taillée ou un roseau fendu symétriquement,

---

14. Pour reprendre le titre de l'ouvrage d'Howard BLOCH, *Le plagiaire de Dieu. La fabuleuse industrie de l'abbé Migne*, Paris, Seuil, 1996.

15. Bernhard BISCHOFF, « Die Hofbibliothek Karls des Grossen » dans *Karl der Grosse*, t. II, Düsseldorf, L. Schwann, 1965, p. 149-169.

16. Sur la bibliothèque de Charles le Chauve, le bel article de Rosamond M. C. KITTERICK, « The palace school of Charles the Bald » dans *Charles the Bald, Court and Kingdom*, Londres, Variorum reprints, 1990, p. 326-339, offre une synthèse commode. Voir en particulier p. 328.

17. Pierre RICHÉ, « Les bibliothèques de trois aristocrates laïcs carolingiens » dans *Le Moyen Âge*, t. LXIX, 1963, pp. 87-104.

18. Philippe WOLFF, *L'éveil intellectuel de l'Europe*, Paris, Seuil, 1971, p. 48.

19. C'est d'ailleurs l'une des raisons qui conduit les moines à copier des manuscrits : c'est là la part de travail manuel prévu par la Règle de saint Benoît. Ce qui ne les empêche pas de parfois se plaindre de la difficulté de l'exercice comme en témoigne le florilège compilé par Mgr LESNE (*Histoire de la propriété ecclésiastique en France*, t. IV, *Les livres. « Scriptoria » et bibliothèques du commencement du VIII⁰ siècle à la fin du XI⁰ siècle*, Lille, Facultés catholiques, 1938, voir p. 350-352).

dans une pièce où, l'hiver, la température doit avoisiner les sept ou huit degrés[20].

En outre les livres sont rares car peu nombreux sont ceux qui savent lire, et plus réduit encore le nombre de ceux qui peuvent écrire. Ainsi, il n'est pas sûr que les rois du Moyen Âge aient su, jusqu'à une date avancée, écrire autre chose que leur monogramme[21]. Enfin ce n'est qu'après l'apparition de la *pecia*, au XIIIᵉ siècle, qui permettra une copie plus rapide, que le livre commencera à se répandre[22]. Puisque le livre est rare, puisque le livre est cher, il est d'autant plus intéressant qu'on cherche à faire prioritairement copier tel ou tel auteur. Il est bien évident que les clercs vont, dans ces conditions, passer leur temps à chercher les livres qui leur manquent. Ils vont, tout aussi logiquement, mettre toute leur ardeur à les copier. Prenons quelques d'exemples, empruntés à la correspondance de Loup de Ferrières et voyons, à travers eux, les circonstances qui gouvernaient ces échanges et les auteurs qui étaient alors recherchés. Nous pourrons ainsi préciser certains points évoqués ci-dessus, comme la valeur du livre, mais aussi les choix qui peuvent être faits entre tel et tel auteur.

Prêter des livres était chose délicate. Loup de Ferrières le dit explicitement : « Mais, ayant une fois franchi les bornes de toute retenue, je vous demande encore de me prêter quelques-uns de vos livres pendant mon séjour ici : solliciter un prêt de livre, c'est infiniment moins audacieux que de réclamer le don de l'amitié[23] ». Le prix des livres pouvaient donner des idées aux bandits, comme il nous le montre dans une lettre à Hincmar :

> « J'ai craint de vous envoyer la compilation de Bède sur l'Apôtre, tiré des œuvres d'Augustin, parce que ce livre est si grand qu'on ne peut ni le cacher dans son sein, ni le mettre facilement dans une besace. Au surplus, à faire l'un ou l'autre, on s'exposerait à la rapacité toujours en éveil des voleurs, que certainement la beauté du livre attiserait, ce qui pourrait entraîner sa perte pour moi comme pour vous. Aussi, suis-je disposé à vous le prêter en toute sécurité, aussitôt que, si Dieu le veut, il nous sera donné de nous rencontrer en paix quelque part »[24].

---

20. Michel BANNIARD, *Genèse culturelle de l'Europe, Vᵉ-VIIIᵉ siècle*, Paris, Seuil, 1989, 254 p. Voir p. 47-50.

21. Voir par exemple ce que rapporte, à ce sujet, Eginhard à propos de Charlemagne. EGINHARD, éd. cit. p. 76.

22. Pour une première introduction à cette mutation importante, voir Anita GUERREAU-JALABERT, *Histoire culturelle de la France*, t. I, Paris, Seuil, 1997, p. 119-120.

23. LOUP DE FERRIÈRES, *Correspondance*, trad. Léon Levillain, éd. cit., t. I, p. 8 : « Sed semel pudoris transgressus limitem, etiam hoc postulo, ut quosdam librorum vestrorum mihi hoc posito commodetis, quamquam multo sit minus libros quam amicitiam flagitare ».

24. LOUP DE FERRIÈRES, *Correspondance*, trad. Léon Levillain, éd. cit., t. II, p. 146 : « Collectaneum Bedae in apostolum ex operibus Augustini veritus sum dirigere, propterea quod tantus est liber, ut nec sinu celari nec pera possit satis commode contineri. Quanquam, si alterutrum fieret, formidanda esset obvia improborum rapacitas, quam profecto pulchritudo ipsius codicis accendisset, et ita forsitan et mihi et vobis perisset. Proinde tuto vobis memoratum volumen ipse commodaturus sum, cum primo, si Deus vult, aliquo nos contigerit sospites convenire ».

Dans la lettre adressée à Alstig, citée en introduction[25], Loup ré-
clame toute une série de textes dont certains sont issus de l'œuvre des
Pères. Il s'agit de commentaires exégétiques rédigés par Bède et saint
Jérôme. Dans sa quête de manuscrits, il va même jusqu'à s'adresser au
pape. Ainsi, dans une lettre à Benoît III, Loup cherche à obtenir un
manuscrit de Jérôme :

> « Nous demandons l'envoi par l'entremise desdits frères, en un manus-
> crit de vénérable antiquité, des commentaires de saint Jérôme sur Jérémie,
> depuis le sixième livre exclusivement jusqu'à la fin dudit prophète. Si nous
> les obtenons, nous ne manquerons pas, après les avoir faits rapidement
> transcrire, de les renvoyer à Votre Sainteté. Car, dans nos régions, il a été
> impossible de trouver nulle part un manuscrit qui dépasse le sixième com-
> mentaire, et nous souhaitons recouvrer chez vous ce qui paraît faire défaut
> à notre petitesse »[26].

Il est probable que Loup de Ferrières possédait un manuscrit de la
Cité de Dieu de saint Augustin, car les citations qu'il donne de l'œuvre
sont généralement exemptes de scories[27]. Dans certains cas, on ne possède pas l'œuvre complet : on se contente alors de recourir à des com-
pilations. Hincmar de Reims écrit ainsi : « Mais si l'on ne possède pas
ces livres, qu'on se reporte à la collection des extraits de saint Augustin
sur l'Apôtre composée par Bède le Vénérable »[28]. Une autre attestation
à propos de cette collection nous est fournie par la lettre de Loup de
Ferrières précédemment citée[29].

À travers ces exemples, nous avons déjà croisé quelques figures de
Pères connus et appréciés des clercs carolingiens, Jérôme, Augustin,
Bède. Recherchons maintenant, au fil des œuvres des différents intel-
lectuels carolingiens, les autres Pères qu'ils ont lus.

II. FRÉQUENTATION DES TEXTES PATRISTIQUES

La toute première génération, celle des Paulin d'Aquilée, Alcuin et
Théodulfe a utilisé, à quelques variantes près, le même outillage patristique : Augustin, Jérôme et Grégoire le Grand, Hilaire de Poitiers, Ambroise de Milan, Isidore de Séville[30]. Elle lit aussi, mais de seconde

25. LOUP DE FERRIÈRES, *Correspondance*, éd. cit., t. II, p. 78-80. Cf. supra note 4.
26. LOUP DE FERRIÈRES, *Correspondance*, trad. Léon Levillain, éd. cit., t. II, p. 122 :
« Commentarios beati Hieronimi in Jeremiam post sextum librum usque in finem
predicti prophetae, per eosdem fratres nobis mitti deposcimus in codice reverandae
vetustatis, vestrae sanctitati, si id optinuerimus, postquam celeriter excriptus fuerit,
sine dubio remittendos. Nam in nostris regionibus nusquam ullus post sextum com-
mentarium potuit invenire, et optamus in vobis recuperare quicquid parvitati nostrae
deesse sentimus ».
27. C'est en tout cas ce que le sondage que nous avons réalisé nous incline à penser. Il conviendrait, cependant, de mener une étude approfondie de cette question.
Pour quelques exemples de citations ou d'allusions, voir *Correspondance*, t. I, p. 42, t.
II, p. 44, 50.
28. HINCMAR. *Œuvres*, éd. Jacques SIRMOND, Paris, 1645, t. I, 9-10 : « Si quis tamen
eos libros non habet, videat in collectione venerabilis Bedae presbyteri de opusculis
Sancti Augustini super Apostolum ».
29. Cf. supra note 24.
30. BRUNHÖLZL, *op. cit.*, p. 16, 29-46, 48-57.

main puisqu'elle ne sait pas le grec, Cyrille d'Alexandrie, Grégoire de Nazianze, Pierre Chrysologue et Jean Chrysostome[31].

À la génération suivante on trouve Raban Maur. Nous reviendrons plus loin sur ce dernier, disons simplement pour l'instant que, dans bien des cas, il s'est voulu un passeur bien plus qu'un penseur[32]. Plutôt que de faire une œuvre autonome, il s'est attelé à la noble tâche de synthétiser celle de ses prédécesseurs : c'est pour cette raison qu'à maintes reprises il a recopié, dans ses traités, les œuvres des Pères de l'Église[33]. C'est ainsi le cas dans son *Institution des clercs*[34]. Les Pères de l'Église sont ici ses garants : Cyprien de Carthage, Hilaire de Poitiers, Ambroise, Jérôme, Augustin, Grégoire le Grand, Jean Chrysostome et Damase[35].

Hincmar a lu les Pères considérés comme canoniques par Rome. Il sait pertinemment que ces derniers, parfois, sont en désaccord. S'il a une certaine tendresse[36] pour Grégoire, il est proche, par sa sensibilité, de Bède le Vénérable[37].

D'après Jean Devisse l'auteur patristique qu'Hincmar connaît et utilise le plus, dans un premier temps, c'est saint Jérôme. Entre 850 et 856, c'est visiblement l'auteur dominant. Vient ensuite Augustin, qui s'impose entre 857 et 860. Hincmar lit alors avec boulimie l'évêque d'Hippone. Ce dernier, de toute façon, est l'auteur le plus cité par le prélat rémois. Et une bonne partie des manuscrits augustiniens de Reims provient de la copie hincmarienne[38].

Hincmar a fréquenté Ambroise à deux moments distincts. Une première fois, entre 850 et 860. Puis après 870. Hincmar a lu Ambroise. Abondamment. Il l'a lu et fait copier, car plusieurs manuscrits contenant les traités de l'évêque de Milan sont conservés à la Bibliothèque de Reims. Ainsi l'*Apologie de David*[39], ainsi le traité *Sur les sacrements*[40], un *Commentaire sur Isaïe*[41]. Sans multiplier les exemples, il faut savoir qu'Hincmar cite quelque vingt-deux œuvres d'Ambroise[42]. Outre Bède le Vénérable, Jérôme, Augustin et Ambroise, Hincmar a côtoyé Hilaire de Poitiers, Prosper d'Aquitaine, Grégoire le Grand, Isidore de Séville,

---

31. *Ibidem.*
32. Voir ce que nous disons plus bas à ce sujet.
33. Une bonne introduction est donnée par l'article de Philippe LE MAITRE « Les méthodes exégétiques de Raban Maur » dans *Haut Moyen Âge, Culture, Éducation et Société, Études offertes à Pierre Riché*, Nanterre, Publidix-Erasme, 1990, p. 343-352.
34. Nous n'avons pu consulter l'édition d'Aloïs Knöpfler, publiée à Munich en 1900 ; nous avons donc utilisé celle de Migne, *De institutione clericorum*, PL 107, col. 293-420.
35. Voir, entre autres, BRUNHÖLZL, *op. cit.*, p. 87.
36. Le mot est de Jean DEVISSE, *Hincmar, archevêque de Reims*, Genève, Droz, 1975, 3 vol., p. 924.
37. *Ibidem.*
38. *Op. cit.*, voir p. 1074-1075. Aux années 850, la part patristique de la bibliothèque d'Hincmar approche probablement, voire dépasse, les 80 %.
39. Reims, Bibliothèque Municipale, *Ms.* 376.
40. Reims, Bibliothèque Municipale, *Ms.* 377.
41. Reims, Bibliothèque Municipale, *Ms.* 393.
42. DEVISSE, *op. cit.*, p. 1475-1476.

Jean Chrysostome, Grégoire de Naziance. Pour être complet, on peut ajouter Eusèbe de Verceil[43].

Les Confessions sont aussi connues, puisque dans la lettre qu'il envoie à Eginhard lors de la mort de sa femme, Loup de Ferrières en cite un passage[44]. On lit aussi l'Augustin des Sermons comme le prouve une missive de Loup de Ferrières à Charles le Chauve, dans laquelle le savant abbé rappelle au roi qu'il lui a envoyé un sermon d'Augustin[45], dans lequel ce dernier « déconseille la coutume de jurer et montre combien est funeste le parjure[46] ». Les clercs carolingiens patiquent aussi la correspondance d'Augustin. On trouve en effet plusieurs références à celle-ci dans les lettres de Candidus[47]. Enfin, il faut poser la question des pseudos. Les pseudo-Augustin ou les pseudo-Jérôme que l'on évoquait en introduction n'apparaissent pas seulement dans les titres d'ouvrages relevés au fil des catalogues de bibliothèque. On les rencontre également dans les attributions erronées faites par les lettrés du IXe siècle dans les citations qu'ils attribuent à tort aux Pères.

Les intellectuels de haut vol, les clercs, ne sont pas les seuls à avoir lu les Pères. Eginhard, un laïc donc, même s'il s'est retiré au monastère de Seligenstadt, répond à une lettre que Loup de Ferrières lui avait adressée à la mort de sa femme Emma. Eginhard explique qu'il recherche dans les études un remède à sa mélancolie en s'intéressant aux grands auteurs, il écrit ainsi : « J'avais sous la main les illustres docteurs dont il faut écouter et suivre les enseignements bien loin de les mépriser, je veux dire le glorieux martyr Cyprien, et les plus illustres commentateurs des lettres divines et sacrées, Augustin et Jérôme[48]. » Ce qui montre que même un monastère de fondation récente, comme l'est alors Seligenstadt, possédait des œuvres d'Augustin et de Jérôme.

Il ne sera pas question, pour nous, de nous en tenir à l'inventaire des manuscrits, ou à celui de citations éparses. Si, comme nous le pensons, l'héritage patristique est vivant, les textes des Pères ont dû être mis à l'œuvre lors des différentes polémiques qui ont secoué les milieux intellectuels de l'Empire. C'est ce que nous nous proposons de voir dans une troisième partie.

---

43. DEVISSE, *op. cit.*, p. 1472-1510.

44. LOUP DE FERRIÈRES, *Correspondance*, éd. cit., t. I, p. 34.

45 Il s'agit du sermon 180 : AUGUSTIN, *Œuvres complètes*, Paris, 1888, t. V, 1, col. 1243-1252.

46. LOUP DE FERRIÈRES, *Correspondance*, éd. cit., t. II, p. 190 : « Sermonem itaque beati Augustini, in quo jurandi consuetudinem dissuadet quamque sit ferale perjurium ostendit, vestrae prudentiae destinavi, profuturum vobis plurimum credens, si vobis admonentibus quidam assidue jurare desistant et quod recte juraverint non contempnant ».

47. L'attribution à ce dernier est discutée ; CANDIDUS, *Correspondance*, éd. Ernst DÜMMLER, *MGH, Epistolae Selectae*, t. IV, Berlin, Weidmann, 1896, cf. p. 485. La lettre d'Augustin que cite Candidus est adressée à saint Jérôme. Elle est éditée dans les *Œuvres complètes*, Paris, 1886, t. II, p. 67.

48. Éd. cit., t. I, p. 15 : « Erant ad manum doctores egregii, nedum non spernendi, verum omnimodis audiendi atque sequendi, gloriosus videlicet martyrus Ciprianus et illustrissimi sacrarum divinarum litterarum expositores Augustinus atque Ieronimus ».

III. Usages des textes patristiques

À l'occasion des controverses

La première controverse est bien évidemment celle qui se développe à propos de l'adoptianisme[49]. Lorsque Paulin d'Aquilée intervient, pour la seconde fois dans cette affaire, et qu'il écrit son *Contre Félix*[50], il utilise des citations, entre autres, d'Hilaire[51], d'Ambroise[52], de Jérôme[53], d'Augustin[54], de Léon le Grand[55] et de Grégoire le Grand[56]. Dans son *Contre Félix d'Urgell*[57], Alcuin en appelle à Hilaire de Poitiers[58], Jérôme[59], Ambroise de Milan, Augustin[60] et Grégoire le Grand[61], parmi d'autres. Mais il emploie aussi, de seconde main puisqu'il ne sait pas le grec, Grégoire de Nazianze[62], Cyrille d'Alexandrie[63], Jean Chrysostome[64]. Dans le même temps qu'il rédige son traité, Alcuin tente de convaincre directement Félix d'Urgell. Il le fait notamment à travers ses lettres. L'une d'elles[65] se bâtit autour de deux citations, l'une empruntée au commentaire d'Augustin[66] sur le Psaume 88 et l'autre aux *Morales sur Job*[67] de Grégoire le Grand. Cette missive d'Alcuin nous permet de pénétrer le cheminement intellectuel de l'auteur, mais aussi de mesurer sa familiarité avec les textes des Pères. Agobard produit, lui aussi, un traité intitulé *Contre le dogme de Félix*[68]. Il n'apporte rien de nouveau au débat, et utilise, pour le nourrir, les textes de Jérôme[69], Hilaire[70], Augustin[71], Cyrille d'Alexandrie[72], Grégoire le Grand[73] parmi d'autres.

49. Pour une première approche, W. HEIL, « Adoptianismus » dans *Lexikon des Mittelalters*, t. I. col. 162-163.

50. *Contra Felicem Urgellitanum episcopum*, PL 99, col. 343-468.

51. Éd. cit., col. 452-454.

52. Éd. cit., col. 454-455.

53. Éd. cit., col. 455-456.

54. Éd. cit., col. 456-460.

55. Éd. cit., col. 462-463.

56. Éd. cit., col. 463-466.

57. *Liber Alcuini contra haeresim Felicis*, éd. Gary B. BLUMENSHINE, Cité du Vatican, Biblioteca Apostolica Vaticana, 1980.

58. Éd. cit., p. 58-59.

59. Éd. cit., p. 83 et 86.

60. Éd. cit., p. 60, p. 70, p. 73, etc.

61. Éd. cit., p. 65-66.

62. Éd. cit., p. 64 et 90.

63. Éd. cit., p. 62.

64. Éd. cit., p. 83.

65. Éd. cit., p. 60-65. Voir en particulier p. 63 pour la citation d'Augustin, p. 64 pour celle de Grégoire le Grand.

66. AUGUSTIN, *Enarrationes in psalmos*, éd. Élie DEKKERS, Jean FRAIPONT, Turnhout, Brepols, *CCSL* 39, 1956, voir p. 1097-1111.

67. On dispose désormais d'une édition commode en coll. « Sources chrétiennes », 476, éd. Adalbert DE VOGÜE, Paris, Cerf, 2003, du Livre XVIII des *Moralia* sur lequel s'appuie Alcuin.

68. AGOBARD. *Adversum dogma Felicis Urgellensis* dans *Opera omnia*, éd. L. VAN ACKER, Turnhout, Brepols, *CCCM*, 52, 1986, 73-111.

69. Éd. cit., p. 86.

70. Éd. cit., p. 94.

71. Éd. cit., p. 75.

Dans la querelle sur la prédestination, on allait logiquement se servir d'Augustin[74]. Mais pas uniquement. Ainsi, quand Charles le Chauve demande son point de vue à Loup de Ferrières, ce dernier lui répond en appuyant sa démonstration sur une citation de saint Ambroise[75].

Dans le débat sur le libre arbitre, l'évêque d'Hippone est accompagné d'un quatuor de Pères, ce qui nous donne un bon aperçu de ce qu'était la culture patristique carolingienne. Loup de Ferrières écrit à ce propos : « Jérôme et Grégoire expriment le même avis qu'Augustin en d'autres termes; Bède et Isidore, dans les mêmes termes. Je pourrai le démontrer d'après ces auteurs eux-mêmes s'il plaît à Votre Altesse »[76].

Loup intervient également dans un autre dossier important de l'époque carolingienne, celui de la vision béatifique. Il cite à nouveau Augustin. Le cadre comme la lettre méritent un instant d'arrêt. Loup répond, vers 849-850, à Gottschalk (ou Godescale), moine d'Orbais, qui est véritablement le trublion de la théologie carolingienne[77], à propos de la position augustinienne, et le fait avec une certaine suffisance : « Puisqu'il n'y a aucune faute, même petite, à avoir, sur ces mêmes questions des opinions différentes, autant qu'elles ne sont pas contraires à la foi, il ne m'en coûtera pas de t'exposer la pensée que le très saint et très savant Augustin me paraît avoir exprimée »[78]. Loup, toujours dans la même lettre, fait de la référence à saint Augustin l'*ultima ratio*. Non sans un certain humour, puisque le docte abbé n'hésite pas à affirmer : « Et cela est même si évident à mes yeux que saint Augustin, s'il venait à ressusciter, s'étonnerait fort, je pense, qu'on pût être d'un autre avis »[79].

Hincmar utilise le même type d'arguments contre Gottschalk, puisqu'il écrit, en 859, dans un traité consacré à la réfutation des positions du moine d'Orbais : « Mais si l'on ne possède pas ces livres, qu'on se

72. Éd. cit., p. 79-82.

73. Éd. cit., p. 109.

74. Sur ce débat, voir David GANZ, « The debate on predestination » dans *Charles the Bald, Court and Kingdom, op. cit.*, p. 283-302.

75. Éd. cit., t. II, p. 25. Il est intéressant de souligner que Loup, fin connaisseur s'il en est, de la rhétorique, construit son argumentation en prenant appui à part égale sur le texte biblique et sur les écrits patristiques, dans le cas présent saint Ambroise : « in divinis litteris didiceram et in maximis auctoribus inveneram [...] ut aït beatus Ambrosius ».

76. Éd. cit., t. II, p. 28 : « Consentiunt Augustino verbis aliis Hieronimus et Gregorius, eodem auteur verbo Beda et Isidorus : quod ex ipsis auctoribus, si vestrae placuerit celsitudini, facile potero demonstrare ». Nous avons conservé la traduction de Léon Levillain.

77. Il n'y a pas lieu de retracer ici la carrière mouvementée de ce personnage. Pour une première approche, BRUNHÖLZL, *op. cit.*, p. 115-120 ou la notice du *Lexikon des Mittelalters*, t. IV, col. 1611.

78. Éd. cit., t. II, p. 44 : « Quoniam de isdem quaestionibus diversa sentire, quousque contra fidem non est, aut nulla aut parva culpa est, quid mihi sentire visus sit beatissimus ac doctissimus Augustinus in eo loco quem enodandum proposuisti non gravabor exponere ». Nous avons conservé la traduction de Léon Levillain.

79. Éd. cit., p. 52 : « Quod adeo mihi constat, ut etiam beatissimum Augustinum si revivisceret, aliter quemquam sensisse credam non mediocriter miraturum ». Nous avons conservé la traduction de Léon Levillain.

reporte à la collection des extraits de saint Augustin sur l'Apôtre composé par Bède le Vénérable »[80].

En exégèse biblique et pour des traités

Le recours aux Pères s'imposait en matière d'exégèse biblique. Tentons quelques sondages à travers divers textes entre la fin du VIIIe siècle et les années cinquante du IXe siècle. Alcuin, dans son *Commentaire sur saint Jean*[81], ne cache pas que sa source principale est Augustin. Il y ajoute, de manière ponctuelle, des citations d'Ambroise, de Grégoire le Grand et de Bède le Vénérable. Son *Commentaire sur les épîtres à Tite et à Philémon*[82] est composé presque exclusivement sur la base de saint Jérôme[83], tandis que ce qu'il écrit sur l'*Épître aux Hébreux*[84] doit beaucoup aux *Homélies* de Jean Chrysostome[85], connues grâce à la traduction de Mutianus, faite à l'instigation de Cassiodore[86]. Quand l'érudit abbé écrit son *Sur la Trinité*[87], il puise[88] dans le *De Trinitate* d'Augustin[89]. S'il préfère ce traité à celui d'Hilaire, dont on sait qu'il le connaissait, c'est simplement parce qu'Augustin utilise la doctrine des Catégories[90]. Nous avons une autre preuve du goût d'Alcuin pour les commentaires des Pères de l'Église, quand il charge l'un de ses disciples, par ailleurs fort mal connu, un dénommé Joseph Scott, de résumer le commentaire de Jérôme sur Isaïe[91].

L'œuvre exégétique de Raban Maur, le fait est bien connu, est entièrement une compilation d'écrits patristique[92]. Il travaille pour les moines et des clercs qui n'ont à leur disposition que des bibliothèques réduites et qui ne sont pas capables de comprendre la subtilité des plus grandes œuvres patristiques. Raban Maur s'en est expliqué lui-même en écrivant : « C'est en pensant aux frères qui scrutent avec nous les livres divins que j'ai pris soin d'écrire. [...] Ils auront un résumé assez commode, trouvant rassemblé dans un seul recueil ce qu'ils auraient dû chercher dans de multiples ouvrages des Pères »[93]. Dans sa colossale

---

80. HINCMAR. *Œuvres*, éd. Jacques SIRMOND, Paris, 1645, t. I, 9-10 : « Si quis tamen eos libros non habet, videat in collectione venerabilis Bedae presbyteri de opusculis Sancti Augutini super Apostolum ». Nous avons déjà utilisé cette citation, mais dans un autre contexte.

81. ALCUIN, *Commentaire sur l'évangile de saint Jean*, PL 100, col. 754-1008. Voir col. 744.

82. ALCUIN, *Commentaire sur les épîtres à Tite et Philémon*, PL 100, col. 1010-1032.

83. Éd. cit.; voir col. 1010, 1013, 1015, 1017, 1019 etc.

84. ALCUIN, *Commentaire sur l'épître aux Hébreux*, PL 100, col. 1031-1084.

85. Éd. cit., col. 1032, 1034, 1044, 1045, 1064, 1082, etc.

86. Sur ce point BRUNHÖLZL, *op. cit.*, p. 37-38.

87. ALCUIN, *Sur la Trinité*, PL 101, col. 13-58.

88. Voir par exemple col. 39, col. 42, col. 45.

89. AUGUSTIN, *De Trinitate*, éd. W. J. MOUNTAIN, Turnhout, Brepols, CCSL 50, 1968.

90. Sur ce point, voir BRUNHÖLZL, *op. cit.*, p. 40.

91. BRUNHÖLZL, *op. cit.*, p. 46.

92. Voir Philippe LE MAITRE « Les méthodes exégétiques de Raban Maur » dans *Haut Moyen Âge, culture, éducation et société, op. cit.*, p. 343-352.

93. RABAN MAUR, *Sur Jérémie*, PL 111, col. 793-1272; cf. col. 793-794 : « Cogentibus fratribus nostris, qui nobiscum divinos libros scrutantur, ipse scribendi studium impenderem; habeatque satis commodum compendium, quando in quod in multis

encyclopédie, *Les natures des choses*[94], traité qui occupe plus de six cents colonnes de *Patrologie latine*, soit à peine cinquante de moins que les *Étymologies*[95] d'Isidore de Séville, nous retrouvons les mêmes caractéristiques que dans son œuvre exégétique. Il est bien évident qu'il s'appuie massivement sur Isidore. Mais, quand il n'utilise pas les travaux du Sévillan, il se réfère aux autres Pères dont il est familier, Jérôme, Augustin, Grégoire[96].

Walafrid Strabon est un personnage complexe, à la fois homme de cour et abbé, auteur prolifique dans bien des domaines, et honorable penseur[97]. Sa *Vision de Wetti*[98], jalon important de la constitution des conceptions médiévales de l'Au-delà, laisse transparaître l'influence des *Dialogues* de Grégoire le Grand[99].

Paschase Radbert est incontestablement l'une des fortes personnalités intellectuelles des temps carolingiens[100]. Il est l'une des figures marquantes de la théologie. Il nous intéresse au premier chef car il a été fortement marqué par la patristique. Les sources principales de son *Commentaire sur saint Mathieu*[101] sont Jérôme[102], Ambroise[103], Augustin[104], Grégoire le Grand[105]. Pour autant, et à la différence de nombre de ses contemporains ou de ses prédécesseurs, Paschase Radbert ne compile pas mais tente de construire un ouvrage nouveau.

Ratramne de Corbie, dans son *Traité sur l'âme* cherche à montrer que l'âme n'est ni circonscrite dans l'espace, ni localisée dans un endroit précis[106]. Pour ce faire, il emploie Ambroise[107] et Augustin[108], Isidore[109] et Grégoire[110].

---

codicibus Patruum scrutari debuit in unum reperit collectum ». Nous avons accordé les deux citations dans la traduction pour en faciliter la lecture française.

94. RABAN MAUR, *De rerum naturis sive de universo*, PL 111, col. 9-614.

95. ISIDORE DE SÉVILLE, *Etymolgiae*, PL 82, col. 73-728.

96. Sur tout ce dossier, voir l'étude d'Elizabeth HEYSE, *Hrabanus Maurus Enzyklopädie De rerum naturis, Untersuchungen zu den Quellen und zur Methode der Kompilation*, Munich, Arbeo-Gesellschaft, 1969.

97. Ce familier de la cour de Louis le Pieux, précepteur de Charles le Chauve, proche de l'impératrice Judith, mériterait une belle étude synthétique. En attendant cette dernière, le lecteur peut se reporter aux pages de BRUNHÖLZL, *op. cit.*, p. 102-115. On peut compléter par la notice de Philippe DEPREUX dans sa thèse *Prosopographie de l'entourage de Louis le Pieux*, Sigmaringen, Thorbecke, 1997, p. 393-394.

98. Éd. Ernst DÜMMLER, *MGH, Poetae Latini Aevi Carolini*, t. II, Berlin, Weidmann, 1884, p. 301-333.

99. Sur ce point, nous restons un lecteur assidu du livre fondateur de Jacques LE GOFF, *La naissance du Purgatoire*, Paris, Gallimard, 1981, p. 159-161.

100. L'essentiel de ce que l'on peut savoir sur Paschase Radbert est rappelé dans BRUNHÖLZL. *op. cit.* p. 125-134.

101. Éd. Beda PAULUS, Turnhout, Brepols, CCCM 56, A et B, 1984.

102. Éd. cit., p. 207, p. 685, p. 1395, etc.

103. Éd. cit., p. 160, p. 885, p. 1270.

104. Éd. cit., p. 268, p. 479, p. 944.

105. Éd. cit., p. 226, p. 554, p. 1361.

106. Éd. André WILMART, *Revue bénédictine* 43 (1931), p. 210-223.

107. Éd. cit., p. 223.

108. Éd. cit., p. 211.

109. Éd. cit., p. 214.

110 Éd. cit., p. 215.

Smaragde de Saint-Mihiel est d'abord connu comme l'auteur de *La Voie royale*, l'un de ces multiples miroirs des princes qui ont alors fait florès[111]. On y trouve un certain nombre de références aux Pères : ainsi Jérôme[112], Augustin[113], Césaire d'Arles[114], Grégoire le Grand[115] ou bien encore Isidore[116] apparaissent au fil des pages.

La célèbre Dhuoda, auteur d'un *Manuel* destiné à son fils[117], ne semble guère pratiquer Augustin, à l'exception de l'*Enchiridion*, qui revient à plusieurs reprises sous sa plume[118]. Cependant, elle connaît également le *Commentaire des Psaumes*, quelques sermons et la *Cité de Dieu*[119]. De Grégoire, elle semble surtout apprécier les *Morales sur Job*. Cette référence, fréquente, au grand manuel de morale légué par le haut Moyen Âge, est logique dans un *Manuel* comme celui qu'entend rédiger la femme de Bernard de Septimanie. Elle cite aussi le titre de la *Règle Pastorale*, qui est utilisée comme un miroir, certes des clercs, mais aussi des laïcs[120].

Enfin, les Pères peuvent parfois servir pour légitimer certaines réformes : c'est ainsi le cas d'Amalaire de Metz, qui s'appuie sur des extraits de Jérôme[121], d'Augustin[122] et de Grégoire le Grand[123] pour justifier la réforme de l'antiphonaire dont il est l'auteur[124].

En politique

Personne n'oserait, à propos des temps carolingiens, parler d'augustinisme politique[125] malgré le passage d'Eginhard que l'on citait plus haut à propos des repas de Charlemagne[126]. Pour autant, il ne faut pas refuser de voir les traces de l'œuvre de l'évêque d'Hippone quand elles sont évidentes. Ainsi, dans la conclusion de son traité consacré à la

---

111. Ce texte dispose d'une édition commode doublée d'une belle étude d'Alain DUBREUCQ, Paris-Sorbonne, 1998, 4 vol.

112. Éd. cit., p. 8.

113. Éd. cit., p. 60.

114. Éd. cit., p. 6.

115. Éd. cit., p. 16, p. 32.

116. Éd. cit., 82.

117. Éd. Bernard DE VREGILLE, Claude MONDÉSERT et Pierre RICHÉ. Paris, Cerf (coll. « Sources chrétiennes », 225b), 1991.

118. Éd. cit., p. 313.

119. Éd. cit., p. 34.

120. *Ibidem.*

121. Dont il cite le *Commentaire sur Habbacuc*. PL 25, col. 1275 B. Voir éd. cit. ci-après, p. 28.

122. Par exemple, la citation qu'il fait du *Commentaire du sermon sur la Montagne*, (PL 34, col. 1235). Voir éd. cit. ci-après, p. 44.

123. Amalaire prend appui sur l'homéliaire (PL 76, col. 1095 C). Voir éd. cit. ci-après, p. 38.

124. Le célèbre *Liber de ordine antiphonarii* a été édité par Jean-Michel HANSSENS au t. III de l'édition qu'il a donnée des œuvres d'AMALAIRE, Cité du Vatican, 1950, p. 9-224.

125. Le livre de Monseigneur Henri-Xavier ARQUILLIÈRE, *L'Augustinisme politique : essai de formation des théories politiques du Moyen Âge*, Paris, Vrin, 1934, est dépassé.

126. Éd. cit., p. 72.

royauté, *Le métier de roi*[127], Jonas d'Orléans s'appuie sur le chapitre V de la *Cité de Dieu* qu'il n'hésite pas à citer abondamment[128].

Augustin n'est pas le seul Père à avoir pesé sur la vie politique des temps carolingiens, comme le prouve un manuscrit particulièrement remarquable : le *Psautier de Charles le Chauve*. Sur sa reliure est représentée une illustration du chapitre 12 du *Second Livre de Samuel*, passage auquel il est fait allusion dans le psaume 50. Le texte évoque la pénitence exigée de David par Nathan après la mort d'Urie, mari de Bethsabée. Or, c'est le commentaire qu'en a donné saint Ambroise qui a conféré à cet épisode une particulière popularité à l'époque carolingienne. En effet, les Carolingiens connaissaient bien l'*Apologie de David* de saint Ambroise de Milan qui est en réalité un commentaire du psaume 50[129]. Rappelons le contexte de l'œuvre d'Ambroise. En 390, la population de Thessalonique tue un officier goth de l'armée impériale, provoquant la mise à mort de toute ou partie des émeutiers, qui ont été passés au fil de l'épée dans un stade. C'est alors qu'intervient saint Ambroise, qui va désormais refuser à l'empereur Théodose, qu'il juge responsable de ce massacre, l'entrée de la basilique. Théodose finit par plier devant les injonctions du prélat, et par faire pénitence devant lui comme David devant Nathan[130]. Désormais, on fera de Théodose l'empereur exemplaire car il est celui qui s'incline devant les évêques. Il y a là un modèle réactivé au temps de Louis le Pieux[131]. En effet, dans une image, empruntée au *Psautier d'Utrecht*, manuscrit réalisé vers 822-823, l'insistance est mise encore sur la pénitence royale[132]. Cette image est réalisée à Reims, où est conservé un manuscrit de *L'Apologie de David*[133], juste après que Louis le Pieux a lui-même fait pénitence devant ses évêques, comme Théodose devant Ambroise et David devant Nathan[134].

Comment conclure ce qui n'est, au fond, qu'une simple ouverture pour des recherches ultérieures? Pour reprendre l'exemple de l'*Apologie de David* de saint Ambroise et de sa descendance carolingienne, sur laquelle s'achevait cette étude, il faudrait approfondir l'enquête : manuscrits conservés, bibliothèques qui en possèdent un

---

127. JONAS D'ORLÉANS, *Le métier de roi*, éd. Alain DUBREUCQ, Paris, Cerf (coll. « Sources chrétiennes », 407), 1995.

128. Éd. cit., p. 282-284.

129. AMBROISE DE MILAN. *Apologie de David*. éd. Pierre HADOT, Marius CORDIER, Paris, Cerf (coll. « Sources chrétiennes », 239), 1977. Sur le remploi carolingien de ce texte, voir Hélène YAGELLO, « Histoire, exégèse et politique : l'*Apologie de David* et les Carolingiens. » dans *Sources, Travaux Historiques* 49-50 (1997), p. 103-122.

130. Sur ce dossier Jean-Rémy PALANQUE, *Saint Ambroise et l'Empire romain. Contribution à l'histoire des rapports de l'Église et de l'État à la fin du quatrième siècle*, Paris, E. de Boccard, 1933, cf. p. 227-244, et tout particulièrement p. 232.

131. Voir la relation de la pénitence de Louis le Pieux à Attigny dans L'ASTRONOME, *Vie de l'Empereur Louis*, éd. Georg-Heinrich PERTZ, *MGH, Scriptores*, t. II, 1829, p. 629 : « imitatus Theodosii imperatoris exemplum ».

132. *Psautier d'Utrecht*, Utrecht, Bibliothek der Rijeksuniversiteit, (Cat. Cod. *Ms.* Bibl. Rhenotraiectinae I, n°32).

133. Reims, Bibliothèque municipale, *Ms.* 376.

134. Pour l'ensemble du dossier, datation, localisation, une synthèse bibliographique se trouve dans *Les Carolingiens et leurs images, op. cit.*, p. 312-315.

exemplaire, copies, emploi des textes à travers les citations. Il faut par ailleurs souligner le rôle des temps carolingiens pour la transmission manuscrite des textes. Mais la transmission ne saurait se limiter à ce seul aspect matériel puisqu'il s'agit d'un héritage vivant et assumé. Ce n'est pas aux seuls copistes carolingiens que nous sommes redevables de posséder encore tant de textes patristiques. Ce que nous devons aux penseurs de cette époque est tout aussi important. S'ils n'avaient pas pratiqué avec autant de ferveur et de constance les Pères de l'Église, ils ne se seraient certainement pas donné tant de peine pour les copier et les rassembler. Notre dette à leur endroit n'en est que plus importante. Si ces pages ont pu le prouver, alors elles n'auront pas été inutiles.

Institut catholique de Paris
21, rue d'Assas
75270 Paris Cedex 06

Résumé de l'article. — La transmission des textes patristiques à l'époque carolingienne. Par Dominique Alibert.

L'époque carolingienne est qualifiée de renaissance car il y eut alors une forte volonté de retourner aux textes antiques. Dans le présent article, après avoir précisé les conditions matérielles qui ont commandé la copie des écrits patristiques puis leur circulation dans le monde carolingien, on tente de mettre en lumière la fréquentation des Pères par les différents auteurs carolingiens. Mais, et c'est là le cœur de la question, les œuvres des Pères ne sont-elles pas employées par les clercs du IXe siècle comme autant d'arguments dans les différentes polémiques qui les mettent aux prises ? C'est ce qui justifierait leur copie.

Mots-clefs : héritage patristique – manuscrits – histoire intellectuelle – époque carolingienne – Augustin – Ambroise de Milan.

Summary of the article. — The Transmission of Patristic Texts During the Carolingian Period. By Dominique Alibert.

The Carolingian period is called a renaissance; indeed there was at the time a strong desire to return to ancient texts. In the present article, after having specified the material conditions that presided over the copying of patristic manuscripts as well as their circulation in the Carolingian world, we will endeavor to shed light upon the reading of the Fathers by the various Carolingian authors. Yet, and this is the heart of the question, were not the works of the Fathers employed by the clerics of the ninth century as so many arguments in the diverse polemics that put them in play? It is this that would justify their being copied.

Key words : patristic heritage– manuscripts – intellectual history– Carolingian period – Augustine – Ambrose of Milan.

Rev. Sc. ph. th. 91 (2007) 23-37

LA SÉMANTIQUE
PROPOSITIONNELLE *IN DIVINIS*
CHEZ ALAIN DE LILLE

par Pedro Calixto

La réflexion sur le discours portant sur la divinité dans le néoplatonisme ancien s'achevait la plupart du temps par la dénonciation d'une inaptitude profonde du discours à signifier une quelconque réalité divine, et aboutissait quasi systématiquement à l'apologie du silence. L'apophase avait comme objectif de dépouiller l'âme de toute détermination afin qu'elle puisse s'unir au Principe qui était au-delà de toute détermination[1], et non pas le montrer. La raison d'une telle apologie du silence est bien connue : elle tient à ceci que le néoplatonisme érige comme fondement absolu du réel un principe non-ontique : l'Un. Mais elle a aussi comme cause sa conception même du langage : la structure du langage et sa nature profonde est d'énoncer le multiple.

Alain de Lille hérite de cette problématique néoplatonicienne de la simplicité radicale du Principe (la Monade ineffable), ainsi que de la problématique des noms divins qu'elle présuppose. Il a cependant une conception radicalement différente du langage. Tout d'abord, il pose la question de la signification d'un nom en rapport avec le contexte propositionnel (*suppositio*) et non pas isolément, et, ce qui est essentiel, il accentue le caractère *ad placitum* de toute supposition[2], qu'elle se réfère

---

1. Cf. Plotin, *Ennéade* V, 5, 11 ; trad. É. Bréhier, Paris, Les Belles Lettres, 1991, p. 103.

2. Si, d'après la première institution, qui est conventionnelle, tout nom est un signe, c'est-à-dire possède une signification associée à une forme, cette signification première est en revanche en quelque sorte indépendante du contexte, car elle est essentiellement nominale. De ce fait, elle ne peut renfermer tous les usages que l'on pourrait faire du signe. En effet, un même nom peut, en raison de son équivocité, montrer des choses distinctes dans des contextes différents. Par exemple, le substantif *homme* n'a pas la même référence dans les phrases : « *l'homme est un animal* » et « *l'homme est un nom* » ; il suppose dans le premier cas la signification première du mot *homme* ; dans le second, il suppose une signification matérielle du mot. Cette transformation du sens n'est possible que parce que tout nom est investi par la supposition lorsqu'il est utilisé dans une phrase, étant déterminé par le rapport qu'il entretient avec d'autres termes (quantificateurs,

à la première institution ou pas : « Preterea voces significantes sunt ad placitum et ex beneplacito imponentis potest vox institui ad significandum creatorem »[3].

Il approfondit la structure métaphorique du nom divin en posant que tout nom signifie proprement en tant qu'il manifeste dans une proposition la forme à partir de laquelle il a été produit. Cela étant, Alain de Lille est à même de reposer d'une façon originale la problématique de la négation et de l'affirmation dans le discours théologique. Il n'est plus question chez lui de possibilité ou non de discourir sur la divinité, il est davantage question de règles de sémantique, et donc d'herméneutique convenant aux discours affirmatif et négatif sur la divinité.

Or, et ceci est paradoxal, la source sur laquelle s'appuie Alain de Lille est justement Denys l'Aréopagite, qui prône l'inadéquation de tout discours concernant la divinité et du discours positif en particulier. La question que l'on doit se poser est la suivante : comment Alain de Lille va-t-il lire cette autorité majeure qu'est Denys ? Comment va-t-il interpréter les passages sensibles qui décrètent l'inadéquation de la proposition affirmative chez l'Aréopagite ?

La maxime 18 des *Regulae* est le texte de référence pour étudier la sémantique de la proposition théologique chez Alain de Lille. Cette règle s'énonce ainsi : toutes les affirmations au sujet de Dieu sont dites « *incompactae* », les négations sont en revanche vraies : « Omnes affirmationes de Deo dictae incompactae, negationes vero verae »[4].

Alain de Lille n'est pas très disert en ce qui concerne la négation *in divinis*[5]. Le terme de *negatio* ne fait l'objet d'aucun exposé étendu. Il n'apparaît quasiment qu'à la règle 18 et dans la *Summa « Quoniam homines »*[6], où, faisant couple avec l'affirmation, il reçoit du reste un traitement assez bref. Et pourtant, un consensus admet que toute sa « théo-logique » subit l'empreinte de la conception néoplatonicienne de la négation *in divinis*. Il reste à démontrer quel néoplatonisme, et comment cette négation agit en théologie. Voici l'essentiel de ce texte des *Regulae* : « Negationes vero de Deo dictae, et verae et propriae sunt ;

verbes...), et par sa fonction syntaxique dans la proposition (sujet/prédicat), processus qui a lieu de façon entièrement indépendante de la première imposition. Cf. A. DE LIBERA, « Suppositio », *Encyclopédie philosophique universelle*, Les Notions philosophiques, t. II, PUF, 1990, p. 2505-2507.

3. ALAIN DE LILLE, *Summa « Quoniam homines »*, Liber I, pars prima, 9 ; P. Glorieux (éd.) in *Archives d'histoire doctrinale et littéraire du Moyen Âge*, 1953 (t. XX), p. 142. Trad. « Bien plus, les mots sont signifiants *ad placitum*, et le mot peut être institué à partir du bon plaisir de celui qui le pose pour signifier le Créateur ».

4. *Theologicae Regulae*, reg. XX, 631 A (PL vol. 210).

5. Ce terme ne se trouve pas dans son *Liber in distinctionibus dictionum theologicalium*.

6. L'apparition du terme *negatio* dans la règle XXI n'est pas ici considérée, car il s'agit d'une « fausse » négation, typique des procédés rhétoriques où l'on place une négation pour atténuer un discours : comme par exemple lorsque l'on emploie la litote « pas joli » à la place de « laid ». *Theologicae Regulae*, reg. XXI, 631 B (PL vol. 210) : « Negative ut cum dicitur Deus subtrahere gratiam, vel indurare aliquem. Subtrahere enim gratiam nihil aliud est quam non continuare ; indurare, quam gratiam non apponere ».

secundum quas removetur a Deo quod ei per inhaerentiam non convenit. [...] Item, [Dionysius] potius considerans quid Deo non conveniat per proprietatem, quam quid de Deo dicatur per causam, dicit : Deus non est pius, fortis, misericors; potius removens auctoritatem dicendi, quam veritatem essendi »[7].

Cet extrait nous enseigne que les négations ont affaire au caractère propre des noms qui constituent la proposition *in divinis*. Autrement dit, la référence ou la supposition du nom dans une proposition négative portant sur la divinité est celle de la première institution. En agissant sur les significations propres des noms, la négation écarte de Dieu ce qui ne lui convient pas par inhérence. Les noms étant imposés dans le langage naturel pour signifier une forme, il est normal qu'ils ne conviennent pas proprement à l'innommable[8].

Alain de Lille retient donc la traditionnelle vertu purificatrice de la négation *in divinis*. Mais cette seule conception, en soi déjà intéressante, ne mériterait pas que l'on en entreprenne le traitement ici. Mais la fin du texte des *Regulae* révèle qu'il y a chez notre auteur bien plus qu'une simple répétition d'une question d'école.

La toute dernière phrase du texte dit : « *potius removens auctoritatem dicendi, quam veritatem essendi* ». La vertu purificatrice de la négation agit donc au niveau du discours, et non pas au niveau de l'être. L'exemple l'éclaire : la proposition *Dieu n'est pas juste* n'implique pas une disjonction sur le plan de l'être entre Dieu et la justice, mais seulement au niveau du langage.

Sous couvert d'une simple reprise de l'apophatisme dionysien, Alain de Lille effectue en réalité un bouleversement considérable. Chez Denys, en effet, nier était synonyme de monter, dépasser, transcender la créature. La Cause bienfaisante de toutes choses, disait-il, se montre sous son aspect véritable, sans voiles, dans la vérité, à ceux qui par les vertus purificatrices de la négation dépassent le monde sensible et intellectuel, et franchissant les sommets, laissant de côté toute lumière, toute parole qui vient du ciel, se plongent dans les Ténèbres où habite Celui qui est en dehors ou au-delà de tout[9].

---

7. *Theologicae Regulae*, reg. XVIII, 630 B-C (PL vol. 210); trad. « Les négations en revanche dites au sujet de Dieu sont vraies et propres, en tant qu'elles ôtent de Dieu ce qui ne convient pas par inhérence. [...] Ailleurs il [Denys] porte plus son attention sur les impropriétés à propos de Dieu que sur l'expression de sa causalité et il écrit : "Dieu n'est pas bienveillant, fort et miséricordieux", écartant plutôt la pertinence du dire que la vérité de l'essence ».

8. Cf. ALAIN DE LILLE, *Summa* « *Quoniam homines* », Liber I, § 9; P. Glorieux (éd.) dans *Archives d'histoire doctrinale et littéraire du Moyen Âge*, 1953 (t. XX), p. 139 : « Sicut probatum est Deum esse incomprehensibilem, ita evidens est ipsum esse innominabilem. Ullum enim nomen proprie convenit Deo. Quod et auctoritates gentium et auctoritates sanctorum comprobant ».

9. Cf. JEAN SCOT, *Versio Operum S. Dionysii, Mystica Theologia*, PL 122, 1176 B-C : « Iterum autem ascendentes dicamus, ΩN neque anima est, neque intellectus, neque phantasiam, aut opinionem, aut verbum, aut intelligentiam habet, neque ratio est, neque intelligentia, neque dicitur neque intelligitur, neque numerus est, neque ordo, neque magnitudo, neque parvitas neque aequalitas, neque similitudo aut dissimilitudo, neque stat, [...] neque unum, neque deitas, aut bonitas, neque spiritus est, sicut nos scimus, neque filiolitas, neque paternitas, neque aliud quid nobis aut alicui exis-

Or, chez Alain de Lille, la problématique de la négation *in divinis* n'est pas celle de la montée vers Dieu par l'abandon de toute créature. Nier n'est pas écarter du Principe tout indifféremment selon l'injonction plotinienne « Ἀποτιθεμένοις δὴ πάντα »[10], dont nous retrouvons l'écho chez Denys, afin de renouer avec un au-delà de tout étant, « ἐπέκεινα τοῦ ὄντος »[11]. Interpréter ainsi la négation chez Alain de Lille serait méconnaître l'influence qu'exercent les pensées érigénienne et boécienne sur sa théologie, et par là-même le priver de ce qui lui est propre, car c'est chez Boèce et Jean Scot qu'il puise son originalité.

Nier, dans la pensée du Chartrain, est certes bien ôter au discours son *auctoritas*, c'est-à-dire son pouvoir de signifier proprement le Principe comme une des formes qui peuplent inévitablement le langage naturel, mais ce afin d'atteindre la source du langage lui-même.

De même que la négation chez Jean Scot, loin d'écarter toute chose de la divinité, constituait au contraire le moyen de penser la modalité de l'immanence du Principe, dans un monde conçu comme *Dei apparitio*, de même, chez Alain de Lille, la négation constitue l'élément qui permet de penser, au niveau du langage cette fois, la différence ontologique qui existe entre le Créateur et la créature : Dieu n'est pas un des noms propres, mais ce qui fonde tout nom. Car Dieu est le principe de la *datio nominis*, il est proprement la Monade racine, qui, tout en n'étant jamais susceptible d'être signifiée proprement par aucun nom, constitue de par son immanence la source du pouvoir de signifier de tout nom. En un mot, comme nous le verrons, la négation prépare l'affirmation « *incompacta* ».

Nous pensons pouvoir démontrer cette thèse en abordant trois aspects de la théorie alanienne du langage : tout d'abord, la mise en lumière de la structure de la proposition affirmative et sa modalité *in divinis*; puis l'hétérogénéité chez l'être simple entre être et langage : *Omne simplex alio est, alio dicitur esse*[12]. Au niveau du langage, la distinction boécienne du *quod est* et du *quo est* est reformulée dans sa théorie de la paronymie. Chez la créature qui est postérieure à la simplicité divine, le caractère propre du dire sous-tend une véritable impropriété ontologique; enfin, la causalité de la Monade comme fondement logique et ontologique.

Le texte des *Regulae* sur les affirmations *in divinis* dit ceci : « Omnes affirmationes de Deo dictae incompactae ».

L'interprétation de cette maxime se heurte à une difficulté de compréhension du néologisme latin « *incompactus* ». Sachant que cet extrait

tentiam cognitum, neque qui non existentiam, neque quid existentia est, neque existentia eam cognoscunt, an ipsa sit, neque ipsa cognoscit existentia, an existentia sunt, [...] neque est ejus universaliter positio, neque ablatio, sed eorum, quae post eam sunt, positiones et ablationes facientes, ipsam neque auferimus, neque ponimus, quoniam et super omnem positionem est perfecta et singularis omnium causa, super omnem ablationem excellentia omnium simpliciter perfectione, et summitas omnium ».

10. PLOTIN, *Ennéades*, VI, 8, 8, 9-10; trad. É. Bréhier, Paris, Les Belles Lettres, 1989, p. 143 : « Écartons de lui toute chose ».

11. *Idem*, VI, 6,5,32.

12. *Theologicae Regulae*, reg. XX, 630 C (PL vol. 210).

des *Regulae* présuppose une source précise, Denys, qu'Alain de Lille mentionne explicitement dans le corps de la règle 18, on est tenté de traduire ce texte comme suit : « Toutes les affirmations sur Dieu sont inadéquates et les négations sont vraies »[13].

Ainsi traduit, le terme « *incompactae* » rendrait avec précision le mot ἀνάρμοστοι des *Hiérarchies* de Denys, mot qui, composé de ἀν + ἄρμοστοι, signifie littéralement « in-harmonieux » et donc inconvenant[14].

Mais est-ce directement au texte dionysien que se réfère Alain de Lille ?

Il existe une autre possibilité pour traduire ce texte qui, tout en introduisant une rupture avec le texte dionysien, respecte davantage, semble-t-il, le contexte de cette maxime dans les *Regulae*, et surtout le projet alanien d'une sémantique de la proposition affirmative : « Toutes les affirmations au sujet de Dieu sont dites non composées, toutes les négations sont en revanche vraies ».

Dans cette dernière traduction, le terme *incompactae* ne veut pas dire *inadéquates* ou *inconvenantes*, mais *indivisibles*. Il signifie que la proposition théologique est adéquate si, et seulement si, elle est *incompacta*, c'est-à-dire non composée.

La traduction de « *incompactae* » par non composées présente l'avantage de ne pas confondre la problématique de la convenance du discours théologique avec celle de son impropriété.

En outre, cette traduction respecte davantage l'explicitation qui suit l'énoncé de la règle 18, où Alain de Lille emploie les termes *incompactae* et *incompositae* comme étant des synonymes : « **Incompacta** vero **sive incomposita** dicitur affirmatio, cum non significat compositionem, quam significare videtur : ut cum dicitur, *Deus justus*; non enim ibi significatur compositio justitiae ad Deum [...] »[15].

Si Denys a bien inspiré la règle 18, la source du mot *incompactae* est à chercher dans la traduction érigénienne des *Hiérarchies*, qui a été conservée dans le commentaire d'Hugues de Saint-Victor[16]. En effet, c'est l'Érigène qui, dans sa traduction des *Hiérarchies*, rend ἀνάρμοσ-

---

13. C'est la traduction que propose F. HUDRY dans son édition des *Regulae* et qui est reprise par les interprétations courantes de cette règle. F. Hudry, *Règles de théologie*, Cerf, 1995, p. 120.

14. *Hiérarchie céleste*, II, 3 (140 D) : « Εἰ τοίνυν αἱ μὲν ἀποφάσεις ἐπὶ τῶν θείων ἀληθεῖς, αἱ δὲ καταφάσεις ἀνάρμοστοι τῇ κρυφιότητι τῶν ἀπορρήτων, οἰκειότερα μᾶλλόν ἐστὶ ἐπὶ τῶν ἀοράτων ἢ διὰ τῶν ἀνομοίων ἀναπλασέων ἐκφαντορία ». Trad. R. Roques : « Si donc les négations, en ce qui concerne les réalités divines, sont vraies, au lieu que les affirmations sont inadéquates au caractère secret des mystères, c'est plus proprement que les êtres invisibles se révèlent par des images sans ressemblance avec leur objet » (coll. « Sources chrétiennes », 53, p. 79).

15. *Theologicae Regulae*, reg. XX, 630 B (PL vol. 210) : « Une affirmation est dite "in-compacte", c'est-à-dire non composée lorsqu'elle ne signifie pas la composition qu'elle semble signifier, comme dans la phrase "Dieu est juste", car on n'y signifie pas la composition de la justice avec Dieu [...] ». Trad. F. Hudry p. 120, corrigée.

16. Cf. HUGUES DE SAINT-VICTOR, *Commentaire à la Hiérarchie céleste*, PL 175.

τοι par *incompactae* : « *si igitur depulsiones in divinis verae, intentiones vero **incompactae** [...]* » [17].

En traduisant ἀνάρμοστοι par *incompactae*, Jean Scot, intentionnellement ou par mégarde, [18] modifie le texte dionysien, et ouvre la possibilité d'une autre interprétation de la modalité affirmative du discours théologique. En effet, *incompactae* est un terme forgé artificiellement à partir du préfixe négatif « in » et du participe passé *compactus* (assemblé), du verbe *compingo* (fabriquer par assemblage). Ce mot érigénien serait plus adéquat comme traduction littérale d'un autre mot grec, ἄναρμος, qui signifie « sans jointure » (conjoint), indivisible (en se rapportant aux atomes), mais ce terme ne figure pas dans les manuscrits du corpus dionysien.

Quoi qu'il en soit de l'origine de cette traduction érigénienne, le terme d'*incompacta* établit un pont entre la pensée dionysienne et celle de Boèce, où l'on retrouve déjà en germe la thèse selon laquelle la proposition affirmative au sujet de la divinité doit être interprétée conjointement, c'est-à-dire comme n'effectuant pas de *symplokè* : « [...] praedicamenta talia sunt, ut in quo sint ipsum esse faciant quod dicitur, divise quidem in ceteris, in deo vero coniuncte atque copulate [...] » [19].

Ce qui signifiait chez Denys *inadéquates* et *inconvenantes*, est donc interprété par Alain de Lille comme *non composées* dans une perspective boécienne, via la traduction de Jean Scot.

Le glissement de sens rendu possible par la traduction érigénienne sera donc renforcé par l'interprétation qu'en a faite Alain de Lille : l'inadéquation de la proposition affirmative à signifier la simplicité divine tient à son aspect composite. Par conséquent, s'il est évident que cette règle est une reprise de la problématique dionysienne du statut de la négation et de l'affirmation, l'on doit avouer qu'elle n'en constitue pas seulement une reprise. Alain de Lille, tout en reconnaissant l'impropriété (mieux vaudrait-il dire : le caractère métaphorique) du dis-

---

17. JEAN SCOT ERIGÈNE, *Versio Operum S. Dionysii – Caelestis Ierarchia*, 1041 C (PL vol. 122). Trad. « Si donc les négations sont vraies dans les choses divines, et les affirmations *incompactae* [...] ».

18. Il semble que ce soit plutôt une erreur de traduction. En effet, dans son exposition de la *Hiérarchie céleste*, lorsqu'il s'agit d'expliciter le mot « incompactae » l'Érigène soutient que même en n'effectuant pas la composition, les affirmations au sujet de la divinité ne sont pas adéquates. Malgré l'écart de la traduction du texte dionysien, il reste cependant fidèle à sa pensée. Voici le passage des *expositiones* : « Si, inquit, depulsiones, hoc est negationes, quas Greci ΑΠΟΦΑΣΕΙΣ vocant, in divinis significationibus vere fiunt, **non** autem **intentiones**, affirmationes videlicet, quas ΚΑΤΑΦΑΣΕΙΣ dicunt, eisdem divinis significationibus **compactae** et **convenientes** sunt ». Iohannis Scoti Eriugenae, *Expositiones in Ierarchiam Coelestem*, II, 517-520; J. Barbet (éd.) *Corpus Christianorum* t. XXXI, Brepols, 1975, p. 34. Trad. « Si, dit-il, les dépouillements, c'est à dire les négations, que les Grecs nomment "apophaseis" », sont vraies dans les significations *in divinis*, ce n'est pas le cas des intentions, c'est-à-dire des affirmations, qu'ils appellent "kataphaseis", lesquelles ne sont pas "composites" [compactae] et ne sont pas adéquates aux mêmes significations divines ».

19. BOÈCE, *Comment la Trinité est un et non trois Dieux*, IV, 12; dans *Traités théologiques*; trad. A. Tisserand, Flammarion, 2000, p. 154 : « Ces prédicaments sont tels que là où ils sont ils font que la chose même soit ce qu'ils disent, de façon séparée, pour le reste des choses, mais conjointement et solidairement en Dieu ».

cours positif, concentre tout son effort dans une recherche de modalités et de règles de signification de la proposition dont l'impropriété n'exclut pas la pertinence.

Cette démarche, tout en n'étant pas opposée à l'intuition profonde de l'Aréopagite, modifie considérablement sa pensée concernant le statut de l'affirmation et de la négation, et semble beaucoup plus proche de la pensée érigénienne du monde comme théophanie, c'est-à-dire comme *Dei apparitio*, ou *affirmatio negationis*.

Selon Alain de Lille, le trait distinctif d'une proposition affirmative dans le discours naturel est qu'elle signifie un ensemble composite : « Tunc affirmatio composita, sive compacta dicitur cum compositionem significat, quam significare videtur. Ut cum dico : Petrus est justus : haec affirmatio significare videtur compositionem justitiae ad Petrum, et significat quidem »[20].

Alain de Lille touche ici à la structure originelle de la proposition affirmative. Contrairement à ce que nous avons trouvé chez Aristote, affirmer pour Alain de Lille n'est pas essentiellement joindre un prédicat à un sujet, mais avant tout signifier, rendre manifeste le caractère unitaire d'un étant donné (dans le cas présent, l'unité de Pierre et de la justice). D'abord, l'affirmation montre, ou fait signe (*significat*) vers l'unité antérieure. En ce sens, l'affirmation n'est pas le résultat de l'addition d'un prédicat et d'un sujet, elle est plutôt le moyen par lequel un sujet, par un acte volontaire, signifie ou montre une unité antérieure et constitutive de l'acte prédicatif. La possibilité d'une interprétation néoplatonicienne à partir de l'Un est presque inévitable.

Donc, si la structure logique de la proposition affirmative est naturellement disposée à signifier l'unité, c'est que sa source ontologique est l'unité elle-même. L'affirmation fait signe à l'unité primitive qui l'engendre, et dont elle n'est que le moyen de manifester plutôt que le fondement. C'est l'unité originaire qui meut l'acte de signifier.

Cette unité peut certes être composite, c'est d'ailleurs le cas la plupart du temps. Dans de telles circonstances, l'affirmation signifie l'unité composée, c'est-à-dire qu'elle énonce dans sa forme la plus simple une cohésion entre un sujet et un prédicat. On a alors affaire à une *affirmatio compacta*. Mais qu'une affirmation soit composite, ce n'est pas cela qui fait l'originalité de l'affirmation, mais bien plutôt le fait qu'elle pointe vers l'unité, qu'elle soit ou non une composition.

Cependant, de quel droit et de quelle manière l'affirmation peut-elle signifier l'unité simple, puisqu'en régime néoplatonicien tout ce qui vient après l'unité simple, y compris le discours, est essentiellement composé ?

Dans ce cas, selon Alain de Lille, la proposition affirmative, pour pouvoir montrer cette unité principielle, se doit d'être interprétée comme étant *incompacta*, c'est-à-dire non composite : l'affirmation pointe vers une unité qu'elle ne semble pourtant pas signifier. Elle est donc essentiellement métaphorique : « Incompacta vero, sive incompo-

20. *Theologicae Regulae*, reg. XVIII, 630 A (PL vol. 210). Trad. « l'affirmation est dite composite ou par assemblage lorsqu'elle signifie une composition qu'elle semble signifier. Comme lorsque je dis : Pierre est juste. Cette affirmation semble signifier la composition de la justice et de Pierre, et elle le signifie ».

sita dicitur affirmatio, cum non significat compositionem, quam signifi-care videtur »[21].

Dans le cas de l'affirmation composite, il existe une homogénéité structurelle entre la proposition et ce sur quoi elle porte, entre ce qui est dit et ce sur quoi il y a discours : c'est-à-dire entre l'unité multiple de Pierre et de la justice, et la structure de la proposition « Pierre est juste », laquelle est composée d'éléments multiples : sujet, copule, pré-dicat.

Cela peut s'expliquer ainsi : de même que toute créature est un mul-tiple unifié, grâce à la présence de l'unité qui lui est immanente, de même toute proposition affirmative est une *collection* d'au minimum un *nom* et un *verbe*. L'être discursif étant par nature composite, l'*oratio* est donc essentiellement composite. Cet aspect composite n'a pas échappé à Priscien, qui définit la phrase bien formée comme « *ex dictionum* **conjunctione** *perfecta oratio constat* »[22].

Il n'en va pas de même de l'affirmation *incompacta* qui s'efforce de montrer Dieu ou la Monade principielle. Dans ce cas, l'affirmation si-gnifie, tout en ne semblant pas le signifier : « [...] ut cum dicitur, *Deus justus*; non enim ibi significatur compositio justitiae ad Deum, non enim componitur, vel inhaeret; et potius significatur justitia quam jus-tus »[23].

Il existe ici une hétérogénéité structurelle entre la proposition com-posite et l'unité simple qu'elle signifie. Pour cette raison, l'affirmation ne signifie pas ce qu'elle semble signifier, à savoir l'unité composite : « *non significat compositionem, quam significare videtur* »[24]. Mais cela ne veut nullement dire que la proposition affirmative ne signifie pas.

C'est ici que la sémantique de la proposition chez Alain de Lille prend tout son sens, car malgré cette dissemblance, l'affirmation, si elle est comprise comme étant *incompacta*, peut signifier pertinemment. Car être *incompacta* n'est pas un signe d'infériorité, mais la condition même pour que les affirmations soient adéquates, c'est-à-dire qu'elles con-viennent à la réalité divine qu'elles signifient.

Donc, si la propriété dépend de la signification d'un nom en dehors de son contexte, la convenance ou pertinence d'un discours relève d'une sémantique de la proposition. La propriété et la convenance se situent à des moments distincts du discours : la première a lieu lors de la formulation du discours, c'est-à-dire au moment où une *vox* se voit investie d'une référence qui est toujours impropre *in divinis* selon Alain de Lille; la convenance, en revanche, est de l'ordre d'une sémantique

21. *Theologicae Regulae*, reg. XVIII, 630 B (PL vol. 210); trad. « L'affirmation est dite "simple" ou non composée, lorsqu'elle ne signifie pas la composition qu'elle semble signifier ».

22. PRISCIEN, *Institutiones Grammaticae*, XVII,I,3; éd. M. HERTZ (*Grammatici latini*, 2 et 3), Leipzig, 1859.

23. *Theologicae Regulae*, reg. XVIII, 630 B; trad. « Lorsque l'on dit "Dieu est juste", l'on ne montre pas par là une composition de la justice et de Dieu, laquelle n'entre pas en composition avec lui, ni ne lui est inhérente, ici c'est la justice plutôt que le juste qui est signifié ».

24. *Ibidem*; trad. « Elle ne signifie pas la composition, qu'elle semble signifier ».

propositionnelle, et renvoie à la pertinence de ce qui est dit par rapport à ce sur quoi il y a discours.

Par conséquent, la proposition affirmative peut convenir à Dieu, c'est-à-dire signifier la Monade principielle tout en respectant sa simplicité absolue, car ne l'oublions pas, la grammaire dans son ensemble est *ad placitum*. Et cela ne contredit pas la négation, puisque cette dernière porte sur le sens de la première imposition, alors que l'affirmation est quant à elle métaphorique, c'est-à-dire qu'elle instaure une nouvelle signification.

Pour qu'il y ait signification convenante, le discours portant sur le divin est soumis à trois conditions : (a) la première concerne la *suppositio* : *in divinis*, la référence du nom n'est jamais celle de la *prima impositio*; (b) la deuxième dépend de la modalité de l'affirmation selon qu'elle montre une unité multiple ou la Monade divine; (c) l'affirmation ne doit pas contredire les acquis de la négation.

Pour rendre compte de l'hétérogénéité structurelle entre la simplicité « ontologique » de la divinité et son impossibilité à être proprement énoncée, Alain de Lille formule une distinction très importante qu'il développe dans les règles 19 et 20 : « *Omne simplex proprie est, et improprie dicitur esse* »[25].

Cette différenciation entre propriété de l'être et propriété du dire permet à Alain de Lille de reprendre le schéma classique du propre et de l'impropre, qui correspond, rappelons-le, à la distinction entre sens originel et sens métaphorique; il peut ainsi distinguer son application *in essendo* et *in dicendo*, c'est-à-dire selon qu'on a affaire au mode d'être ou à la modalité du dire : « Deus improprie dicitur esse; omne enim nomen, quod de Deo dicitur, improprie dicitur : et ita proprietas est in essendo, sed improprietas in dicendo »[26].

On doit désormais considérer la problématique de l'affirmation et de la négation *in divinis* à partir d'un double emploi du couple propre/métaphorique, qui était traditionnellement réservé au langage :

	– propre			– propre
1) in dicendo		**2) in essendo**		
	– métaphorique			– métaphorique

25. *Ibidem*, reg. XX, 630 D (PL vol. 210). Trad. « Tout être simple est proprement et est dit improprement ». Cette distinction constitue selon Irène Rosier, une des sources de la Grammaire Modiste au treizième siècle. Cf. I. ROSIER, « *Res significata* et *modus significandi* » : Les implications d'une distinction médiévale; in S. EBBESEN (ed.), *Sprachtheorien in Spätantike und Mittelalter*, Günter Narr Verlag : Tübingen, 1995, p. 141.

26. *Ibidem*, reg. XX, 630 D-631 A (PL vol. 210). Trad. « Dieu est improprement dit être; tout nom, en effet, dit de Dieu, est improprement dit : et ainsi il y a propriété dans l'être mais impropriété dans le dire ».

C'est ce que fait Alain de Lille dans l'extrait que voici : « Deus inproprie dicitur esse iustus, sed proprie est iustus, [...]; sicut e contrario Socrates dicitur proprie iustus [...]; sed improprie est iustus [...] »[27].

Si l'on applique le schéma métaphorique et adéquat à Dieu et à la créature, en distinguant selon que l'on se réfère à l'être ou au dire, nous aurons alors deux schémas diamétralement opposés :

DEUS	– in dicendo	Deus est justus métaphoriquement
	– in essendo	Deus est justus adéquatement
CREATURA	– in dicendo	[Socrates] dicitur justus adéquatement
	– in essendo	Socrates est justus métaphoriquement

Dieu, qui est vraiment juste, ne peut ainsi être dit juste que métaphoriquement, car il n'y a pas de distinction entre son être et la justice que l'énoncé semble lui imputer; alors que la créature qui, elle, peut être dite juste adéquatement (le discours effectuant proprement une composition entre un sujet et un prédicat, selon la première imposition), si on la considère du point de vue de son mode d'être, n'est juste qu'improprement, c'est-à-dire métaphoriquement ou par transfert de la justice divine.

Les créatures, à la différence de Dieu, sont du point de vue métaphysique une métaphore, même si le langage, tel qu'il a été inventé *ad placitum* par l'homme pour les signifier, ne fait pas état de leur être métaphorique : « *dictiones ideo invente sunt ad significandum naturalia* »[28].

Cet aspect impropre ou métaphorique de l'être créaturel est renforcé par l'insertion du schème causal.

Dans la *Summa « Quoniam homines »*[29] et les *Regulae*[30], Alain de Lille distingue pour tout nom pris dans un contexte le sens *ex quo est datum* et le sens *ad quod est datum*[31] : « In hoc nomine homo, aliud est

27. *Summa « Quoniam homines »*, Liber I, pars prima, 9; éd. P. Glorieux, in *Archives d'histoire doctrinale et littéraire du Moyen Âge*, 1953 (t. X), p. 141. Trad. « Dieu est métaphoriquement dit être juste [...], mais Il est proprement juste; alors que Socrate est dit proprement juste [...]; mais il *est* métaphoriquement juste. [...] ».
28. *Ibidem*, p. 141. Trad. « Les mots ont été inventés afin de signifier les choses naturelles ».
29. Cf. *Ibidem*, p. 199-200.
30. Cf. *Theologicae Regulae*, reg. XVIII, 630 B.
31. Pour les origines boécio-porrétaines de cette distinction, voir l'excellent article d'Alain DE LIBERA, « Logique et Théologie dans la Summa "Quoniam homines" d'Alain de Lille »; in J. JOLIVET et A. DE LIBERA (éds), *Gilbert de Poitiers et ses contemporains aux origines de la logica modernorum*. Naples, Bibliopolis, 1987, p. 437-469.

ex quo est datum, scilicet humanitas, aliud ad quod est datum, scilicet homo, quia nec homo est humanitas nec e converso »[32].

Alain de Lille, par cette distinction, ôte à la créature le foyer sémantique des noms qui lui sont pourtant proprement octroyés. Si l'on doit distinguer dans un nom le « *ce à partir de quoi il est donné* » (*ex quo est datum*) et le « *ce à quoi il est donné* » (*ad quod est datum*), c'est qu'à cause de sa finitude, la créature n'est pas la source d'où provient l'institution du nom qui pourtant la signifie : Socrate est proprement dit homme, mais il n'est pas l'humanité ou la source de cette *datio nominis*.

C'est cette distinction qui va permettre à Alain de Lille d'introduire, au niveau de la sémantique et de l'imposition des noms, la différence ontologique entre le Principe et la créature, car en Dieu seul il peut y avoir coïncidence entre *ex quo est datum* et *ad quod est datum*[33].

Et plus qu'en ayant simplement signalé la différence entre Créateur et créature, le fait d'avoir ôté à la créature d'être la source de ses noms propres est ce qui permet à Alain de Lille de donner à la théologie affirmative un fondement ontologique : « Unde Dionysius attendens sensum ex quo fiunt verba, quam sensum quem faciunt verba; potius considerans quid ex quo dicatur, quam quid de quo, dicit : Deus est justus, pius, fortis »[34].

De la part de celui qui la prononce, toute proposition affirmative au sujet de la divinité se doit d'être *de facto* une reconnaissance de la dépendance principielle qui l'attache à son Créateur, dont la *datio nominis* n'est qu'un reflet.

Cette dépendance a été instituée dès les premières maximes des *Regulae*, lesquelles signalent à la fois la transcendance et l'immanence efficiente de la Monade.

En effet, Alain de Lille ouvre les *Regulae* par la thèse de l'efficience créatrice de l'Unité, et non pas par la question *quid sit Deus*, à la manière de ce que l'on retrouve dans les énoncés du *Livre des XXIV philosophes*.

La première règle affirme en effet : « *Monas est, qua quaelibet res est una* »[35]. Alain de Lille divise l'analyse de cet énoncé en deux parties distinctes qui synthétisent bien le rapport de Dieu et du créé en milieu néoplatonicien : (a) la première, « *monas est* », signifie que Dieu seul existe, et·que, *a contrario*, les choses ne sont pas vraiment (*sola monas est, id est solus Deus vere existit*); (b) la deuxième, *qua quaelibet res est*

---

32. ALAIN DE LILLE, *Summa « Quoniam homines »*, Liber II, pars secunda, 56; P. GLORIEUX (éd.) dans *Archives d'histoire doctrinale et littéraire du Moyen Âge*, 1953 (t. XX), p. 200. Trad. « Dans ce nom homme, une chose est ce à partir de quoi il a été donné, comme l'humanité, et une autre ce vers quoi il a été donné, comme l'homme, parce que l'homme n'est pas l'humanité, et inversement ».

33. Voir Alain DE LIBERA, « Logique et Théologie dans la Summa "Quoniam homines" d'Alain de Lille »; in J. JOLIVET et A. DE LIBERA (éds.), *op. cit.*, p. 444.

34. *Theologicae Regulae*, reg. XVIII, 630 B. Trad. « De là, Denys étant plus attentif au sens d'où viennent les mots (*sensum ex quo fiunt verba*) qu'au sens que les mots produisent; considérant davantage ce à partir de quoi l'on parle que ce au sujet de quoi l'on parle, il dit : Dieu est juste, bienveillant, fort ».

35. *Ibidem*, reg. I, 623 A. Trad. « La Monade [Dieu], dit-il, est ce par quoi le quelque chose est un ».

una, ajoute que l'être un de toute espèce d'unité provient de la Monade, sans laquelle il ne serait rien[36].

Or, il existe trois sortes de pluralités : la pluralité sensible (composition de parties), la pluralité intelligible (composition de formes), et enfin la pluralité d'effets d'une même forme. Cette distinction des pluralités permet à Alain de Lille de disposer l'ensemble des créatures à partir de leur degré d'unité en monde intelligible (les êtres incorporels) et en monde sensible (ou corporel) : « *In supercaelesti unitas, in caelesti alteritas, in subcaelesti pluralitas* »[37].

L'on sait bien qu'en régime néoplatonicien, l'unité composée ne subsiste pas sans l'unité primordiale, *la Monade* simple dont l'unité composée n'est que la manifestation. Alain de Lille a fortement insisté sur l'efficience de la Monade, en ouvrant d'une part les *Regulae* par la maxime *Monas est, qua quaelibet res est una*, et en marquant le statut de la créature dans la deuxième règle : « *nihil enim aliqua specie unitatis est unum, quod non sit unum a summa Monade* »[38]. L'ensemble du créé est dès lors travaillé de l'intérieur par la Monade, par l'intermédiaire d'opérations unitives[39].

---

36. Cf. *Ibidem*, reg. II, 624 A-B : « Sola monas est, id est solus Deus vere existit, id est simpliciter, et immutabiliter ens ; caetera autem vere non sunt, quia nunquam in eodem statu persistunt. Sequitur finis primae regulae, *qua quaelibet res est una*. Nihil enim aliqua specie unitatis est unum, quod non sit unum a summa Monade ». Ce renvoi à Boèce est en fait un renvoi au *De Unitate et Uno*, du Pseudo-Boèce, édition P. CORRENS, *Die dem Boethius fälschlich zugeschriebene Abhandlung des Dominicus Gundisalvi De unitate*, in *Beiträge zur Geschichte der Philosophie des Mittelalters*, 1/1, Münster, 1891, p. 3, § 8-9.

37. *Ibidem*, reg. II, 623 D. Trad. Fr. Hudry, *Règles de théologie*, Cerf, 1995, p. 100 : « Au-dessus des cieux l'unité, dans les cieux l'altérité, au-dessous des cieux la pluralité ».

38. *Ibidem*, reg. II, 624 A. Trad. « En effet, rien n'est un par quelque aspect de l'unité, sans être un par la Monade absolue ».

39. Il existe selon Alain de Lille quatre sortes d'opérations unitives : a) l'unité numérique : c'est en faveur de l'unité accordée par le nombre que quelque chose est dit un singulièrement (*Est enim unitas singularitatis, secundum quam quidlibet dicitur esse unum numero*). Cf. *Ibidem*, reg. II, 624 B : « Est enim unitas singularitatis, secundum quam quidlibet dicitur esse unum numero. Unde Boetius : Quidquid est, ideo est, quia unum numero est ; quidquid autem in hac unitate est unum, ab illo habet ut sit unum ». Le nombre n'est pas un concept second dérivé de la catégorie de quantité, il est le principe positif, qui interagit avec l'altérité (fondement négatif), et constitue l'identité dans la différence, en tant que signe caractéristique de la finitude de l'être créé. Le nombre, selon Alain de Lille, est le moyen que se donne la Monade afin d'assurer l'unité distinctive de l'être fini : « unitas etiam distinctionis, sive discretionis ab eodem trahit originem. Quod enim discretum, vel distinctum est, a Deo est ». *Ibidem*, reg. II, 624 B, (PL vol. 210). Traduction de Fr. Hudry, *Règles de théologie*, Cerf, 1995, p. 103 : « L'unité de distinction ou de différence tire également de lui son origine : le fait pour un objet d'être distinct ou différent d'un autre vient de Dieu ». b) La deuxième opération unitive de la Monade est l'unification par l'espèce, qui fait que des individus, c'est-à-dire des unités singulières, peuvent être dits « un » de par leur union à une même forme : « Est unitas unionis, secundum quam plures homines dicuntur esse unum non ab unitate, sed ab unione ; et haec etiam a Deo est : unde et testatur auctoritas super Joannem : « *Omnia per ipsum facta sunt*, etc. » *Ibidem*, reg. II, 624 B (PL vol. 210). Trad. *ibidem* p. 103 : « Il y a une unité d'union, c'est-à-dire de conformité, selon laquelle on dit que plusieurs hommes par participation à l'espèce sont un, non d'unité mais d'union. Cela aussi

Si l'examen de la maxime fondamentale de la théologie (*Monas est qua quaelibet res est una*), ainsi que l'analyse de la définition de règle en tant que procédé méthodologique qui oriente l'entier déploiement de la science sacrée, insistent sur le caractère transcendant et ineffable du Principe, ils n'assurent pas la non-facticité de la référence du discours théologique. La science supra-céleste, telle que la conçoit Alain de Lille, n'a pas Dieu pour objet. Dieu, omniprésent dans le discours de la science théologique, ne fait pas l'objet d'une définition quidditative, et les procédés méthodologiques de la science théologique ont comme seul but de conduire à la perception du mystère, c'est-à-dire à la connaissance de l'incompréhensibilité plutôt qu'à la vision du Principe en lui-même.

Or cette problématique de la non-facticité de la référence du discours théologique est nettement posée lorsque l'on considère la Monade du point de vue de son agir, et elle devient clairement résolue, si l'on considère l'inconsistance du principié lorsqu'il est privé de l'agir du Principe. C'est donc la relation cause-effet qui donne sa solidité à l'acte de référer dans le discours théologique : « Unîtas a nullo descendit : omnis pluralitas ab unitate defluit »[40].

C'est donc un agir, celui de la Monade envers les créatures, et non pas une définition de chose qui assure la référence de la science théologique.

Dans cette perspective, le rapport de dépendance qui existe entre la Monade et le nombre constitue l'expression la plus adéquate de cette causalité divine : « Sola monas est alpha et omega sine alpha et omega »[41] (règle 5). « Omne limitatum alpha et omega aut est bonum ab alpha, aut est bonum ab alpha et omega »[42] (règle 6) « Deus est sphaera intelligibilis, cujus centrum ubique, circumferentia nusquam »[43] (règle 7).

---

vient de Dieu. Augustin l'atteste à propos de Jean [1,3] *Tout a été fait par lui* [...] ». c) La troisième sorte d'unité est l'unité d'intégralité, selon laquelle quelque chose est dit un malgré la composition de parties distinctes. Cf. *Ibidem*, reg. II, 624 B : « Unitas etiam integritatis, quae in partium compositione consistit, secundum quam homo dicitur esse unus, id est ex anima, et corpore integratus, a Deo est. » d) Il y a enfin l'unité de rassemblement volontaire (*unitas adunationis*) par laquelle l'on parle d'un peuple qui accepte de vivre sous les mêmes lois. *Ibidem*, reg. II, 624 C : « Unitas etiam adunationis, secundum quam plures homines conveniunt sub eodem jure vivendi, et sub ejusdem legis positi jugo, dicuntur unus populus, a Deo est. Unitas consensionis, secundum quam dicitur : *Erat eis cor unum et anima una* [...] ». Nous renvoyons ceux que cela intéresserait au chapitre de notre thèse qui aborde la problématique de la négation comme altérité dans le néoplatonisme latin : *Viae negationis : la question de la négation dans le néoplatonisme médiéval : Jean Scot Erigène, Alain de Lille et Nicolas de Cues*.

40. *Ibidem*, reg. I, 624 C ; trad. « L'unité ne descend de rien et toute pluralité en découle ».

41. *Ibidem*, reg. V, 625 C ; trad. « Seule la Monade est l'alpha et l'oméga sans alpha et sans omega ».

42. *Ibidem*, reg. VI, 626 C ; trad. « Tout alpha et oméga limité est bon par l'alpha, ou par l'alpha et l'oméga ».

43. *Ibidem*, reg. VII, 627 A ; trad. « Dieu est une sphère intelligible dont le centre est partout, la circonférence nulle part ».

Cette relation de causalité est déterminante, car c'est elle qui ratifie en dernière instance non seulement la possibilité de discourir sur le divin, mais aussi la modalité de ce discours. Autrement dit, ce qui supporte la théologie en tant que science ou discours sur le divin n'est nullement la quiddité divine, laquelle demeure dans son essence même ineffable, c'est-à-dire au-delà de toute discursivité, mais bien plutôt la relation d'inhérence qui existe entre Dieu et la créature.

La question cruciale que pose Alain de Lille devient alors celle de l'élaboration d'une théorie de la signification qui, dans l'acte même de se référer au Principe, n'énonce pas sa quiddité mais bien plutôt sa providence, c'est-à-dire son agir envers les créatures, et cela sans porter atteinte à sa transcendance.

Les notions de causalité et de structure de la proposition affirmative aboutissent à la conclusion que c'est la Monade qui est en dernière instance le principe de l'affirmation, puisque le propre de l'affirmation bien composée est de signifier l'agir de cette unité ou l'unité elle-même. Mais l'affirmation ne peut signifier cette unité primordiale qu'à condition d'être *incompacta*, car elle ne signifie pas dans ce cas une unité composite. Elle est alors métaphorique, c'est-à-dire qu'elle va à l'encontre de ce qu'elle semble signifier. Parler de la divinité, c'est énoncer quelque chose du rapport de celui qui parle avec la référence de son discours, et non quelque chose de la divinité elle-même.

Or il faut noter que le passage du propre au métaphorique dans le langage ne s'opérerait pas sans la négation. C'est la négation qui, en écartant le sens propre d'une proposition, ouvre une possibilité au langage positif. Autrement dit, on n'interprète métaphoriquement une affirmation sur Dieu que si l'on présuppose le travail de la négation qui nous détourne du sens que les mots ont acquis lors de la première institution, et si l'on considère le sens à partir de quoi le nom est donné.

Dans le domaine ontologique, la négation a la même fonction. L'on n'est apte à reconnaître la vérité de l'Être divin et le caractère métaphorique de la créature que si l'on est prêt à reconnaître le négatif agissant au cœur même de l'être créé. La raison en est que la métaphore s'opère par le glissement du sens propre au sens métaphorique dans un contexte donné.

Ce qui instaure la métaphore, aussi bien au niveau du langage qu'à celui de l'être, n'est pas la ressemblance entre ce qui est dit de la créature et ce qui est dit du Créateur, mais bien plutôt leur dissemblance : ce qui est signifié métaphoriquement est dit forcément par l'autre (le sens propre), la signification métaphorique ayant lieu à travers le nom de la *prima impositio*; de même dans le domaine de l'être : c'est la dissemblance entre la créature et son Créateur qui instaure le mode d'être transférique selon lequel la créature tient d'un autre qu'elle-même tout ce qu'elle tient d'être, de juste, de bon...

Dans la perspective alanienne, aucune des perfections que l'on attribue si naturellement et si catégoriquement aux créatures ne leur appartient en propre. Ce n'est que sur fond d'oubli de ses limites que la créature s'approprie par égarement la justice et s'octroie le droit de se dire juste, ou bonne, ou belle, comme si sa limite et sa dépendance vis-à-vis de son Créateur ne comptaient pas dans le moment même où de telles affirmations sont énoncées.

25, av. du Général Michel-Bizot
75012 Paris

RÉSUMÉ DE L'ARTICLE. — La sémantique propositionnelle *in divinis* chez Alain de Lille. Par Pedro CALIXTO.

Cette étude a pour objectif de démontrer que chez Alain de Lille, la problématique de l'affirmation et de la négation in divinis *n'est pas celle de la montée vers Dieu par l'abandon de toute créature. Chez Alain de Lille, la négation constitue l'élément qui permet de penser, au niveau du langage, la différence ontologique qui existe entre Dieu et le monde. Cela n'a été possible que grâce à la convergence de deux traditions : celle de Jean Scot Érigène et celle de Boèce. Parce qu'Alain de Lille approfondit la structure métaphorique du nom divin, il est alors à même de reposer d'une façon originale la problématique de la négation et de l'affirmation dans le discours théologique. Il n'est plus question chez lui de la possibilité ou non de discourir sur la divinité, il est davantage question de règles de sémantique, et donc d'herméneutique, convenant aux discours affirmatif et négatif sur la divinité.*

MOTS-CLEFS : *Alain de Lille – théologie négative – négation – théophanie – affirmation – métaphore.*

SUMMARY OF THE ARTICLE. — Propositional Semantics *In Divinis* in the Thought of Alan of Lille. By Pedro CALIXTO.

This study has as its objective the demonstration that for Alan of Lille the problematic of affirmation and negation in divinis *is not that of the ascent to God by the abandonment of all things created. For him, negation constitutes the element that allows for thought, at the level of language, about the ontological difference that exists between God and the world. This has only been made possible by the convergence of two traditions: that of John Scotus Erigena and that of Boethius. Because he deepens the metaphorical structure of the divine name, Alan of Lille is equipped to take up in an original fashion the problematic of negation and affirmation in theological discourse. For him it is no longer a question of the possibility or lack thereof of holding forth on the godhead; it is rather a question of rules of semantics, and thus of hermeneutics, suitable for affirmative and negative discourse on the godhead.*

KEY WORDS : *Alan of Lille – negative theology – negation – theophany – affirmation – metaphor.*

Rev. Sc. ph. th. 91 (2007) 39-49

L'USAGE DES TEXTES PATRISTIQUES DANS LES CONTROVERSES SCOLASTIQUES

par Alain Boureau

Les Pères de l'Église ont eu une telle présence continue et longue dans la culture de l'Église qu'il est bien difficile d'isoler une phase particulière dans le mode de lecture de leurs textes. Pourtant, une histoire culturelle de l'utilisation des Pères requiert une période limitée, afin de repérer des interactions précises ; malgré mon titre, je m'en tiendrai à la période centrale du savoir scolastique, en ne me permettant qu'une brève incursion dans la pensée du XVᵉ siècle, nécessitée par la continuité d'un débat. J'ai choisi de me concentrer sur les controverses de l'époque scolastique pour deux raisons : d'une part, la controverse, ou la dispute, constitue le cœur même de ce savoir[1], au point qu'on peut se demander si cette espèce du discours ne se confond pas avec le genre théologique dans son ensemble. D'autre part, c'est dans les controverses, au plus loin des simples coutumes et traditions, que l'attitude envers la doctrine des Pères se laisse le mieux entrevoir ; en cas de débat vif, leurs textes deviennent un recours nécessaire et disputé.

Je voudrais montrer dans cette brève contribution que la lecture scolastique des Pères, fondée sur un usage intensif des sources et sur leur contextualisation historique, doctrinale et logique, a radicalement changé leur statut dans le savoir chrétien. Ce changement radical n'abolit pas leur vénération, mais transporta leurs textes hors de la discipline scientifique de la théologie.

---

1. Voir Elsa MARMURSZTEJN, *L'Autorité des maîtres. Scolastique, normes et société*, Paris, Les Belles Lettres, 2007.

I. Acculturation : une lecture intensive des Pères

Aux XIIe et XIIIe siècles, on assiste à une multiplication remarquable des sources patristiques, qui s'intégrèrent au savoir scolastique. Notons le fait, avant d'en juger et d'en voir les conséquences : se développèrent de grandes entreprises de traductions des Pères grecs, dont la plus connue est celle de Burgundio de Pise. Parmi de nombreux exemples, on peut citer l'illustre Robert Grosseteste, qui traduisit, dans les années 1240, Jean Damascène et le pseudo-Denys[2]. Chez ce prélat homme de science, le passage des traductions d'Aristote et de ses commentateurs à celles des Pères grecs est significatif. Dans un contexte tout autre, les Spirituels franciscains, dont Angelo Clareno, en exil en Grèce, en rapportèrent et traduisirent de nombreux textes patristiques, sans doute destinés à documenter une alternative aux erreurs occidentales.

La copie des manuscrits bénéficia du système de la *pecia* (de la copie par cahiers alternés) et de l'attention de plus en plus forte accordée aux bibliothèques. L'intérêt pour les Pères grecs ou latins n'est sans doute pas nouveau, mais les moyens techniques déployés, l'intensification des débats aidèrent à leur diffusion. Des instruments variés, anthologies ou recueils[3], fort usités, furent mis au service de cette quête des Pères : on pense, par exemple, aux différentes collections des Vies des Pères du désert[4], dont l'écho se fait entendre jusque dans la *Légende dorée* de Jacques de Voragine, où ces récits ou ces listes d'apophtegmes prennent place dans le calendrier liturgique. Ils offraient à l'ordre dominicain un moyen puissant d'identité[5]. Les *Sentences* de Pierre Lombard, outil textuel fondamental de la scolastique, sont majoritairement formées de fragments patristiques. L'autre manuel capital, dans un autre ordre, rédigé dans les mêmes années (vers 1140), celui du moine Gratien, le *Décret*, se compose essentiellement de citations d'Augustin et d'autres Pères : même dans le droit canonique, la pensée des Pères est influente. Ces deux piliers centraux du savoir scolastique sont largement construits avec des matériaux patristiques.

En poursuivant à grandes enjambées dans le moment scolastique, il faut, bien sûr, noter la *Catena aurea* rassemblée par Thomas d'Aquin[6] : cette glose continue des quatre évangiles, commandée par le pape Urbain IV, est en effet farcie de citations longues des Pères, et notamment des Pères grecs ; les penseurs scolastiques l'utilisèrent largement pendant des décennies. Cette œuvre ample, commandée en 1263, fut rapidement menée à bien, puisque Thomas put offrir au pontife le volume sur Matthieu dès 1264 et le reste fut achevé entre 1265 et 1268. La célé-

---

2. L'histoire des traductions latines du corpus dyonisien est très riche ; à la première traduction d'Hilduin (IXe siècle), succédèrent celles de Jean Sarrasin et de Robert Grosseteste.

3. Bien entendu, le genre du florilège patristique est fort ancien. Dès le Ve siècle, Eugippius rédige d'abondants *Excerpta ex operibus sancti Augustini*. J'insiste simplement sur la densité de l'emploi.

4. Voir les travaux très précis de Columba Battle.

5. Voir Alain BOUREAU, « *Vitae Fratrum, Vitae Patrum*. L'ordre dominicain et le modèle des Pères du Désert au XIIIe siècle », *Mélanges de l'École Française de Rome (MEFRM)* 99, 1987, 1, p. 79-100.

6. Publiée par A. GUARIENTI, Turin-Rome, Marietti, 1953.

rité des résultats montre à la fois la bonne organisation du travail de Thomas assisté de ses secrétaires, mais aussi la familiarité envers la patristique de la part des scolastiques. Les exemples pourraient être multipliés : vers 1306, Thomas d'Irlande rédigea le *Manipulus florum*, florilège alphabétique fort bref, mais d'usage fréquent. À une toute autre échelle, Pierre Roger, le futur pape Clément VI[7], fit composer par Barthélemy d'Urbino une énorme anthologie d'Augustin : le *Milleloquium veritatis Augustini* ; bien d'autres compilateurs ou commanditaires firent de même pour Jérôme et Ambroise. Cette multiplication des sources patristiques ou cette facilité croissante d'emploi ne signifie pas forcément une connaissance plus précise de la pensée des Pères, mais atteste un emploi.

La masse et le nombre des autorités patristiques furent considérables. Pour ne prendre que de modestes échantillons, pris presque au hasard (mais la vérification sur d'autres textes peut se faire facilement), on constate, par exemple, que la question évangélique *Sur l'usage pauvre* de Pierre de Jean Olivi[8] comporte plus de quatre-vingts citations pour un total d'environ quatre-vingts pages imprimées, soit une moyenne d'une citation par page. Un autre texte que nous examinerons, le *Tractatus de immaculata conceptione* du franciscain Henri de Ware[9] (xvᵉ siècle) utilise un argumentaire voisin de celui de Duns Scot, en multipliant de cinquante fois environ le nombre des citations patristiques. Que la dispute soit nouvelle et aiguë ou bien ancienne et bien connue, le recours aux Pères est massif.

De façon courante, le discours scolastique inclut trois types de matériaux : les attestations bibliques, les autorités au sens strict, c'est-à-dire les affirmations des saints (les textes des Pères pour l'essentiel) et les raisons. Les raisons comprennent surtout des raisonnements à fondement logique, mais peuvent impliquer des citations attribuées aux « docteurs », contemporains jugés savants. Leur statut purement humain ne les range pas au nombre des autorités. Or, graduellement, bon nombre de ces docteurs furent canonisés et devenant des « saints » changèrent de statut discursif. D'un point de vue argumentatif, ils prenaient alors la figure de Pères, parce que leur nouvel état attestait en eux la garantie de l'Esprit Saint. Les fondateurs d'ordres récents, comme Bernard ou François bénéficiaient d'une double légitimité, comme saints et comme nouveaux apôtres. Le corpus des Pères n'était donc pas fermé, parce que la crédibilité de leurs affirmations reposait moins sur l'ancienneté et le prestige humain que sur la garantie divine qui soutenait leur discours. De la même façon, Anselme de Cantorbéry, Hugues et Richard de Saint-Victor prirent la fonction de Pères dès l'époque scolastique.

---

7. Voir la thèse d'Étienne ANHEIM, « La forge de Babylone. Pouvoir pontifical et culture sous le règne de Clément VI (1342-1352) », Paris, 2004.

8. Voir PETRUS IOANNIS OLIVI, *De usu paupere*. The *Quaestio* and the *Tractatus*, éd. David BURR, Florence, Leo S. Olschki (« Italian Medieval and Renaissance Studies » 4), 1992.

9. Traité publié au tome I des œuvres complètes de cet auteur, éditées par Sophronius CLASEN, The Franciscan Institute-Nauwelaerts-Schöningh, St. Bonaventure-Louvain-Paderborn, 1955.

Cette extension importante du genre patristique s'expliquait aussi par les nécessités de la dispute. Le prestige de l'exercice exigeait un emploi des autorités les plus nobles au profit de la cause défendue ; la virtuosité intellectuelle demandait que l'on soit capable d'affronter les opinions les plus respectables. D'autre part, le moment scolastique se situa sans doute à l'apogée des rivalités envers la théologie grecque, ce qui impliquait de citer abondamment les Pères grecs, soit pour montrer que la théologie byzantine avait déformé leurs propos, soit pour défendre l'identité authentique de la tradition latine. Mais les débats propres à l'Église latine (sur les sacrements, sur la forme substantielle de l'âme) contribuèrent aussi à multiplier l'usage des textes patristiques. Sur des questions qui n'avaient pas été formulées par les Pères, on pouvait utiliser le caractère incertain ou imprécis de leurs textes dans un sens ou l'autre. Il fallait faire parler les Pères, surtout quand ils ne disaient rien de précis sur une question nouvellement posée.

Il est possible que le recours préférentiel à Augustin soit à la racine des attitudes de contestation ou de débats avec des œuvres anciennes qui caractérisent l'époque scolastique. En effet, la longue carrière du saint a commencé par des phases d'erreur ou de doute, soigneusement narrées, notamment dans ses *Confessions*. Et même lorsqu'Augustin passa entièrement à la cause chrétienne, son caractère intrépide le conduisit souvent à des positions abruptes ou imprudentes, qu'il regretta publiquement comme ses *Rétractations* en témoignent. Il offrait donc un témoignage prestigieux sur la nécessité de réexaminer les textes et les doctrines de façon critique.

La littérature patristique, dans son ampleur et sa chronologie étalée, comprenait de fort nombreuses contradictions ; or, la recherche des incohérences intellectuelles constitua un des moteurs essentiels de la scolastique, cette « concordance des discordances », pour paraphraser le titre du *Décret* de Gratien. Dès le *Sic et non* de Pierre Abélard, cette tendance paraît bien marquée.

II. HISTORICITÉ DES TEXTES PATRISTIQUES

Que l'extension du corpus patristique et la valeur des opinions des Pères aient posé problème, Henri de Ware en est un témoin : quand il argumente sur la préservation du péché au moment de la conception de la Vierge, il cite comme auteurs opposés à sa thèse Thomas d'Aquin et Alexandre de Halès. Henri résume leur argumentation et lui accorde provisoirement foi en disant que cette opinion doit être suivie, « d'une part à cause de l'autorité des saints, d'autre part parce que la *Somme* d'Alexandre a bénéficié d'une bulle du seigneur Grégoire IX ». Thomas avait été canonisé en 1324 ; désormais, ses écrits jouissaient de l'autorité des saints. Alexandre ne pouvait y prétendre, mais la bulle pontificale lui assurait la garantie de l'Esprit Saint, même si ce pape n'avait pas été canonisé. La réponse d'Henri de Ware est fort intéressante : en effet, il distingue les « arguments » de ses adversaires, qu'il rejettera plus loin dans le traité, de leurs « raisons » qu'il réfute immédiatement. Les raisons paraissent indépendantes de la personne qui les profère et peuvent se réfuter sur un plan purement logique ; dans un syllogisme, la majeure ou la mineure sont fausses, ou encore la conclusion ne découle pas des propositions invoquées. En revanche, les arguments sont plus difficiles à repousser, puisque quelque part de vérité s'y trouve forcément du fait de la sanctification de leur auteur. Bien entendu, aucun humain ne peut prétendre que la vérité divine s'y exprime directement, puisque les instruments qui transmettent une visée juste peuvent souffrir de leur expression ou de leur réception humaines. Il importe donc d'examiner le statut du locuteur ; bien sûr, Thomas ne peut être exclu du groupe des saints, mais Alexandre a une situation plus fragile « À la bulle en faveur d'Alexandre, je dis qu'elle donne à sa doctrine l'autorité des saints Pères, mais non l'autorité du canon »[10].

Autrement dit, l'autorité des Pères, à l'inverse de celle du canon, n'est nullement contraignante : on peut s'y opposer sans péché ; elle ne semble constituer qu'un degré élevé de qualité de raisonnement. Elle prévient de l'erreur, non pas de l'inexactitude dans l'élaboration de la vérité. Le canon désigne sans doute la formulation expresse du dogme, formulé en termes magistraux par l'Église (le pape et/ou le concile). Cette discrimination semble inévitable, puisque les théologiens avaient à combattre des propositions claires formulées par des saints. Une des façons de condamner une doctrine tout en respectant son auteur était de le mettre en contexte : de cette façon, une proposition isolée ne pouvait être ni fausse, ni vraie. Bien entendu, cette relativisation des sentences des Pères, limitaient la portée de leur propos, tout en sauvant leur dignité d'auteurs inspirés.

Le contexte se dresse alors comme une distance à la fois chronologique, intentionnelle et logique entre les Pères et le lecteur ; prenons l'exemple d'un argument en faveur de la pauvreté absolue dans la question d'Olivi[11] déjà citée. L'opposant cite alors un fragment de la Vie des Pères, qui rapporte que, selon un récit d'Antoine, les ermites d'un désert égyptien renoncèrent à toute possession d'argent ou de nourriture ; mais ils en devinrent possédés par les démons[12]. L'épisode semble conclure clairement, par une voix respectée et sainte, aux dangers de la pauvreté absolue.

La réponse d'Olivi met d'abord l'accent sur les circonstances de ce récit ; le sens du propos d'Antoine n'est pas absolu, mais se rapporte au mode de vie solitaire, en un lieu où l'assistance d'autrui ne peut se dérouler. Il faut donc que l'ermite, d'un type qu'on ne trouve plus au XIIIᵉ siècle, pourvoie aux objets nécessaires à sa survie. Le second contexte est celui de l'œuvre elle-même ; il faut considérer la « *mens* », l'esprit de la lettre qui a été citée. Malgré les apparences, les mots de la proposition d'Antoine ne concernent pas le débat proposé. En effet, Olivi, dans le texte complet du récit, remarque que la parole d'Antoine est rapportée par l'abbé Moïse, dans un récit qu'il situe dans sa propre enfance,

10. *Tractatus de immaculata conceptione, op. cit.*, p. 5. En fait, la mention du pape est erronée : la *Somme* n'est que partiellement l'œuvre d'Alexandre de Halès et elle fit l'objet d'une bulle plus tardive, « *De fontibus paradisi* », du 7 octobre 1255, publiée dans J. H. SBARALEA, *Bullarium franciscanum*, Rome, 1791, p. 151.

11. Sur Pierre de Jean Olivi, voir les analyses fort complètes de Sylvain Piron, en de nombreux articles. Une synthèse générale est préparée par lui.

12. Ce qui complique encore la situation, c'est que l'épisode attribué à Antoine et à l'abbé Moïse provient d'une collection constituée par Cassien.

lorsque des vieillards demandèrent à Antoine d'arbitrer entre leurs diverses formes d'observance, opposant tour à tour les veilles et jeûnes, le mépris de toutes choses, la vie érémitique et les actes d'humilité. Antoine accorde une place éminente à toutes ces pratiques, mais entend montrer qu'elles constituent un moyen nécessaire mais non suffisant de salut ; la vertu de discernement (*discretio*) constitue une régulation nécessaire de ces actes vertueux ; son absence, et non la pratique des diverses vertus, est dangereuse pour le moine. Si on lit le texte selon l'intention de l'auteur, Antoine ne compare pas les différentes pratiques pieuses, ni ne leur lie l'épisode de la possession satanique. Son propos est autre.

Un autre argument classique contre la pauvreté absolue se trouve dans le *Contra Adimantum* d'Augustin : le Christ posséda des sacs pour transporter l'argent nécessaire à ses nécessités et à celle des siens. L'argument est clair et explicite. Olivi rétorque en parlant de nécessité occasionnelle et en convoquant d'autres textes patristiques. Raban Maur nie globalement cette possession ; Jean Chrysostome en concède l'existence, mais en signalant la procuration qu'en fit Jésus. Enfin, Bède pense que cette détention fut nécessaire au temps des persécutions. Le Christ agit alors en tant que prélat et non pas au nom de la vocation apostolique. Dès lors, Olivi peut produire une autre citation d'Augustin, tirée des *Homélies sur Jean*, qui confirme ce point de vue. La chaîne des autorités patristiques a permis de comprendre la totalité d'une opinion, qui était trop brièvement exprimée dans le traité *Contra Adimantum*. L'exploration se développe : certains tirent de cette détention exceptionnelle la légitimité de la possession d'argent pour consentir aux vœux des faibles et l'indifférence de cette attitude en termes de péché. Olivi déclare : « Je ne vois pas dans le texte où cela peut se prouver, bien que les mots d'Augustin et de certains autres docteurs en décident ainsi »[13]. Dès lors, Olivi doit revenir explicitement sur les cas, rares, de nécessité : il donne comme exemple la prédication chez les Samaritains qui ne sont pas hospitaliers ; l'achat est donc la seule solution. Un autre exemple, sans doute de portée contemporaine, est donné. Quand un homme doit habiter dans une région ennemie, les choses ne peuvent être utilisées ou cédées sans danger de mort. En ce cas, l'argent, qui permet de procéder à un échange discret, contre le désir des gouvernants ennemis, constitue le seul moyen de survie. C'est donc le contexte concret et précis qui justifie cette détention. Le discours doctrinal des Pères peut l'avoir considérée sans mentionner les conditions particulières, qui relèvent de l'histoire ; ce discours consiste en mots, qui peuvent omettre l'esprit de l'auteur. C'est pourquoi celui qui veut utiliser leurs écrits doit se livrer à une patiente reconstitution de la situation d'énonciation et à une prise en compte du genre littéraire où le fragment prend sens.

La recherche de l'intention réelle de l'auteur s'insérait dans de nouvelles manières de traiter les textes. D'une façon générale, à propos du texte biblique, et *a fortiori* de la littérature patristique, la lecture scolastique se veut résolument critique et la méthode porte d'abord sur

13. *De usu paupere, op. cit.*, p. 52. Ce passage réfute un argument initial de l'opposant (p. 8).

l'établissement du texte, en ses différentes traditions et ses différentes langues ; l'abondante littérature des correctoires bibliques en témoigne[14]. Cette lecture littérale et historique procède à la fois des nouveaux usages, illustrés par André de Saint-Victor et Pierre Comestor, dans des visées différentes, et de la « théologie de l'histoire » qui se met en place, notamment chez les franciscains[15]. Par ailleurs, la prise en considération des « modes » d'écriture et de narration ouvre des espaces considérables d'interprétations nouvelles de la Bible et des textes sacrés, le point extrême étant atteint, à la fin du XIIIᵉ siècle, par Pierre de Jean Olivi, qui brandit, par exemple, le mode « ironique » pour inverser complètement le sens de la lettre biblique. Le même travail était requis pour les textes doctrinaux ; ainsi Henri de Ware, quand il doit affronter un énoncé de saint Anselme qui nie la préservation du péché chez Marie, prétend, qu'il a parlé « sur un mode polémique (*concinatorie*) », donc sans valeur littérale. Cette interprétation est faussement confirmée par le contenu d'un traité pseudo-anselmien, le *Tractatus de conceptione beatae Mariae virginis*, tenu pour authentique par Henri (et par ses contemporains). L'application, en ce cas, est fausse, mais la méthode convient : un mode particulier d'expression s'explique en contexte. De même, de nombreux excès anti-dualistes de la pensée d'Augustin, choquants pour les penseurs scolastiques, furent expliqués et excusés au moment scolastique par la nécessité du combat contre les manichéens. Là encore, la rhétorique et la situation historique relativisent la valeur des énoncés.

III. La domination de la science ou de la certitude singulière
   sur la tradition

Le plus souvent, cette relativisation semble d'ordre plus logique que philologique. Ainsi, un autre mode de relativisation des propos consistait à distinguer implicitement des propositions générales de propositions universelles. Là encore, c'est l'intention de l'auteur qu'il faut retrouver. Ainsi, une question de Duns Scot, fondatrice de sa théologie de l'Immaculée Conception, demande si la sainte Vierge a été conçue dans le péché[16]. Sur les dix arguments de l'opposant, deux procèdent de la Bible et huit des Pères (Augustin, Jérôme, Jean Damascène, Bernard) ; or, les sept premières citations déclarent que toute créature est conçue dans le péché. Tout repose sur le sens donné par l'auteur et le lecteur au quantificateur « *omnes* ». En effet, la démonstration de Duns Scot est fondée sur la singularité de l'exception consentie par Dieu au moment de la conception de Marie. Les textes sont habilement choisis car ils ne portent pas sur la Vierge de façon spécifique. Duns Scot ne poursuit

---

14. Voir Gilbert DAHAN, « La critique textuelle dans les correctoires de la Bible au XIIIᵉ siècle », dans : *Langages et philosophie. Hommage à Jean Jolivet* (Alain DE LIBERA *et alii* éd.), Paris, Librairie philosophique J. Vrin, 1997, p. 365-397.

15. Voir Joseph RATZINGER, *La Théologie de l'histoire de saint Bonaventure*, trad. par Robert Givord, Paris, Presses universitaires de France, 1988.

16. *Opus Oxoniense*, III, dist. 3, qu. 1. J'utilise l'édition donnée par Roberto ZAVALLONI et Eliodoro MARIANI, dans *La dottrina mariologica di Giovanni Duns Scoto*, Rome, Antonianum, 1987.

pas dans l'examen attentif de l'intention des auteurs, mais sa tactique suffit ; ce n'était pas l'intention des auteurs de proférer des propositions universelles.

Nous choisissons comme dernier exemple le cas parlant d'un prodigieux traitement d'un texte patristique clair, pris cette fois dans un traité volumineux et circonstancié, et qui en inverse exactement le sens, en puisant dans l'auteur même. La virtuosité logique réussit à la fois à saluer l'apport d'Augustin et à le réfuter. Dans un passage du prologue de l'*Ordinatio* de Duns Scot [17] consacré au problème disputé du caractère contemplatif ou pratique de la théologie (question capitale dans la pensée de Duns Scot), l'auteur réfute un argument qu'il trouve dans le *De Trinitate* d'Augustin, qui oppose la sagesse, relative à la contemplation, à la science qui relève de l'action. La théologie relevant de la sagesse est donc contemplative et non pratique. L'argument est d'autant plus fort qu'il s'adosse à une opposition classique et admise. Mais Duns Scot fait appel à un autre passage, antérieur, du traité, qui ne semble pas relié à cette opposition simple entre sagesse et science. Augustin différencie deux parties de l'âme, l'une supérieure, l'autre inférieure. Or, ces deux parties contiennent une image de la Trinité (intelligence, volonté et mémoire), quoique en des modes différents. La partie supérieure de l'âme est donc dite contemplative en raison de son objet principal, les choses éternelles ; mais sa composition trinitaire ne peut pas exclure la science. Réciproquement, la partie inférieure peut s'étendre, pour les mêmes raisons, du côté de la contemplation. Augustin affirmait bien que la théologie était contemplative, mais cela n'empêche nullement son caractère pratique.

Une des raisons essentielles de ce traitement distant des autorités tient à une remise en cause du principe même du fondement solide du discours démonstratif, non pour favoriser un relativisme qu'on attribue trop vite aux penseurs de la fin du XIIIᵉ siècle et du siècle suivant, mais parce que les notions de certitude et d'intuition directe prennent une place nouvelle. Nous devons passer sur ce chapitre capital de l'histoire du savoir en Occident. Mais il faut noter que le traitement d'Aristote a joué un rôle central sur la remise en cause des autorités, quelles qu'elles soient. L'ensemble du monde scolastique acceptait volontiers l'autorité d'Aristote ; or, à la fin du XIIIᵉ siècle, celui-ci apparut de plus en plus, chez les auteurs franciscains, comme un tenant dangereux du paganisme. Ce biais permit d'attaquer indirectement la notion d'autorité en elle-même. Un des exemples les plus précoces est fourni par Pierre de Jean Olivi, quand il traite d'un des fondements de la métaphysique occidentale, la notion de catégorie.

On le sait, Olivi fut, en tous domaines, un adversaire de l'aristotélisme chrétien [18]. En l'occurrence, la catégorie lui paraît être

---

17. J'utilise l'édition bilingue procurée par Gérard SONDAG (Paris, Presses universitaires de France, 1999) fondée sur l'édition critique établie par la Commission scotiste, publiée au Vatican en 1950.

18. Voir David BURR, « Petrus Ioannis Olivi and the Philosophers », *Franciscan Studies* 31 (1971), p. 41-71.

une notion vide et arbitraire[19]. Ce scrutateur des signes chiffrés de la Providence se moque du fétichisme du chiffre dix chez les commentateurs d'Aristote : « car certains sectateurs d'Aristote, croyant qu'Aristote a voulu que les dix prédicaments soient dix genres des choses essentiellement distinctes entre elles ont accepté en guise de premier principe qu'il en allait bien ainsi »[20]. Pour Olivi, la catégorie n'est qu'un instrument de description dépourvu de toute nécessité ontologique : « Établir la série successive des éléments [catégoriels] ne revient pas à prouver (*probare*) le nombre des prédicaments, mais seulement à en donner le récit (*narrare*) ; car si quelqu'un souhaitait ajouter ou retrancher quelques éléments au chiffre parfait des prédicaments, il pourrait, par le moyen d'une narration semblable, établir un plus grand ou plus faible nombre de prédicaments »[21]. Sur ce point comme sur d'autres, Olivi reproche aux aristotéliciens moins la fausseté de la doctrine que le renversement d'ordre dans la dignité des concepts : un simple instrument descriptif ne doit pas prétendre à une dignité de principe premier de la métaphysique.

Ce nouveau traitement de la littérature patristique la relègue aux marges de la science théologique. La doctrine des Pères ne peut se comprendre que par un travail d'adaptation, qui leur ôte toute valeur probative directe. Au temps des enseignements, des « opinions », a succédé celui des concepts, dont l'apport est cumulatif. Un Père a pu anticiper telle ou telle solution, sans passer par une élaboration conceptuelle, mais cette solution manque des instruments nécessaires à la science. Un cas très net de cette impression de dépassement des Pères est donné, au début du XIVᵉ siècle, par le franciscain Pierre d'Auriol, quand, dans son Commentaire des *Sentences* de Pierre Lombard, il traite longuement des doctrines qui traitent de l'émanation du Saint-Esprit comme amour : il retient exclusivement quatre auteurs contemporains ou très récents, Henri de Gand, Thomas d'Aquin, Jean Duns Scot et Durand de Saint-Pourçain[22].

Pourtant, la vénération des Pères pouvait être sincère, mais elle changeait d'objet. Elle ne passait plus par la science ; de même que, dans l'étude philosophique ou littéraire actuelle, on ne saurait penser à une cumulativité et à une progression, en disant que René Char est un poète plus accompli qu'Homère, ou Husserl un philosophe plus pénétrant que Parménide, de même on peut vénérer Augustin ou Jean Chrysostome plus que Thomas d'Aquin, si l'on renonce à l'idée de la théologie comme science. On trouverait là, en théologie, une des raisons de ce tournant occidental qui sépare l'histoire de la philosophie de la philo-

19. Voir Alain BOUREAU, « Le concept de relation chez Pierre de Jean Olivi », dans Alain BOUREAU et Sylvain PIRON (éd.), *Pierre de Jean Olivi. Pensée scolastique, dissidence franciscaine et société*, Paris, Librairie philosophique J. Vrin, 1999, p. 41-55.
20. *Summa*, II, question 28, éd. B. JANSEN, t. I, p. 483.
21. *Ibid.*, p. 486.
22. Voir Alain BOUREAU, « La méthode critique en théologie scolastique. Le cas des commentaires des *Sentences* de Pierre Lombard (XIIIᵉ-XIVᵉ siècles) », dans Mireille CHAZAN et Gilbert DAHAN (éd.), *La Méthode critique au Moyen Âge*, Turnhout, Brepols, 2006.

sophie[23], l'histoire littéraire de la littérature. Ce n'est pas un hasard si, à partir des années 1340 ou 1350, quand commence l'ère « fidéiste » (ou plutôt, on l'a dit, l'ère de la certitude singulière) du christianisme, l'œuvre d'Augustin se charge en Occident d'un nouvel éclat : son œuvre est alors saisie comme texte littéraire ancien et comme monument intemporel de spiritualité[24]. La lecture scolastique des Pères a décidément accompagné (ou contribué à créer) des mutations considérables du christianisme. Leur aventure culturelle et spirituelle est sans fin...

40, rue d'Enghien
75010 Paris

23. Voir Dinah RIBARD, *Raconter, vivre, penser : histoire(s) de philosophes, 1650-1766*, Paris, Éd. de l'École des hautes études en sciences sociales - Librairie philosophique J. Vrin, 2003.

24. Voir la thèse que poursuit, sous ma direction, Blaise Dufal sur les lectures d'Augustin au XIVe siècle.

RÉSUMÉ DE L'ARTICLE. — L'usage des textes patristiques dans les controverses scolastiques. Par Alain BOUREAU.

La diffusion, la lecture et l'emploi de la littérature patristique se multiplièrent dans les controverses scolastiques (XIIIᵉ et XIVᵉ siècles). Les entreprises de traductions, de collectes et de synthèse correspondirent à un usage argumentatif fort. En même temps, les évolutions de la pensée et des techniques intellectuelles conduisirent à considérer de plus près les contextes historiques des sources patristiques, l'intention des auteurs et donc à relativiser leur apport propre. La littérature patristique et le discours théologique prirent des parcours de plus en plus distincts et autonomes.

MOTS-CLEFS : *patristique – scolastique – autorité – argumentation – controverses.*

SUMMARY OF THE ARTICLE. — The Usage of Patristic Texts in the Scholastic Controversies. By Alain BOUREAU.

The diffusion, reading and usage of patristic literature multiplied during the scholastic controversies (13ᵗʰ and 14ᵗʰ centuries). The undertakings of translation, collection and synthesis corresponded to a highly argumentative usage. At the same time, the evolution of thought and of intellectual techniques led to the closer consideration of the historical contexts of patristic sources and the authors' intentions, and thus to the relativizing of their proper contribution. Patristic literature and theological discourse followed increasingly distinct and autonomous courses.

KEY WORDS : *patristic– scholastic – authority – argumentation – controversies.*

Rev. Sc. ph. th. 91 (2007) 51-74

SIGNIFICATION ET EFFICACITÉ : SUR LES PROLONGEMENTS MÉDIÉVAUX DE LA THÉORIE AUGUSTINIENNE DU SIGNE

par Irène Rosier-Catach

LES « ARTISTES » ET AUGUSTIN

L'on sait à quel point les *Artistae* du XIIIe siècle, suivant en cela les maîtres des écoles du XIIe siècle, se sont intéressés au langage, à la signification, à la référence, aux modes de signifier, combien ils ont tiré profit de leurs lectures, en un progressif processus d'intégration, à partir des grammairiens antiques et de la *logica vetus* d'abord, avec les commentaires sur Porphyre et Aristote de Boèce, augmentés par ses monographies, de la *logica nova* ensuite, avec les commentaires sur les *Réfutations sophistiques*, les *Topiques*, des textes philosophiques d'Aristote enfin, le *De Anima* permettant de reprendre à nouveau frais la question des relations entre les mots et les concepts, la *Métaphysique* celle des relations entre les mots et les choses, la *Physique* procurant un modèle dynamique permettant de penser la phrase comme un mouvement. De façon étonnante, ces *Artistae* n'ont quasiment jamais lu Augustin, qui, pourtant, on le sait, s'est tant intéressé au langage et aux signes, ce du moins jusqu'au début du XIVe siècle, où les frontières entre logique et théologie, en matière sémantique, sont moins étanches, comme on le voit bien chez Guillaume d'Ockham. Il y a naturellement quelques exceptions, du moins apparentes : en effet, si l'on pense au premier chef à Roger Bacon, et à ses remarquables développements sur les signes, on doit se rappeler que le *De signis* fut écrit quelques vingt ans après qu'il eut été maître ès arts à Paris, lorsqu'il était franciscain, et ne peut donc compter parmi les productions artiennes, nous y reviendrons au terme de cet exposé[1].

Un indice assez remarquable de cette méconnaissance est constitué par les attributions les plus fantaisistes sous lesquelles circule la célèbre définition du signe du *De doctrina christiana* dans les textes logiques ou grammaticaux au XIIIe siècle. On la retrouve en effet, souvent déformée, sous le nom d'Isidore de Séville, de Rémi d'Auxerre, de Cicéron et même d'Aristote[2]. Il faut ici être attentif à la terminologie : Boèce, on le sait, traduisant le *Peri hermeneias*, n'utilise jamais en un sens technique le terme *signum*, et gomme la différence entre *semeion* et *symbolon* sous l'unique traduction de *nota*; et la nouvelle traduction de 1268, qui rétablit la distinction, ne change pas les habitudes de lecture des médiévaux[3]. Les artiens parlent de signification, d'expressions vocales signifiantes (*voces significativae*), de mots (*dictiones*) ou de phrases (*orationes*), mais quasiment jamais de *signa*. Commentant ce premier chapitre du *Peri hermeneias*, Robert Kilwardby, vers 1240, s'interroge précisément pour savoir pourquoi Aristote a dit que « ce qui est dans le langage est la marque (*nota*) des passions de l'âme et non le signe (*signum*) ». Il propose une réponse, que reprend Albert le Grand, en expliquant qu'on parle de *marque* pour ce qui est dans la bouche du locuteur, de *signe* pour qui est dans l'oreille de l'auditeur, et il confirme cette dernière interprétation en citant, anonymement, la définition du *De doctrina christiana*[4]. Il ajoute que, puisqu'Aristote s'intéresse aux passions de l'âme en tant qu'elles existent dans l'esprit du locuteur, en tant qu'elles vont être signifiées, il a raison de parler de *nota* plutôt que de *signum*. On voit que le *signum* est perçu comme indiquant non pas une simple relation entre les mots et les passions signifiées, mais comme impliquant une relation à l'interlocuteur – nous aurons l'occasion de revenir sur ce point. Par ailleurs, on peut indiquer, sans pouvoir s'y attarder, que tout un courant de grammairiens du XIIIe siècle, peut-être aussi d'origine anglaise, et parmi lesquels on trouve notamment Robert Kilwardby et Roger Bacon, développe une théorie de l'acceptabilité des énoncés fondée sur l'idée que ce n'est pas seulement

1. Sur la théorie médiévale du signe, voir notamment Maierù 1981 et 1999 (où on trouvera une bibliographie récente), Biard 1989, Marmo 1997a, 1997b, 1997c, 1997d, Meier-Oeser 1997; voir les articles rassemblés dans Eco & al. et Marmo 1989, Ebbesen 1995, Marmo 1997e.

2. Voir MARMO 1994 (chap. 1) et Rosier 1994 (chap. 3). L'attribution à Aristote se trouve dans la *Dialectica Monacensis*, le traité le plus ancien dans lequel nous l'avons trouvée (fin XIIe siècle) (*Logica Modernorum*, éd. de Rijk 1967, vol. II, 2, p. 463 : 7-11).

3. *Peri hermeneias* 16a 2-7 : *translatio Boethii* (*Aristoteles latinus* II, 1-2, p. 5 : 4-9) : « Sunt ergo ea quae sunt in voce earum quae sunt in anima passionum notae et ea quae scribuntur eorum quae sunt in voce. Et quemadmodum nec litterae omnibus eaedem, sic nec voces; quorum autem hae primorum notae, eaedem omnibus passiones animae sunt, et quorum hae similitudines, res etiam eaedem ». *Translatio Guillelmi* (*Aristoteles latinus* II, 1-2, p. 41 : 2-8) « Sunt quidem igitur que in voce earum que in anima passionum symbola et que scribuntur eorum que in voce. Et sicut neque littere omnibus eedem, sic neque voces eedem; quorum tamen hec signa primum, eedem omnibus passiones anime, et quarum hee similitudines, res iam eedem ». Voir Magee 1989. Voir aussi l'article *Signe* du *Vocabulaire européen des philosophes*, Paris, Seuil, 2004.

4. Rosier 1994, p. 97–98.

la correction grammaticale qui importe, mais bien plus la conformité entre ce qu'on dit et ce qu'on pense, même si cela oblige à enfreindre les règles ordinaires, les normes, pour que ce qu'on dise soit bien conforme à son intention de signifier. Nous avons montré qu'il y avait derrière cette conception une inspiration augustinienne, conception à laquelle s'opposeront les tenants de la grammaire spéculative, les Modistes, au nom d'une conception scientifique qui ne peut pas admettre des modulations de la correction en fonction du contexte ou des protagonistes[5].

HENRI DE GAND ET LE *DE DIALECTICA*

Il est étonnant de voir que les analyses sémantiques du *De dialectica* d'Augustin, qui mettent en jeu des notions comme celles d'équivocité, de *translatio*, notions absolument centrales dans la sémantique médiévale, n'aient jamais été utilisées par les médiévaux. L'exception en est un bref passage du chap. X, qui a circulé, sans nécessairement être attribué à Augustin, dès le haut Moyen Âge, chez Alcuin par exemple, et que l'on retrouve ensuite, chez Bacon notamment. Il porte précisément sur la *translatio* avec l'exemple du nom « Tullius » qui peut renvoyer à la fois à l'homme, la statue, le livre, le cadavre, etc. En dépit de quelques modestes exemples, tels l'*Ars disserendi* d'Adam de Balsham, au début du XIIe siècle, on n'a pas trace d'une utilisation des notions présentes dans le *De dialectica*. Le fait que cet opuscule circule généralement avec les œuvres d'Augustin, et non comme partie du corpus logique, est à la fois cause et effet de cette situation[6].

Un texte tout à fait remarquable nous fait pourtant voir à quel point il y avait dans le *De dialectica* des matériaux qui se prêtaient à un rapprochement avec le premier chapitre des *Catégories* d'Aristote, sur l'équivocité et la *translatio*, chapitre qui a compté, on le sait, pour les développements de cette notion centrale pour la théologie médiévale qu'est l'analogie : il s'agit d'un long article de la *Somme des questions ordinaires* d'Henri de Gand, l'article 73, écrit en 1291-1292, qui a pour objet « la manière dont ce qui est entendu de Dieu peut être signifié ou prononcé ». L'auteur va aborder successivement les questions de l'ineffabilité, de l'imposition des noms, de leur utilisation pour parler des attributs divins, de la vérité et de l'adéquation de ces noms, de leur nature univoque ou équivoque, et de la manière dont ils peuvent être reçus lorsqu'ils sont utilisés. Pour parler de Dieu, pense en effet Henri de Gand, il importe d'abord d'avoir une théorie du « discours vocal signifiant », et c'est ce qu'il va s'attacher à faire, en partant des trois rubriques du *De dialectica*, l'origine (*origo*), la valeur (*vis*) et la signification (*significatio*). Il va procéder d'une manière tout à fait originale, en proposant une sorte de commentaire du *De dialectica*, traité qui, on le sait, faisait partie de l'ensemble des ouvrages sur les arts libéraux projeté par Augustin, en organisant autour de celui-ci tous les passages où

5. Voir Rosier 1994, chap. 1 et la bibliographie citée.
6. Voir l'introduction par J. Pinborg, de l'édition du *De dialectica* d'Augustin, Darell Jackson et Pinborg 1975. Cf. Roger BACON, *De signis*, ed. Fredborg & al., par. 88, où Bacon cite le *De dialectica*.

Augustin parle ultérieurement de signes ou de mots, dans ses ouvrages postérieurs : *De doctrina christiana, De magistro, De mendacio, Contra mendacium, De ordine, Enchiridion, De Trinitate*, etc. On sait que les modernes ne s'accordent pas sur le point important de savoir si Augustin avait ou non *une* théorie du langage, ou *une* théorie des signes[7]. Henri de Gand semble penser, et il le montre dans cette longue question, que tous les passages où Augustin parle de signe et de langage sont absolument consonants. Il nous offre là un véritable précis de sémiotique augustinienne, sans postérité médiévale sous cette forme, semble-t-il, et unique, jusqu'à l'époque moderne.

De fait, s'il y a un trait commun à tous les passages cités, qui oriente la démonstration d'Henri, c'est l'idée que le langage est fondamentalement situé dans l'interlocution. Cette idée modifie l'appréhension de la question de l'ineffabilité et des noms divins : la question n'est pas seulement celle de la *vérité* des noms, par rapport à la réalité signifiée et à la possibilité de la penser, dans ce cas très particulier, mais également de déterminer dans quelle mesure il est possible de parler avec vérité et d'engendrer chez l'auditeur une pensée qui soit elle aussi véridique, ou plus exactement « propre ». Cette question se pose grâce à la distinction, présente dans le *De dialectica*, entre la « signification » du langage et sa « force » (*vis*) : la force, la valeur ainsi que l'effet que produisent les mots dépendent de facteurs multiples dont la signification n'est qu'un parmi d'autres. C'est cette seconde question – question qui, nous semble-t-il, est absente des analyses antérieures sur les noms divins, dans les commentaires sur les *Sentences* I, 22 de Pierre Lombard – qui constitue la nouveauté des développements d'Henri de Gand. Elle se clôt sur une réponse qui constitue une rupture dans la sémantique du XIIIᵉ siècle : au parallélisme entre le langage et la pensée, résumé dans l'adage « *sicut intelligitur, sicut significatur* » se substitue le clivage exprimé par la formule : « *distinctius potest aliquid significari quam intelligi* », on peut signifier plus distinctement que ce qu'on pense[8].

Il nous faut signaler deux autres points, tout aussi remarquables, qui montreront les conséquences d'une intégration des pensées aristotélicienne et augustinienne en matière d'analyse du « langage vocal », pour reprendre l'expression d'Henri de Gand. Nous avons dit que l'inspiration augustinienne se traduisait par une conception du langage où l'interlocution jouait un rôle important. Henri de Gand insiste à de nombreuses reprises, comme le font Roger Bacon, Pierre de Jean Olivi ou Duns Scot, sur la triple articulation qui caractérise l'usage linguistique, le signe lui-même, locuteur (*proferens*), auditeur (*audiens*). Or, si la notion de *symbole* est absente des spéculations sémantiques médiévales – il y aurait matière à développer plus abondamment ce point au vu de lectures modernes qui séparent arbitrairement *symbole* et *signe* dans

---

7. La bibliographie sur Augustin est abondante, citons simplement Vecchio 1994, pour une étude d'ensemble.

8. Ashworth 1995; voir l'étude et l'édition de ce texte dans Rosier 1995; et Boulnois 1995 pour l'utilisation qu'en fait Duns Scot, qui résume bien l'enjeu de la discussion, *Ordinatio* I, d. 22, q. un., p. 343 :13-15 : « Potest dici ad quaestionem breviter quod ista propositio communis multis opinionibus –scilicet quod 'sicut intelligitur, sic et nominatur' – falsa est si intelligatur praecise, quia distinctius potest aliquid significari quam intelligi ».

leur lecture des médiévaux alors que ceux-ci ne parlent que de *signe* [9] –, Henri de Gand énonce ce principe que « tout verbe ou nom entendu en un sens large est un certain symbole entre celui qui parle et celui qui écoute » [10]. Or si, non seulement dans sa *Somme des questions ordinaires*, mais également dans son commentaire sur la *Genèse*, Henri énonce ce principe au terme d'une accumulation de textes augustiniens, en partant du *De dialectica* pour y ajouter le *De magistro*, le *De doctrina christiana* et le *De Trinitate*, il s'appuie en outre sur un passage du *De sensu et sensato* d'Aristote, ainsi que sur la lecture que fait Averroès du célèbre passage de la *Métaphysique* IV (1006a28) sur le principe de contradiction, qui se lit en ces termes : « Il importe que le discours de celui qui parle soit signe de quelque chose chez celui qui parle et chez lui avec qui il parle », et plus loin : « il faut concéder que le discours signifie ce qui est dans l'âme de celui qui parle et de celui avec qui il parle, à savoir un intelligible, et que si ce qui est dit n'était pas un intelligible à la fois pour le locuteur et pour l'auditeur, il n'y aurait pas de discussion possible ». Convergence étonnante entre Augustin et Averroès, sur ce principe fondamental de la nécessité d'un intelligible commun pour s'entendre et dialoguer, mais également sur l'importance de la convention et du consensus dans l'usage du langage – ici se mêlent les notions de *ad placitum* du *Peri hermeneias* et celles de *consensio* et de *pactio* du *De doctrina christiana*. Duns Scot mentionnera sous l'appellation de *opinio Gandavensis* cette conception du nom vocal comme « symbole » entre celui qui parle et celui à qui l'on adresse, et l'idée que la remémoration que produit l'écoute d'un signe est dépendante de cette connaissance commune qu'ont le locuteur et l'auditeur à la fois de ce que signifie le signe et que le signe produit est un signe.

Le deuxième point est une rencontre sur la question de l'analogie. On sait l'importance qu'a eue le commentaire de Boèce sur le début des *Catégories* d'Aristote, où il distingue les équivoques de hasard des équivoques produits de façon délibérée, en distinguant à nouveau parmi ceux-ci quatre modes (par proportion, par relation à un terme unique, par similitude, par provenance d'un terme unique) [11]. Or Henri lit, dans le chapitre sur l'origine du langage du *De dialectica*, quatre modes très proches, pour les équivoques selon l'usage, en ajoutant, toujours à partir d'un Augustin lu à l'aide du commentaire d'Averroès sur la *Métaphysique*, un mode supplémentaire, le mode « par attribution ». Ce mode est exemplifié d'une part en suivant Averroès, à l'aide du nom « nature », qui convient à titre premier à la forme, puis à titre second au mouvement, au composé, etc., et implique une relation d'ordre entre

9. C'est un point que j'ai développé dans la conclusion de Rosier-Catach 2004 ; voir Marmo 2005 pour le haut Moyen Âge ; et surtout Eco 1984 pour une mise au point historique de la distinction *signe* et *symbole*.

10. HENRI DE GAND, *Summa quaestionum*, art. 73, q. 9, l. 38-41, éd. Rosier 1995 : « Quia nomen sive verbum vocis universaliter debet esse symbolum inter duo, scilicet (inter *add.* I) loquentem et illum cui loquitur, sic ut res significata modo quo imponuntur nomina ad significandum, sit in se nota utrique, et quod nomen ad significandum ipsam rem ut talis est, sit institutum. » Pour les références citées, et d'autres passages parallèles, cf. *ibid.*, p. 176, sq. et n. 5.

11. Voir Libera 1989, Ashworth 1991, 1992, Marmo 1994, chap. 5, Rosier-Catach 1997.

le terme premier et les analogués, mais pas entre les analogués eux-mêmes[12]; et d'autre part à partir du *De dialectica* : le nom « Tullius » convient à titre premier à Cicéron (l'homme), puis secondairement et à égalité à la fois à sa statue, à son cadavre, au livre qui porte son nom, etc., Cicéron constituant ainsi la « source commune » légitimant les transferts de sens ultérieurs. Pour Henri il y a ainsi harmonisation possible entre Boèce, Aristote, Averroès et Augustin. Ces rapprochements lui permettent de traiter ensemble de plusieurs questions – noms divins, imposition, *translatio*, équivocité, propriété des noms –, et de conclure que, selon la *ratio rei*, un nom dit de Dieu et d'une chose créée est équivoque, mais que selon la *ratio secundum quam nomen rei imponitur*, il y a nécessairement quelque chose de commun, puisque tout nom implique une forme de « convenance », convenance qui est ici l'analogie, « permettant d'étendre la signification ». Lorsqu'on sait à quel point les notions d'équivocité, d'univocité, d'analogie et de transfert de sens ont été développées au Moyen Age dans une interaction constante entre arts du langage et théologie, on voit, avec le croisement remarquable des sources opéré par Henri de Gand, le bénéfice que les scolastiques auraient pu tirer d'une lecture plus minutieuse d'Augustin.

On ne peut passer sous silence un domaine important de réflexions sur le signe et la signification, une fois encore mené en contexte théologique, qui est essentiellement inspiré par Augustin, et où pourtant la tradition aristotélicienne, artienne, interfère : la *locutio angelica* – il n'est qu'à lire l'exposé minutieux de Gilles de Rome sur les cinq types de *locutio* dont les anges disposent pour parler à l'homme, aux autres anges, à eux-mêmes, et à Dieu, et sur le caractère « naturel » ou « volontaire » (*ad placitum*) de chacun d'eux[13]. Les théologiens mêlent ainsi des considérations empruntées au *De Trinitate* XV, sur les trois états du verbe (*verbum cordis*, *verbum imaginabile vocis*, *verbum prolatum*) en les mêlant, avec d'ailleurs quelque difficulté, à d'autres tirées de textes différents, notamment le *De doctrina christiana*, leur permettant de penser non pas seulement la *formation* du verbe ou du langage, pour les anges, mais la *communication* d'une pensée à autrui, qui constitue l'essence même de tout parler[14]. Ces discussions ont très certainement joué un rôle dans l'élaboration de la théorie du langage mental, qui se développera au XIVᵉ siècle[15]. Notons, sans pouvoir nous y attarder, que l'Augustin du *De Trinitate*, centré sur la formation du verbe plus que sur l'interlocution, se prêtait à des rapprochements avec la noétique d'inspiration aristotélicienne, ce qui explique peut-être que, dans les théories du signe, et particulièrement du concept comme signe, qui vont s'élaborer au XIVᵉ siècle, la dimension intersubjective présente dans les autres traités d'Augustin, ait perdu l'importance que la lecture de ceux-ci lui avait conférée au XIIIᵉ siècle.

12. HENRI DE GAND, *Summa quaestionum*, art. 73, q. 4, l. 140-143.
13. EGIDIUS ROMANUS, *De cognitione angelorum*, q. 11-13, Venise 1503 (repr. Minerva, Frankfrut 1968); *In secundum librum sententiarum quaestiones*, Venise 1581, d. X, q. 3, vol. 1.
14. Voir Tabarroni 1985, Faes de Mottoni 1986, 1987, 1995, Panaccio 1997 et 1999 (p. 219-225), Suarez-Nani 2002, Marmo à paraître, Rosier-Catach à paraître.
15. Voir en particulier Maierù 1996, Panaccio 1999.

Nous nous concentrerons à présent sur les analyses fort riches qui sont menées sur la notion de signe dans le contexte de la théologie sacramentelle [16].

LES SACREMENTS COMME SIGNES

En un sens, la définition augustinienne du signe :

> Le signe est une chose qui, au-delà de l'impression qu'elle produit sur les sens, fait venir, d'elle-même, quelque chose d'autre à la connaissance (*Signum vero est res praeter speciem quam ingerit sensibus, aliquid aliud ex se faciens in cognitionem venir*), Augustin *De doctrina christiana* II, I, 1 ; CCL 32, IV/1, p. 32)

est au cœur des chapitres écrits par les médiévaux sur les sacrements, à partir du moment où, avec Bérenger, le sacrement se voit défini comme signe et non plus comme mystère. La contribution la plus remarquable de la théologie sacramentelle à la théorie augustinienne du signe, qui vient précisément du fait qu'ils réfléchissent sur ce signe particulier qu'est le sacrement chrétien, est d'avoir ajouté à la fonction « cognitive » présente dans la définition, une fonction « opérative » : le signe sacramentel ne signifie pas seulement, il fait ce qu'il signifie (*id efficit quod figurat*). C'est ainsi qu'après avoir établi que le sacrement était à la fois signe et cause, on élaborera la notion de « signe efficace », définie de façon particulièrement précise par Duns Scot.

Bérenger

L'analyse de la conversion eucharistique est l'enjeu véritable de nombreuses discussions sur la définition du sacrement et du signe. C'est en ce contexte que Bérenger introduit un dossier de textes augustiniens, et réfléchit sur la notion de signe, pour appuyer son analyse de la consécration. La thèse principale de Bérenger, celle qui va faire l'objet des condamnations successives et que pourtant il ne reniera jamais sincèrement, est que le pain et le vin subsistent, dans leur nature originelle, après la consécration. Contre Paschase et Lanfranc qui soutiennent que le pain et le corps se transforment *sensualiter* en un petit morceau du corps du Christ, Bérenger affirme que la conversion s'effectue *spiritualiter* ou *intellectualiter*. Il n'y a pas « corruption » du pain et du vin, mais « assomption » : le pain et le vin sont promus au statut de « signes », signes sacrés du vrai Christ. Bérenger s'appuie sur des arguments de trois ordres : arguments linguistiques, par l'analyse des formules telles *Hic panis est meum, Hoc est corpus meum*, qui, dit-il, seraient fausses si le sujet n'avait plus de référence [17], arguments

16. Je me permets de renvoyer à mon ouvrage, Rosier-Catach 2004, pour les références aux textes et à la bibliographie des sujets exposés ci-dessous. Je m'attache surtout dans ce qui suit à souligner l'influence d'Augustin dans toutes ces discussions sur les sacrements aux XIe-XIIIe siècles.

17. Déjà dans sa *Lettre à Ascelin*, *PL* 150, 66C ; *De sacra coena*, éd. R.B.C. Huygens, Turnhout, Brepols, 1988 [CCM 84]) III, p. 204 : 538-541 : « Dicens : *hoc*, id est haec res, id est [hic] panis, *est meum corpus*, quae ipsius Veritatis enuntiatio, id est "hic panis est meum corpus", nulla poterit veritate constare si subiectum panis sacrificio Christi abstuleris. » Voir Montclos 1971 ; voir surtout Holopainen 1996 pour les

d'ordre physique (des accidents ne peuvent exister sans qu'il y ait une substance *en laquelle* ils subsistent, ce qui ruine aux yeux de Bérenger la thèse de la *corruptio subiecti* et donc celle du changement *substantiel*), arguments sémiologiques – seuls ces derniers nous intéresseront ici.

Pour Bérenger, la conversion a pour effet de transformer le pain et le vin en sacrements, c'est-à-dire en *signes* des vrais corps et sang du Christ. La conversion se produit sur le plan intellectuel ou spirituel et non sur le plan sensible, en réalisant la promotion des éléments au rang de signe de la totalité du corps et du sang du Christ, en les élevant donc à une dignité supérieure. La conversion est d'ordre intelligible (*conversio intelligibilis*) et non d'ordre matériel (*conversio materialis*).

Dès cette période, Bérenger constitue un « dossier », constitué de textes d'Augustin principalement, visant à établir la véritable nature du sacrement, qu'il reprendra dans ses textes ultérieurs [18]. Le sacrement est un « signe sacré », « signe du divin mystère », « forme » ou « signe visible de la grâce invisible ». La notion de signe est au coeur de la démonstration de Bérenger. Il reprend à Ratramne de Corbie (alias « Jean Scot ») l'idée que le Christ est présent *in figura*, et non *in veritate*, et que le sacrement en constitue le signe, l'image, la similitude, le gage [19]. Il l'appuie comme lui sur la comparaison avec le baptême, où l'eau, par les paroles de la consécration, prend, tout en restant de l'eau, une signification spirituelle [20].

Bérenger tire de chacun des mots de la définition du *De doctrina christiana* une justification de sa position : « chose qui, en plus de l'impression qu'elle produit sur les sens, fait venir à la connaissance, à partir de ce qu'elle est, quelque chose d'autre que soi-même ». Bérenger y remarque la nature *sensible* du signe, que c'est *à partir de ce qu'il est* (*ex se*) que le signe produit quelque chose, ce qui implique, pour lui, que le reste doive rester ce qu'il est, que c'est à partir de ce qu'il est *que quelque chose d'autre qui lui-même* est produit, ce dont il conclut que le signe ne peut pas *être* le corps du Christ, enfin que c'est *pour l'esprit*, pour la connaissance, que ce quelque chose est réalisé – il n'est pas dit, précise Bérenger contre l'interprétation réaliste du corps du Christ, « dans la bouche, dans les dents, dans le ventre », mais bien « à la connaissance » (*in cogitationem*) [21]. Le pain et le vin sont les signes visibles qui s'offrent aux sens, « aux yeux du corps », le corps du Christ est le signifié qui se présente, à partir d'eux, à l'intellect, « aux yeux du

arguments physiques; Rosier-Catach 2004 (et la bibliographie citée), p. 355-363, pour les arguments linguistiques; pour les arguments sémiologiques, voir *ibid.* p. 36-40 et 1996, que nous résumons ci-dessous.

18. *Purgatoria epistola*, éd. Montclos 1971, p. 531-538; *Scriptum contra synodum*, dans Lanfranc, *De corpore*, PL 150, XII, 422B-423A; *De sacra coena*, éd. cit., p. 146 :1650 sq. Les textes d'Augustin ont différentes origines : *De civitate Dei* X, V, *Sermo* CCCLI, IV, 7, *Epistola* CV, III, 12, *De catechizandis rudibus*, XXVI, 50.

19. Cf. *Purgatoria epistola*, éd. cit., p. 532 : 18-19; RATRAMNUS, *De corpore*, éd. Bakhuizen van den Brink 1974, c. 32; p. 85-89. Sur la controverse eucharistique au IXe siècle, et ses implications en matière de théorie du signe, voir Cristiani 1968 et 1997, Chazelle 1992, Marmo 2005.

20. *De sacra coena*, éd. cit., p. 118 : 640-645; cf. aussi *DSC* II, pp. 122-123; II, p. 132-133.

21. *Purgatoria Epistola*, p. 532 : 24-27.

coeur »[22]. Le corps du Christ n'est pas le sacrement, mais la *res sacramenti*[23] signifiée par le pain et le vin, devenus signes, forme visible de l'invisible. Le pain et le vin, de simples choses, deviennent par la conversion des signes :

> Le pain, après avoir subi la consécration, ne cesse pas d'être du pain, il commence, ce pain, à être un sacrement (*Panis suscepta consecratione non desinat esse panis, sed incipiat ipse panis esse sacramentum*)[24].

Bérenger lit dans la définition d'Augustin des éléments importants : (a) *la nature relationnelle du signe*. Un signe est une chose en tant qu'elle entre en relation avec autre chose. La chose qu'est le pain peut devenir signe par « assomption », par sa mise en relation avec le Christ, c'est en cela que tient la conversion eucharistique ; (b) *la solidarité des deux éléments constitutifs du signe* : sa nature relationnelle impose que si l'on soutient que le pain devient signe on affirme par là même la présence du signifié – Bérenger proteste donc quand on l'accuse de nier la présence du Christ, puisqu'en soutenant que le sacrement est un signe, il pose en même temps ce qu'il signifie ; (c) *la nécessaire altérité des deux pôles du signe* : puisque le sacrement est dans une relation de *similitude* avec la chose qu'il signifie[25], il n'est pas dans une relation d'*identité*. Bérenger s'indigne de ce que Lanfranc ait pu penser qu'il aurait affirmé l'existence d'un sacrement en même temps que nié la présence des vrais corps et sang du Christ. La nature du sacrement implique une relation, et que cette relation ait deux pôles *distincts*[26] : ceci à son tour impose d'un côté que le pôle sensible, à savoir le pain et le vin, subsiste après la conversion, car le corps du Christ ne pourrait être une *res* ou un signifié si le signe était totalement annihilé, d'un autre côté que la réalité du Christ soit affirmée. Lanfranc, adversaire de Bérenger, suivi par d'autres théologiens, va soutenir à l'inverse que le sacrement est à la fois *signe* (ou *signans*) et signifié (*signatum*), « signe et forme de lui-même » (*forma sui ipsius*), et que c'est précisément la caractéristique du signe eucharistique de signifier non pas *autre chose* (selon le réquisit de la définition augustinienne), mais soi-même (*non aliud sed ipsum significat*). Cette discussion mérite sa place dans une histoire de la sémiotique, puisque c'est certainement l'importance accordée à la nécessaire solidarité des deux faces du signe qui va conduire les auteurs, dans le

22. Ces expressions sont empruntées au *De Sacramentis* d'AMBROISE, I, 5, 14 : « Videbas quae corporalia sunt corporalibus oculis, sed quae sacramentorum sunt cordis oculis videre non poteras » ; *De Sacra Coena* II, éd. cit., p. 120-123 ; 148-149 ; II, p. 122 :762-764 ; II, etc.

23. *Purgatoria Epistola*, éd. cit., p. 532 : 16-17 : «Corpus ergo Christi et sanguinem, res dico ipsas sacramentorum mensae dominicae, non ipsa sacramenta ...» ; cf. *Scriptum contra synodum*, dans LANFRANC, *De corpore* X, PL 150, 421 A ; *De sacra coena* III, éd. cit., p. 202 : 472, p. 208 : 669-673 ; cf. RATRAMNUS, *De corpore*, éd. cit., c. 36 : «sanctus Augustinus aliud dicit sacramenta et aliud res quorum sunt sacramenta, corpus autem in quo passus est Christus et sanguis eius de patere qui fluxit res sunt». Sur l'opposition *res/sacramentum* chez Augustin, voir Féret 1940.

24. *De sacra coena*, II, éd. cit., p. 157 : 2054-2056.

25. AUGUSTIN, *Epistola* 98, 9 (CSEL 34, part. 2, pp. 530-31).

26. LANFRANC, *DC* X, 436A. Cette discussion sur l'altérité entre les deux pôles du signe avait déjà été discutée au IXᵉ siècle, cf. Chazelle 1992, p. 17-18.

prolongement de la discussion entre Bérenger et Lanfranc, à introduire la distinction entre *signans* et *signatum*.

Le dossier des définitions du sacrement comme signe, commencé dans la lettre à Adelman, présent dans le *Scriptum contra synodum*[27] et discuté dans le *De corpore* de Lanfranc[28], et finalement développé sous une forme plus complète dans le *De sacra coena*[29], aura une fortune importante[30]. En effet, repris dans le *Decretum* d'Yves de Chartres, il passera dans la tradition, par le *De sacramentis* d'Alger de Liège ou le *Sic et non* d'Abélard. Il sera à l'origine de la définition du sacrement comme signe, venant remplacer celle d'Isidore de Séville du sacrement comme « mystère » qui dominait jusqu'à l'époque de Bérenger. Elle se fixera grâce aux *Sententiae* de Pierre Lombard, qui ouvre son traité sur les sacrements en annonçant que « à présent nous traiterons du sacrement en tant qu'il est signe ». Je ne veux pas reprendre l'ensemble du dossier, mais me contenterais ici de signaler les éléments des commentaires qui témoignent de lectures nouvelles des passages augustiniens invoqués dans ces discussions, et notamment de la définition du *De doctrina christiana*, sur plusieurs points : la définition du signe, la théorie du pacte et de la relation. Je terminerai par la notion de *signe efficace*.

La définition augustinienne : signifier quelque chose pour quelqu'un

Comme je l'ai dit, la définition du *De doctrina christiana* est scrutée en toutes ses clauses. On s'interroge pour savoir s'il est exact de dire que le signe sacramentel *s'offre aux sens*. Ne devrait-on pas dire plus tôt *à la vue* et parler de *signe visible?* Par ailleurs, le caractère sensible convient-il au sacrement dans son ensemble, à sa matière, à sa forme, à l'effet du sacrement? C'est à partir de la définition du *De doctrina christiana* que Thomas d'Aquin justifie l'importance de la nature *sensible* du sacrement, particulièrement adéquate du fait que toute connaissance vient des sens, part donc du sensible pour être conduit vers des réalités intelligibles[31]. Pour répondre à l'objection qu'il existe des signifiants *intelligibles*, et non sensibles, ce qui contredit à la lettre la définition d'Augustin, plusieurs théologiens expliquent que les signifiants peuvent être de nature intelligible à la condition qu'ils soient d'abord des signifiés intelligibles associés à des signifiants sensibles : ainsi le caractère baptismal est un signifiant intelligible de la grâce, mais est d'abord le signifié intelligible du signifiant sensible qu'est l'eau du baptême. Par ailleurs, lorsqu'on lit dans la définition que le signe produit quelque chose *à la connaissance*, ceci veut dire que son signifié est de nature *intelligible*, ne retombe-t-on pas alors dans les difficultés qu'avait à affronter Bérenger dans le cas de la conversion eucharistique? Ceci implique-t-il que des « bruta », dont l'intellect est déficient, ne peuvent pas recevoir le signifié du signe?

---

27. *Scriptum contra synodum*, dans LANFRANC, *De corpore* XII, PL 150, 422B-D, XIII 423A; *De corpore* XVIII-XIX, 432D-434D.

28. *Scriptum contra synodum*, dans LANFRANC, *De corpore* XII, PL 150, 422D-434D.

29. *De sacra coena* III, éd. cit., p. 193 sq.

30. Sur la relation entre ces différents florilèges de définitions, voir Jean de Montclos 1971, p. 538-539; Van den Eynde 1949a, p. 185-199.

31. THOMAS D'AQUIN, *Summa theologiae* III, q. 60, art. 4.

L'apport le plus intéressant à la théorie du signe est certainement celui du dominicain anglais Richard Fishacre, qui écrivit son commentaire sur les *Sentences* dans les années 1240. Il part, comme Bérenger, de la nature relationnelle du signe. Mais il lit dans la définition du *De doctrina christiana*, une double relation constitutive du signe : une relation au signifié, indiquée par le *aliquid aliud*, et une relation à l'interprète, indiquée par la clause *in cognitionem venire* (faire venir à la connaissance, sous-entendu : de quelqu'un).

> Par conséquent le signe, selon moi, si l'on entend ce terme au sens propre, signifie une première relation au signifié, et une seconde relation à celui pour qui il signifie (*ad eum cui significat*), et cette double relation est contenue dans la définition qui a été posée : la relation au signifié par la clause « autre chose », à savoir le signifié, et la relation à quelqu'un pour qui il signifie (*ad aliquem cui significat*), par la clause « venir à la connaissance ». De même en effet que « donné » signifie ce qui est par quelqu'un et pour quelqu'un, de même le signe est signe de quelqu'un et pour quelqu'un[32].

Le signe est signe de quelque chose et signe pour quelqu'un. On retrouve cette analyse chez Bonaventure[33]. Elle est reprise par Roger Bacon, dans le premier paragraphe de son *De signis*[34] : le signe est dans la catégorie de la relation, signifier se dit par rapport à « ce qui acquiert quelque chose, à savoir la chose signifiée par un datif » (*illud cui adquiritur aliquid, hoc est rem per dativum significatam*) et par rapport à la chose signifiée « par un accusatif ». Une fois ces deux relations posées, au signifié, et à l'interprète, il importe de les caractériser et de les hiérarchiser : quelle est la relation qui est essentielle au signe ? Richard Fishacre considère que c'est la relation au signifié qui est la plus essentielle (*relatio illa quae est ad significatum est essentialior signo*). Bonaventure reprend la discussion dans le contexte d'une discussion sur le baptême des enfants : un signe qui n'est pas reçu, ou compris, est-il (encore) un signe ? Bonaventure soutient comme Fishacre que la relation au signifié est essentielle au signe, mais ajoute que celle-ci est toujours en acte, alors que la relation à celui pour qui le signe signifie est *in habitu*. A partir de l'exemple fameux du *circulus vini*, l'enseigne circulaire qu'on accrochait devant la taverne, il conclut que le signe, une fois imposé, reste toujours signe, même si personne ne le reçoit. Il est remarquable de voir que Roger Bacon prend le contre-pied exact de Bonaventure. On sait, par le résumé qu'il en donne par le suite, que le *De signis*, retrouvé comme un traité indépendant, ne constitue en fait que la première partie d'un ouvrage dont la deuxième devait étudier l'application de la théorie des signes à la théologie, deuxième partie qui

---

32. Richard FISHACRE, *In IV Sent.*, dist. 1, éd. de J. Goering, à paraître ; traduction dans Rosier 2004, p. 71.

33. BONAVENTURE, *In IV Sent.*, dist. 1, p. 1, art. un., q. II, p. 15, arg. 3, éd. Quaracchi 1889.

34. Ed. Fredborg & al. 1978., par. 1 : « Signum est in praedicamento relationis et dicitur essentialiter ad illud cui significat, quoniam illud ponit in actu cum ipsum signum sit in actu, et in potentia cum ipsum est in potentia. [...] Hoc verbum "significo" essentialius et principaliter respicit illud cui adquiritur aliquid, hoc est rem per dativum significatam, quam per accusativum. »

malheureusement n'a pas été retrouvée[35]. Pour Bacon, la relation « au datif » est essentielle au signe, et conditionne la relation « à l'accusatif » : en d'autres termes, c'est l'intellect (du locuteur ou de l'interprète) qui détermine quel est le signifié du signe, et non pas l'inverse, à savoir que le signifié du signe déterminerait la façon dont il va être utilisé ou reçu. Le fait que le signe ait été instauré lui donne une relation au signifié qui est seulement en puissance (Bonaventure disait au contraire qu'elle est toujours en acte, en vertu de l'institution). Raisonnant sur le même exemple que Bonaventure, Bacon conclut à l'inverse que même si l'enseigne circulaire a été imposée pour signifier le vin, elle ne signifie pas en acte si personne ne la regarde, une réponse que l'on trouve d'ailleurs aussi chez Guillaume de Méliton, dans son *De sacramentis*. Dans le contexte des sacrements on comprend la position de Bonaventure : le signe est institué pour signifier quelque chose, cette signification ne peut être altérée, modifiée, annulée au gré de ses utilisations. Il aurait été intéressant de voir comment Bacon abordait les conséquences de sa position inverse en traitant du signe sacramentel.

Les paroles et l'intention

Cette question de la primauté de l'une ou de l'autre des deux relations constitutives du signe va être posée de manière précise lorsqu'on va s'interroger sur le poids respectif de la valeur intrinsèque du sacrement, fixée par institution, et de l'intention selon laquelle il va être produit et reçu, pour reprendre les termes de Guillaume de Méliton, de la fonction respective de la « *vis verbi* » et de la « *vis ministri* ». Or ces questions, qui concernent d'abord la *signification* du signe sacramentel, autrement dit sa fonction « cognitive », vont se poser de façon plus aiguë lorsque l'on va considérer l'autre fonction du signe sacramentel, la fonction « opérative », puisqu'il s'agit d'un signe particulier, un signe efficace. Elles vont avoir des retombées particulièrement intéressantes lorsqu'on envisagera le sacrement selon sa « forme », la formule ellemême. Les paroles effectuent-elles ce qu'elles signifient en vertu de leur signification, fixée par institution? Ou bien le ministre peut-il infléchir cette signification en fonction de l'intention qu'il associe à ses paroles, et qui ne correspond pas nécessairement à sa signification reçue, avec pour résultat que l'opérativité soit fonction de la signification intentionnelle et non de la signification conventionnelle, pour emprunter une terminologie moderne? Cette discussion sur le rôle de l'intention dans la détermination de la valeur des formules sacramentelles est menée à partir de parallèles intéressants avec le problème juridicomoral de la promesse, du serment, du parjure. Et c'est ici tout un autre pan des analyses augustiniennes qui est convoqué, essentiellement ses écrits sur le mensonge. Une promesse ou un serment engage-t-il en fonction de ce qui est dit, ou en fonction de l'intention du locuteur? L'on assiste à un infléchissement sensible des définitions du *Contra mendacium* ou du *De mendacio*, se traduisant par l'introduction progressive de l'idée d'une responsabilité, d'une obligation liées aux paroles prononcées. On considère alors que l'engagement ne réside pas simplement au plan de « la bouche du cœur », qui engage la responsa-

---

35. Voir Rosier 1994, p. 149 sq.

bilité devant Dieu qui « sonde les cœurs », mais aussi à celui de « la bouche du corps », qui instaure une responsabilité par rapport à l'autre, à partir du principe que tout usage du langage manifeste et implique que l'on connaît les règles en fonction desquelles ce qu'on dit va être interprété. Ce point est essentiel : en partant de la définition du mensonge comme « énonciation fausse des paroles avec intention de tromper » (*falsa vocis significatio cum intentione fallendi*, Augustin, *Contra mendacium*, xii, 26), on va mettre en avant non pas « l'énonciation fausse » ou « l'intention de tromper », mais, comme le notait déjà Augustin dans le *De doctrina christiana*, « l'intention de dire le faux » (*intentio falsum enuntiandi*, DDC, I, xxxvi, 40), pour arriver à la redéfinition du mensonge proposée par Alexandre de Halès : « énonciation fausse des paroles avec intention de dire le faux » (*falsa vocis significatio cum voluntate/ intentione falsum enuntiandi*)[36]. Thomas d'Aquin proposera alors une analyse tripartite du mensonge, comprenant une dimension matérielle, dire le faux, une dimension formelle, l'intention de dire le faux, une dimension effective, l'intention de tromper, la dimension formelle étant l'élément définitoire propre du mensonge[37]. La distinction entre le rapport du signe aux paroles et le rapport du signe au locuteur aura pour conséquence importante une redéfinition de la vérité, à partir de l'opposition d'Alexandre de Halès entre *falsitas dicti* (fausseté des choses dites) et *falsitas dicentis* (fausseté du « disant », du locuteur), aboutissant à une distinction entre vérité *logique* et vérité *morale*. Bonaventure reprendra ainsi la définition de la vérité héritée d'Avicenne : « adéquation entre chose et intellection », pour la dédoubler en « adéquation de la chose au discours » et « adéquation du discours et de l'intention »[38]. Une autre conséquence importante de ces discussions sera la mise en place de la notion d'*obligation*, notion ici encore à la fois juridique et morale, et qui jouera un rôle central dans les chapitres sur le mariage, sacrement très particulier puisqu'il se fonde sur un « consensus exprimé par les paroles ».

36. ALEXANDRE DE HALÈS, *Summa theologica* lib. II/2, éd. Quaracchi, t. 3, p. 402, n. 399, *solutio* et ad 3 ; *ibid.* c. 5, *solutio*, éd. Quaracchi, t. 3, p. 406, n. 403.

37. *Summa theologiae II-II*, q. 110, a. 1, resp : « Si ergo ista tria concurrant, scilicet quod falsum sit id quod enuntiatur, et quod adsit voluntas falsum enuntiandi, et iterum intentio fallendi, tunc est falsitas materialiter, quia falsum dicitur ; et formaliter, propter voluntatem ; et effective, propter voluntatem falsitatem imprimendi. Sed tamen ratio mendacii sumitur a formali falsitate : ex hoc scilicet quod aliquis habet voluntatem falsum enuntiandi. Unde et mendacium nominatur ex eo quod *contra mentem dicitur.* » Sur l'analyse du mensonge, voir Casagrande et Vecchio 1991 et 1995, Vecchio 1997, Rosier-Catach 2004, chap. 4.4, et 4.5 pour les prolongements dans l'analyse des formules de consentement au mariage.

38. BONAVENTURE, *Sent.* III, dist. 38, art. un, q. 1, resp., p. 840, traduit dans Rosier 2004, p. 303 : « Ad praedictorum intelligentiam est notandum quod dictum exterius prolatum comparatur ad intentionem dicentis et ad ipsam rem significatam ; et secundum hoc sortitur dictum illud rationem duplicis falsitatis vel veritatis. Nam per comparationem ad rem dicitur sermo verus, per comparationem autem ad intentionem dicentis dicitur verax. Sic etiam falsitas duplex est circa sermonem. Nam per comparationem ad rem, videlicet cum non est *adaequatio rei et sermonis*, dicitur sermo falsus ; per comparationem vero *ad intentionem dicentis*, cum non est adaequatio sermonis et ïntentionis, dicitur sermo fallax sive mendax. »

On voit que ces réflexions se mènent sur le double plan de la signification et de l'efficacité du signe et des paroles.

SIGNES NATURELS ET SIGNES « DONNÉS »

Les médiévaux empruntent également au *De doctrina christiana*
d'Augustin la distinction entre signes naturels et signes « donnés »,
qu'ils confrontent avec la distinction aristotélicienne entre signes naturels et signes « par position », ou *ad placitum*, transmise et commentée
par Boèce. Les chapitres sur les sacrements montrent que la confronta-
tion des sources est parfois difficile et source de confusion. La conception augustinienne du signe comme être relationnel conduit à caractériser comme naturelle ou donnée une *relation*, et non l'entité
« signe » elle-même. Ainsi, à la question difficile de savoir si l'on devrait
catégoriser le signe sacramentel comme naturel, du fait qu'il entretient,
comme on le dit depuis Hugues de Saint-Victor, un rapport de similitude avec son signifié, mais aussi un rapport de cause à effet, ou
comme conventionnel, du fait qu'il résulte d'une institution, les théologiens expliquent que les deux réponses sont possibles et non exclusives
l'une de l'autre. Puisque le signe est pris dans des relations multiples,
chacune permet de le catégoriser selon un mode ou selon l'autre. On dit
souvent, par exemple à propos de l'eau du baptême, qu'elle entretient
des relations de type naturel avec son ou ses signifiés, mais qu'il faut
ensuite que, parmi ses propriétés naturelles, l'une soit choisie comme
signifié conventionnel du signe baptismal. La convention vient ratifier
et fixer le signifié du signe, qui peut être choisi de façon libre parmi ses
propriétés naturelles ou comme une valeur sémantique librement et
éventuellement historiquement décidée (signification de la grâce, de
l'entrée dans la communauté des chrétiens, de la rémission du péché
originel, etc.).

La théorie de la causalité-pacte

Un des débats qui a le plus agité les théologiens du XIII᪽ siècle est
celui du mode de causalité des sacrements. On réfléchit à partir du
début du siècle en terme de « causes » : est-il cause matérielle, dispositive, efficiente, instrumentale ? Deux grandes théories s'opposent, l'une
que l'on peut qualifier de causalité physique, et dont il existe plusieurs
variantes, explique la causalité du signe sacramentel par une « qualité
absolue », un *quid*, qui aurait été attribué au sacrement au moment de
son institution, et qui déterminerait son efficience. Sa formulation
standard en est donnée par le franciscain Guillaume de Méliton. La
seconde, que l'on peut qualifier de causalité-pacte[39], s'oppose à cette
conception, en arguant que puisque le sacrement est un signe, il est
dans la catégorie de la relation, ce qui explique à la fois sa signification
et son efficace : en instituant le sacrement, le Christ place le signe en
relation avec autre chose, de telle sorte que lorsque le signe est exhibé,
il s'engage à l'assister pour que la grâce soit créée.

---

39. W. COURTENAY parle de « covenant causality », voir Courtenay 1984, particulièrement l'article « The King and the Leaden Coin : The Economic Background of
"sine qua non" Causality ».

Cette théorie du pacte a une origine augustinienne à double titre. Elle consiste en effet originellement en deux thèses, qui vont ensuite se trouver rapprochées. La première est une théorie particulière de la relation, la seconde une conception conventionnaliste du fonctionnement des signes.

Théorie de la relation

Richard Fishacre avance une série d'arguments contre la causalité physique, telle que la défendaient certains auteurs parisiens de la première moitié du XIIIe siècle. Il n'arrive pas à comprendre comment l'institution pourrait conférer au signe sacramentel quelque chose qui serait de l'ordre d'un *quid*, d'une qualité absolue. Le dominicain prend divers exemples bibliques, comme celui du baptême du Christ par Jean dans le Jourdain, en se demandant si, de par le contact de sa chair, le Christ aurait conféré à l'eau une qualité, qui lui donnerait sa valeur régénératrice, laquelle se retrouverait dans toute eau utilisée dans une cérémonie ultérieure. Fishacre n'admet pas que quelque chose ait été « surajouté » (*superadditum*) à la nature de l'eau, car il faudrait déterminer à la fois ce que c'est, un accident ou une substance, à quelle partie de l'eau, etc. Il préfère dire que le Christ, par son contact avec l'eau, s'est engagé librement à ce que toute immersion ultérieure, accompagnée de l'invocation des paroles, lui donne cette *virtus* qui opère la rémission du péché originel. S'appuyant à nouveau sur la définition augustinienne du signe, et invoquant une fois de plus l'exemple paradigmatique de l'enseigne circulaire, Fishacre explique que, par l'institution, la chose (l'eau, l'enseigne) a été placée dans une *relation nouvelle* et n'a donc reçu qu'une forme *accidentelle* : « De la même façon, avant que la volonté du peuple n'instaure l'enseigne circulaire pour signifier le vin, elle était une simple chose, alors qu'après l'institution, sans aucune modification faite à l'essence du signe, mais par le seul fait qu'elle ait été placée dans une relation extrinsèque, l'enseigne devint à la fois chose *et* signe » [40]. Le caractère *relationnel* du signe, mis en avant par Fishacre pour établir la *signification* du sacrement, est à nouveau invoqué pour en définir l'*efficacité*. Fishacre prend l'exemple des jetons d'airain, les méreaux, qui étaient donnés aux pauvres : ils n'ont pas, une fois prise la décision que celui qui le montre recevra un repas, été modifiés dans leur essence, ils n'ont pas reçu un « quelque chose de plus, mais plutôt une relation à autre chose de plus », qui durera tant que dure la volonté de celui qui s'est engagé à « assister » le signifié du signe, c'est-à-dire à faire que ce qu'il signifie s'effectue. Le méreau n'est que « ce sans quoi » le repas ne pourrait être obtenu. Comme l'a bien expliqué W. Courtenay, si cette discussion touche au problème plus général de la valeur des signes monétaires, le fait d'utiliser le méreau plutôt que la pièce est important ici, car celui-ci, à la différence de la pièce, n'a manifestement pas de valeur intrinsèque propre, d'où la nécessité de trouver une explication différente à son efficacité.

Fishacre utilise alors une formule qui nous indique l'origine de cette conception de la relation : « cette relation ... existe ... de par la volonté,

---

40. Richard FISHACRE, *In IV Sent.*, dist. 3 (texte cité dans Rosier-Catach 2004, p. 534 ; cf. p. 103-108).

telle la pièce de monnaie qui devient prix (ut denarium fit pretium), sans qu'en elle se produise aucune mutation et sans que quoi que ce soit d'autre qu'une relation soit ajouté. » Il fait référence ici à un passage précis du *De Trinitate* d'Augustin (V, XVI, 177 ; CCL 50, p. 226 :38-54). Celui-ci y aborde la question des qualificatifs relatifs attribués à Dieu. Si quelqu'un ne peut se voir attribuer le nom de *maître* qu'à partir du moment où il a un serviteur, est-ce que le nom relatif *Seigneur* appliqué à Dieu n'implique pas une certaine temporalité, puisque la créature dont Dieu est le Seigneur n'a pas toujours existé ? Augustin distingue deux types d'accidents relatifs : l'un qui advient au sujet en le modifiant, ainsi quelqu'un est dit *ami* quand il commence à aimer, il se trouve alors accidentellement transformé ; l'autre qui advient au sujet sans qu'il soit transformé : c'est ainsi que la pièce de monnaie peut être dite *prix de* ... sans subir de modification. Ce passage du *De Trinitate* est bien connu, et souvent cité dans les chapitres sur les attributs divins, interprété d'ailleurs de manières différentes. Il est repris dans les chapitres sur la causalité pour rendre compte de la relation particulière qui caractérise le signe sacramentel, relation qui ne modifie pas la substance du signe, permettant de justifier la conception selon laquelle le sacrement n'acquiert ni qualité ni propriété nouvelle du fait de l'institution, contrairement à ce qu'affirment les tenants de la causalité physique.

Théorie conventionnaliste du fonctionnement des signes

Bonaventure, qui hésite entre causalité physique et causalité-pacte avant d'adopter la seconde, reconnaît la paternité de cette théorie à Guillaume d'Auvergne[41]. Or Guillaume développe cette théorie du pacte, non pas dans son traité sur les sacrements, où il défend une conception fondée sur le *beneplacitum* divin, mais dans son *De legibus*, en discutant sur les signes magiques. Guillaume s'appuie sur différents chapitres du *De doctrina christiana* d'Augustin, consacrés à la critique de l'idolâtrie et des superstitions. Le fait qu'il s'agisse de discussions sur les pratiques magiques est particulièrement intéressant, parce qu'il n'est pas alors question de *signification* des signes, mais d'*efficacité*. Augustin critique les superstitions et le sens qu'auraient en eux-mêmes les augures et autres signes de ce genre, au nom d'une conception très conventionnaliste du langage et des signes : contrairement à ce qu'affirment les charlatans pour justifier l'interprétation des augures, ce n'est pas parce que les signes ont une valeur propre que certains hommes pourraient la révéler ; à l'inverse, dit Augustin, c'est parce qu'ils la leur ont attribuée, et qu'ils se sont mis d'accord pour la leur reconnaître, que ces signes la possèdent[42]. De la même façon, Guillaume d'Auvergne,

---

41. BONAVENTURE, *Sent.* III, d. 40, dub. 3, p. 895 : « Alius est hic modus dicendi ... Et differunt in hoc a sacramentis legis veteris, praecipue quantum ad ipsam efficacem ordinationem, quia non interveniebat ibi pactio in illis sacramentis, per quam efficax et infalllibilis fieret ordinatio ad gratiam, secundum quod in sacramentis novae legis [...] Hunc modum dicendi et huius questionis determinationem plures sustinent bene intelligentes. *Et dominus Gulielmus, Parisiensis episcopus, in determinando in scholis Fratrum Minorum approbavit istum modum dicendi coram fratre Alexandro bonae memoriae.* »

42. *De doctrina christiana* II, xxv, 38-39 (CCL 34, IV/1, p. 60).

s'appuyant sur ce passage, cherche à contrer toute conception qui expliquerait l'efficacité des signes magiques par une propriété, une qualité, qu'ils posséderaient – il étudie cette question de manière très systématique pour les formules magiques. Et il conclut que les figures, les caractères, les signes magiques sont efficaces non pas en raison d'une vertu naturelle propre, mais à partir d'un pacte avec les démons, « de même, ajoute-t-il, que les signes sacrés, qu'utilise la religion chrétienne, opèrent, non pas à partir d'une vertu naturelle propre, mais à partir d'un pacte avec Dieu tout-puissant qui s'est engagé à coopérer au signe » [43]. L'on voit le pas franchi par Guillaume par rapport à Augustin : alors que ce dernier invoquait le pacte et la convention pour expliquer la *signification*, Guillaume les fait intervenir pour rendre compte de l'*efficacité*. De manière intéressante, toujours dans ce traité, Guillaume explique également par un pacte, ici de nature sociale, le fonctionnement de nombreux « signes usuels », tels le baiser de paix, les contrats, les lettres frappées du sceau royal, etc. L'utilisation de tels signes, explique Guillaume, n'est pas seulement la marque visible d'une action impliquant deux partenaires, comme dans le cas d'un contrat : l'utilisation du signe est en elle-même un engagement (*obligatio*) à respecter la convention mutuelle qui a présidé à son institution. Ainsi, la tonsure que prend le prêtre n'est pas seulement la marque de sa fonction, mais constitue un engagement de celui-ci à assumer une nouvelle charge.

Pour résumer, on peut dire que les deux dimensions de la théorie de la causalité-pacte ont une origine augustinienne, le premier par la théorie de la relation, la seconde par la théorie conventionnaliste des signes.

Duns Scot et le signe efficace

Les théologiens du milieu du XIIIe siècle se sont partagés quant aux deux explications de la causalité sacramentelle, entendue comme causalité revenant en propre au sacrement, indépendamment de la causalité ultime qui était reconnue au Christ. Bonaventure, après avoir pesé les arguments en faveur de chacune d'elles, s'est finalement rangé au côté des conventionnalistes. Thomas d'Aquin, pour répondre aux difficultés soulevées par la causalité physique, sans admettre comme solution la théorie de la causalité pacte, qui selon lui n'expliquait pas suffisamment comment le sacrement est cause, a développé une version différente de la causalité, la causalité instrumentale, qui sera pourtant considérée ultérieurement comme une variante de la causalité physique. Puisque notre but ici n'est que de souligner, dans ces débats, l'influence d'Augustin, nous nous contenterons d'un dernier mot sur le sujet, avec la conception défendue, contre Thomas, par Duns Scot. La notion de *signe efficace* avait déjà été proposée avant Duns Scot, par Guillaume de Méliton notamment, qui était quant à lui un tenant de la causalité physique dispositive.

Duns Scot va chercher à articuler les notions de signe et de cause qui étaient simplement juxtaposées et hiérarchisées dans les traités précédents : pour Bonaventure le sacrement était un signe qui possède une valeur de cause « parce qu'il est signe », pour Alexandre à l'inverse la valeur causale était première, quant à Thomas, on sait qu'il a d'abord

---

43. *De legibus*, c. 27, éd. Paris 1674, p. 88-89.

privilégié l'aspect cause, dans les *Sentences*, puis ensuite l'aspect signe, dans la *Somme*. Pour Duns Scot les sacrements sont des signes qui sont d'un type particulier, des signes efficaces, catégorie qu'il définit à partir de plusieurs caractéristiques : c'est un signe « pratique », qui signifie que son signifié est ou sera (catégorie qu'il oppose à celle des signes *spéculatifs*); un signe *certain*, le rapport au signifié n'étant ni douteux ni équivoque, cette certitude n'étant pourtant pas absolue, mais se manifestant « dans la plupart des cas », puisqu'il peut y avoir des empêchements à la réalisation du sacrement, du côté du récipiendaire; c'est un signe qui *précède* son signifié; et enfin c'est un signe *institué*. Il reprend à la fois la conception de la relation et la conception de l'assistance divine, et se place donc bien avec cette notion nouvelle, dans le courant des tenants de la causalité pacte.

Roger Bacon

De fait, les développements qui précèdent pourraient bien paraître hors sujet par rapport au thème du présent dossier, puisque celui-ci a pour objet la lecture des Pères dans la perspective d'une réappropriation *philosophique*, alors qu'il semble qu'il ait été ici question d'une réappropriation *théologique* des théories d'Augustin sur les signes et le fonctionnement du langage. L'on peut répondre à cela de deux manières. En premier lieu, même s'il s'agit de questions théologiques, que ce soit la question des noms divins, avec Henri de Gand, ou celles qui sont discutées dans le cadre de la théologie sacramentelle, toutes les discussions que nous avons brièvement rapportées ici constituent bien, au-delà de leurs motivations de départ, une contribution de nature *philosophique*, si l'on veut bien, comme le faisaient les médiévaux, ou comme le fait aujourd'hui la philosophie du langage, inclure les spéculations sémantiques au sein de la philosophie. En effet, si Augustin figure dans les histoires de la sémiotique par sa contribution remarquable à la théorie du signe, il nous semble que les théologiens médiévaux devraient y avoir tout autant leur place, si ce n'est plus, puisqu'ils se montrent ici bel et bien juchés sur les épaules de leur vénérable prédécesseur, voyant de fait plus loin que lui en cette matière, puisqu'ils ajoutent à la dimension significative du signe sa dimension opérative ou performative. Qu'il s'agisse de la double relation constitutive du signe, de la distinction entre signes naturels et conventionnels, mais aussi de la vérité du signe, du rapport entre institution et usage, entre lettre et intention, les rubriques traitées sont nombreuses et d'autant plus minutieusement analysées qu'elles ont, en théologie, des enjeux très aigus.

En second lieu, et ceci est lié au point précédent, il nous faut reparler pour conclure de Roger Bacon. Nous l'avons dit, ce franciscain nous a laissé un remarquable traité sur les signes, qui devait précéder une partie, aujourd'hui perdue, destinée à montrer l'utilité de la doctrine des signes pour la théologie, l'ensemble lui-même figurant, non pas dans un traité théologique, mais dans le chapitre sur la connaissance des langues d'un vaste plaidoyer en faveur de la rénovation du savoir, nécessaire selon Bacon à sauver la chrétienté en péril[44]. Or le traité de Bacon est tout à fait remarquable en ce qu'il constitue un traité de sé-

---

44. Rosier 1994, p. 110-120; 149-155.

miologie générale mêlant, de manière très claire, les acquis de la tradition « artienne », notamment des commentaires sur le *Peri hermeneias*, mais également les réflexions sur le signe telles qu'elles figuraient originellement dans la *Rhétorique* et les *Analytiques*, aux éléments de doctrine sémiotique qu'il pouvait lire dans les traités de théologie sacramentelle. On peut être plus précis : c'est grâce à ces traités théologiques que Bacon peut mettre au cœur de son analyse la notion de *signe*, le *signum* d'Augustin et pas le *nota* d'Aristote-Boèce, réintégrant l'ensemble des réflexions sous la notion augustinienne de signe : il explique par exemple qu'Aristote au début du *Peri hermeneias* a voulu parler des sons vocaux (*voces*) en tant que ce sont des signes à plaisir (*signa ad placitum*), et il reprend le célèbre triangle sémantique du début du *Peri hermeneias* en parlant exclusivement de *signa*. Le premier paragraphe du *De signis* est un écho des développements de Fishacre et de Bonaventure sur la nature doublement relationnelle du signe, avec ce même exemple de l'enseigne circulaire qui pourtant, nous l'avons dit, est analysé de manière exactement inverse en mettant au premier plan la relation « au datif », à l'interprète, et au second plan la relation « à l'accusatif », au signifié. Bacon était l'homme d'une telle synthèse, puisqu'il avait été maître ès arts à Paris, auteur de traités de grammaire et de logique, et qu'il était maintenant en 1268, au studium franciscain.

Pourtant, il nous faut conclure sur un paradoxe remarquable : le théoricien du XIIIᵉ siècle qui a certainement le plus utilisé la théorie des signes d'Augustin, en dehors des chapitres sur la théologie sacramentelle, nie avoir élaboré son traité à l'aide de celle-ci. Dans le *De signis*, Augustin n'est pas cité, alors qu'il l'est pourtant dans l'ensemble de l'*Opus maius* dont le *De signis* faisait originellement partie, et qu'il est de fait l'inspirateur du projet même de Bacon, fondé sur la *cognitio linguarum*. Bacon qualifie même de « description triviale du signe » [45] la définition d'Augustin citée anonymement, la critiquant parce qu'elle présente le signe comme s'offrant aux sens, alors qu'il faudrait dire plus justement du signe qu'il s'offre aux sens *et à l'intellect* – on se souvient des discussions des théologiens sur cette question, et Bacon y ajoutera ses propres arguments de nature purement sémiotique. Il n'est pas davantage question d'Augustin à propos de la distinction entre signes naturels et donnés. Et lorsqu'il reprend la matière dans le *Compendium studii theologiae*, plus de vingt ans après, il affirme qu'il avait lui-même, à force d'étude, réalisé une classification des signes, qu'il a *ensuite trouvée au début du second livre du De doctrina christiana* d'Augustin [46]. Il est donc possible, conclut-il, d'ajouter l'autorité à la raison pour justifier la division première des signes, en signes par nature et signes que se donne l'âme. Cette affirmation est-elle à mettre au compte de la coquetterie d'un vieillard qui voulait revendiquer, au soir de sa vie, ses trouvailles comme personnelles ? Il est clair qu'elles ne doivent pas être prises au pied de la lettre, puisque dans le résumé du *De signis* que Bacon donne dans l'*Opus tertium*, il revendique l'originalité de ses analyses (« j'ai ajouté une partie de la grammaire qui n'est pas encore

---

45. *De signis*, op. cit., par. 2.
46. Ed. par Th. MALONEY, *Roger Bacon, Compendium of the Study of Theology*, Leiden, Brill, 1988, par. 25, p. 57.

composée chez les Latins, ni traduite »), en s'appuyant pourtant sur l'enseignement d'Augustin pour la division des signes, et en mentionnant que celui-ci a donné des indications, qu'il ne veut d'ailleurs pas reprendre, sur l'application de la théorie des signes à la théologie[47]. Il est en tous cas notable que cette analyse synthétique des signes est à la fois celle de l'ancien maître de la faculté des arts, qui avait écrit sur la logique et la grammaire, sur la signification, sur les différents types d'expressions et autres matières standard, et celle du franciscain écrivant dans son couvent à Paris. Si le *De signis* est bien redevable à Augustin, tout autant d'ailleurs qu'à la tradition issue d'Aristote[48], il ne peut pas être considéré comme un traité émanant de la faculté des arts[49]. Nous revenons ainsi à notre point de départ : si le Moyen Âge, au XIIIe siècle, a bien tiré profit des analyses d'Augustin sur le langage et le signe, cela n'est pas le fait des professionnels des arts du langage, mais des théologiens[50].

CNRS – Université de Paris VII   16, rue Chapon
EPHE, 5e section   75003 Paris

47. *Opus Tertium*, éd. Brewer, *Opera quaedam hactenus inedita*, London, Longman, vol. I, c. 27, p. 100 : « Post haec addidi intentionem alterius partis grammaticae quae non est adhuc composita apud Latinos nec translata ; et est utilissima in scientialibus, quantum ad inquirendum et sciendum omnes veritates speculativas philosophiae et theologiae. Et est de compositione linguarum, et de impositionibus vocum ad significandum, et quomodo significant per impositionem et per alias vias. Et quae haec non possunt sciri nisi homo sciat rationes et modos significandi, ideo aggressus sum illos modos ostendere, sicut *Augustinus docet in libro secundo et tertio De Doctrina Christiana quod signa quaedam sunt naturalia, et quadam data ab anima. Et illa quae sunt naturalia ... »* et p. 101–102 : « Caeterum consideravi quomodo vox in scriptura sacra significat sensum spiritualem cum literali, et quibus modis signi ; et quomodo sensus literalis significat spiritualem, et quomodo Vetus Testamentum est signum Novi ; et quomodo sacramenta sunt signa ; et multa intermiscui difficilia ; ut de lingua prima Adae et qualiter dedit nomina rebus ; et an pueri in deserto nutriti aliqua lingua per se uterentur, et si obviarent sibi invicem quomodo mutuos indicarent affectus ; et multa alia quae non possum modo explicare. Unde reputo hanc partem grammaticae summe necessariam theologiae et philosophiae et toti sapientiae. Et probo quod sit pars grammaticae et non alterius scientiae. *Et tamen non indico probationem ex Augustino de secundo et tertio libro Doctrinae Christianae, cum tamen ipse ista tractet grammatice, ut patet ex serie sui tractatus* ».
48. Voir sur ce point notamment Marmo 1997a.
49. Certains développements d'Olivi et de Scot en sont d'ailleurs proches, voir Boureau 1999, Boulnois 1999, cf. Rosier-Catach 2004, chap. 2.7
50. Nous n'avons ici parlé que des XIIe et XIIIe siècles ; pour le XIVe siècle et au-delà, voir notamment Biard 1989, Meier-Oeser 1997, Panaccio 2004.

BIBLIOGRAPHIE

ASHWORTH, E. J., 1980. « "Can I Speak more clearly than I understand", A problem of religious language in Henry of Ghent, Duns Scotus and Ockham », *Historiographia Linguistica*, 7, 1/2, p. 29-38.

ASHWORTH, E. J., 1991. « Signification and Modes of Signifying in Thirteenth-Century Logic : A Preface to Aquinas on Analogy », *Medieval Philosophy and Theology*, 1, p. 39-67.

ASHWORTH, E. J., 1992. « Analogy and equivocation in thirteenth-century logic : Aquinas in context », *Mediaeval Studies*, 54, p. 94-135.

BIARD, J., 1989. *Logique et théorie du signe au XIVe siècle*, Paris, Vrin.

BOULNOIS, O., 1999. *Être et représentation*. Une généalogie de la métaphysique moderne à l'époque de Duns Scot (XIIIe-XIVe siècles), Paris, PUF.

BOUREAU, A., 1999. « Le concept de relation chez Pierre de Jean Olivi », in A. Boureau & S. Piron (éd.), *Pierre de Jean Olivi (1248-1298). Pensée scolastique, dissidence spirituelle et société*, Paris, Vrin, p. 42-55.

CASAGRANDE, C. & VECCHIO, S., 1991. *Les péchés de la langue*, Paris, Edition du Cerf [Trad. française de I *peccati della lingua. Disciplina ed etica della parola nella cultura medievale*, Rome, Istituto dell'Enciclopedia Italiana, 1987].

CASAGRANDE, C. & VECCHIO, S., 1995. « Tu ne porteras point de faux témoignage contre ton prochain : le décalogue et les péchés de langue », in D. Romagnoli (éd.), *La ville et la cour, Des bonnes et des mauvaises manières*, Paris, Fayard.

CHAZELLE, C., 1992. « Figure, Character and the Glorified Body in the Carolingian Eucharistic Controversy », *Traditio*, 47, p. 1-36.

COURTENAY, W., 1984. *Covenant and Causality in Medieval Thought*, London, Variorum Reprints.

CRISTIANI, M., 1997. *Tempo rituale e tempo storico, comunione cristiana e sacrificio. Le controversie eucaristiche nell'alto medioevo*, Spoleto, Centro italiano di studi sull'alto medioevo (Collectanea, 8).

DARELL JACKSON, B. et PINBORG, J., 1975. *Augustine, De Dialectica*, Dordrecht 1975.

EBBESEN, S. (ed.), 1995. *Sprachtheorien in Spätantike und Mittelalter*, Tübingen, Narr Verlag.

ECO, U., 1984. *Sémiotique et philosophie du langage*, Paris, PUF.

ECO, U. & Marmo, C., 1989. *On the medieval theory of signs*, Amsterdam, Benjamins.

FAES DE MOTTONI, B., 1986. « *Enuntiatores divini silentii* : Tommaso d'Aquino e il linguaggio degli angeli », *Medioevo*, 12, p. 197-228.

FAES DE MOTTONI, B., 1987. « Voci, "alfabeto» et altri segni degli angeli nella Quaestio XII del *De cognitione angelorum* di Egidio Romano », *Medioevo*, 13, p. 71-104.

FAES DE MOTTONI, B., 1995. *San Bonaventura e la scala di Giacobbe. Letture di angelologia*, Napoli, Bibliopolis.

FÉRET, H. M., 1940. « "*Sacramentum res*" dans la langue théologique de S. Augustin », *Revue des Sciences philosophiques et théologiques*, 29, 1940, p. 218-243.

FREDBORG, K. M., Nielsen, L.M. & Pinborg, J., 1978. « An Unedited Part of Roger Bacon's *Opus Majus : De Signis* », *Traditio*, 34, p. 76-136.

HOLOPAINEN, T. J., 1996. *Dialectic and Theology in the Eleventh Century*, Leiden, Brill.

LIBERA, A. de, 1989. « Les sources gréco-arabes de la théorie médiévale de l'analogie de l'être », *Les études philosophiques*, p. 319-345.

MAGEE, J., 1989. *Boethius on signification and mind*, Leiden, Brill.

MAIERÙ, A., 1981. « "*Signum*" dans la culture médiévale », in Kluxen (éd.) *Sprache und Erkenntnis im Mittelalter* (Miscellanea Mediaevalia, 13), p. 51-72.

MAIERÙ, A., 1996. « Il linguaggio mentale tra logica e grammatica nel medioevo : il contesto di Ockham », in *Momenti di storia della logica e di storia della filosofia (Atti del convegno Roma 9-11 nov. 1994)*, Roma, Società Filosofica Italiana, p. 69-94.

MAIERÙ, A., 1999. « *Signum* negli scritti filosofici e teologici fra XIII e XIV secolo », in M.L. Bianchi (éd.) *Signum (IX Colloquio Internazionale, Roma, 8-10 gennaio 1998)*, p. 119-141.

MARMO, C., 1994. *Semiotica e linguaggio nella scolastica, Parigi, Bologna, Erfurt 1270-1330, La semiotica dei Modisti*, Roma, Palazzo Borromini.

MARMO, C., 1997a. « Bacon, Aristotle (and all the others) on Natural Inferential Signs », *Vivarium*, 35/2, p. 136-154.

MARMO, C., 1997b. « Inferential signs and Simon of Tournai's general theory of signification », in C. Marmo 1997e (éd.), p. 61-81.

MARMO, C., 1997c. « Scienze di segni : aspetti semantici delle teorie gramaticali e logiche », in L. Bianchi (éd.), *La filosofia nelle università, sec. XIII-XIV*, Firenze, La nuova Italia, p. 63-103.

MARMO, C., 1997d. « Sign conceptions in medicine in the Latin Middle Ages », in R. Posner et al. (éd.), *Semiotik*, Berlin, New York, Walter de Gruyter, p. 1094-1099.

MARMO, C. (ed.), 1997e. *Vestigia, Imagines, Verba : Semiotics and Logic in Medieval Theological Texts (1150-1450)*, Turnhout, Brepols (Acts of the Xith Symposium on Medieval Logic and Semantics).

MARMO, C., 2005. « Il 'simbolismo' altomedievale : tra controversie eucaristiche e conflitti di potere », in *Communicare e significare nell'alto Medioevo*, p. 765-819.

MEIER-OESER, S., 1997. *Die Spur des Zeichens : Das Zeichen und seine Funktion in der Philosophie des Mittelalters und der frühen Neuzeit*, Berlin; New York, W. de Gruyter.

MONTCLOS, Jean de, 1971. *Lanfranc et Bérenger, La controverse eucharistique du XIe siècle*, Louvain, (Spicilegium sacrum lovaniense, études et documents, fas. 37).

PANACCIO, C., 1997. « Angel's talk, mental language, and the transparency of the mind », in C. Marmo (éd.) *Vestigia, Imagines, Verba. Semiotics and logic in medieval theological texts (XIIth-XIIIth century)*, Brepols, p. 323-335.

RIJK, L. M. (de), 1967. *Logica modernorum : A contribution to the History of Early Terminist Logic. II : The Origin and Early Development of the Theory of Supposition*, Assen, Van Gorcum.

ROSIER, I., 1994. *La parole comme acte*, Paris, Vrin.

ROSIER, I., 1995. « Henri de Gand, le *De Dialectica* d'Augustin, et l'imposition des noms divins », *Documenti e studi sulla tradizione filosofica medievale*, 6, p. 145-253.

ROSIER-CATACH, I., 1996b. « Langage et signe dans la discussion eucharistique », *Histoire et grammaire du sens. Hommage à Jean-Claude Chevalier*, Paris, Armand Colin, p. 42-58.

ROSIER-CATACH, I., 1997. « *Prata rident* », in *Langages et philosophie. Hommage à Jean Jolivet*, Paris, Vrin, p. 155-176.

ROSIER-CATACH, I., 2004. *La parole efficace, Signe, rituel, sacré*, Paris, Seuil.

ROSIER-CATACH, I., à paraître. « "Il n'a été qu'à l'homme donné de parler". Dante, les anges et les animaux », in J. Biard & F. Mariani (éd.), *Actes du colloque : « Ut philosophia poiesis. Questions philosophiques chez Dante, Pétrarque et Boccace ».*

SUAREZ-NANI, T., 2002. *Connaissance et langage des anges*, Paris, Vrin.

TABARRONI, A., 1985. « Il linguaggio degli angeli », *Prometeo*, 3/12, p. 88-93.

VAN DEN EYNDE, D., 1949a. « Les définitions des sacrements pendant la première période de la théologie scolastique (1050-1235) », *Antonionanum*, XXIV/1, p. 182-228.

VAN DEN EYNDE, D., 1949b. « Les définitions des sacrements pendant la première période de la théologie scolastique (continuation) », *Antonianum*, XXIV/4, p. 439-488.

VAN DEN EYNDE, D., 1949c. « *Ius positivum* and *signum positivum* », *Franciscan Studies*, IX, p. 41-49.

VAN DEN EYNDE, D., 1950. « Les définitions des sacrements pendant la première période de la théologie scolastique (suite et fin) », *Antonianum*, XXV/1, p. 3-78.

VECCHIO, Sylvana, 1997. « Mensonge, simulation, dissimulation. Primauté de l'intention et ambiguïté du langage dans la théologie morale du bas Moyen Age », in Marmo (éd.) 1997, p. 117-132.

VECCHIO, Sebastiano, 1997. *Le parole come segni. Introduzione alla linguistica agostiniana*, Palermo, Novecento.

RÉSUMÉ DE L'ARTICLE. — Signification et efficacité : sur les prolongements médiévaux de la théorie augustinienne du signe. Par Irène ROSIER-CATACH.

Le langage, la signification, la référence ont fait l'objet d'une grande attention au Moyen Âge, de la part des spécialistes des arts du langage. Pourtant, ils n'ont quasiment pas lu Augustin. Les théologiens, par contre, ont tiré grand profit des analyses augustiniennes. Henri de Gand a lu le De dialectica, *en articulant autour de ce petit traité les autres textes d'Augustin portant sur le langage et les signes, afin d'élaborer une théorie du « langage vocal », préliminaire à toute réflexion sur les noms divins, l'ineffabilité, l'analogie ou la propriété des noms. Ces textes forment également le socle des analyses élaborées par les théologiens sur le « parler des anges ». Par ailleurs, les chapitres sur les signes sacramentels doivent à la pensée augustinienne une analyse du signe, tirée du* De doctrina christiana. *Les théologiens insistent sur le caractère doublement relationnel du signe : signe de quelque chose, signe pour quelqu'un. Le caractère intentionnel de la prononciation de la formule du baptême ou du mariage est traité à partir des opuscules consacrés au mensonge (*De mendacio, Contra mendacium*). L'analyse de la causalité sacramentelle, et particulièrement celle de la causalité conventionnelle fondée sur le pacte, se construit sur la notion augustinienne de consensus, repensée dans le cadre d'une réflexion sur les signes magiques par Guillaume d'Auvergne, mais également sur la théorie de la relation telle qu'elle est élaborée dans le* De Trinitate. *Roger Bacon, qui fut maître ès arts avant de devenir franciscain, saura lire ces analyses des théologiens, et, en articulant les sources augustiniennes avec les sources logico-grammaticales utilisées par les* Artistae, *produire une théorie générale des signes.*

MOTS-CLEFS : *langage – signification – sacrement – ineffabilité – analogie – anges – intention – causalité – signe.*

Augustin – Aristote – Henri de Gand – Guillaume d'Auvergne – Bonaventure – Thomas d'Aquin – Richard Fishacre – Roger Bacon.

SUMMARY OF THE ARTICLE. — Signification and Efficacy : Concerning the Medieval Outcomes of the Augustinian Theory of Signs. By Irène ROSIER-CATACH.

During the Middle Ages language, signification and reference attracted the keen attention of specialists in the arts of language. And yet, they hardly read Augustine. Theologians, on the other hand, drew great profit from Augustinian analyses. Henry of Ghent read the De dialectica, *setting this small treatise within the framework of others of Augustine's texts having to do with language and signs, towards the end of elaborating a theory of "vocal language," preliminary to any reflection upon the divine names, ineffability, analogy or the property of names. These texts also provide the footing for the theologians' analyses of the "speech of the angels." What is more, the chapters on sacramental signs owe to Augustinian thought an analysis of signs drawn from the* De doctrina christiana. *The theologians insist upon the doubly relational character of signs: sign of something, sign for someone. The intentional character of the pronunciation of the formula of baptism or of marriage is dealt with on the basis of opuscules devoted to lying (*De mendacio, Contra mendacium*). The analysis of sacramental causality, and particularly that of conventional causality based upon a pact, is built upon the Augustinian notion of consensus, rethought within the setting of a reflection upon magical signs by William of Auvergne, yet also upon the theory of relation as it is elaborated in the* De Trinitate. *Roger Bacon, who was a master of arts before becoming a Franciscan, will be able to read these theologians' analyses, and, in linking the Augustinian sources to the logical-grammatical sources employed by the* artistae, *produce a general theory of signs.*

KEY WORDS : *language – signification – sacrament – ineffability – analogy – angels – intention – causality – sign.*

Augustine – Aristotle – Henry of Ghent – William of Auvergne – Bonaventure – Thomas Aquinas – Richard Fishacre – Roger Bacon.

Rev. Sc. ph. th. 91 (2007) 75-91

AUGUSTIN ET LES THÉORIES DE L'IMAGE AU MOYEN ÂGE

par Olivier BOULNOIS

Pour comprendre les théories médiévales de l'image dans le monde latin, un Père de l'Église joue un rôle décisif. Il s'agit de saint Augustin. Même s'il n'est pas toujours cité, sa réflexion constitue le soubassement théorique des analyses médiévales. C'est aussi sa pensée originale qui permet de comprendre pourquoi la pensée médiévale latine a résisté pendant des siècles à la théologie grecque de l'icône.

J'étudierai successivement l'opposition entre la théorie générale de l'image élaborée par Augustin et celle que propose le concile de Nicée II, puis la relation entre la théorie augustinienne de la lecture et la théorie médiévale de la méditation, et enfin l'opposition entre la théologie augustinienne de l'image de Dieu et la théologie dionysienne de la dissemblance.

I. NICÉE I CONTRE NICÉE II

L'importance d'Augustin au Moyen Âge s'explique notamment par l'originalité de sa réflexion sur la question. Car c'est le seul penseur antique à consacrer un traité à la nature de l'image, la *Question 74* des *Quatre-vingt-trois Questions différentes*, connue sous le titre : « Qu'est-ce qu'une image ? » La question naît d'une difficulté d'exégèse : que signifie l'expression de saint Paul selon lequel le Fils est l'« image du Dieu invisible » (*Colossiens* I, 15) ? Cela conduit Augustin à poser un autre problème : qu'est-ce qu'une image de l'invisible ? Peut-on donner au concept d'image – à l'origine, visuel – un sens assez étendu pour qu'il puisse avoir pour objet l'invisible par excellence ? Augustin répond par l'examen conjoint des concepts de ressemblance, d'image et d'égalité, en une réflexion qui a servi de base à tous les auteurs médiévaux, même s'ils enrichissent son analyse d'autres remarques, issues d'Aristote ou des Pères grecs.

> « Il faut distinguer l'image, l'égalité et la ressemblance. Car là où il y a *image*, il y a toujours ressemblance, mais pas toujours égalité ; là où il y a

égalité, il y a toujours ressemblance, mais pas toujours image; là où il y a *ressemblance*, il n'y a pas toujours image, et pas toujours égalité.

Là où il y a *image*, il y a toujours ressemblance, mais pas toujours égalité. Ainsi, dans un miroir, il y a image de l'homme, puisqu'elle en est tirée (*expressa est*); il y a aussi nécessairement ressemblance, et pourtant pas égalité, car beaucoup [de traits] manquent à l'image, qui pourtant sont inhérents à la chose dont elle est tirée (*expressa est*).

Là où il y a *égalité*, il y a toujours ressemblance, mais pas toujours image. Ainsi, dans deux œufs de même espèce (*paribus*) : puisqu'il y a égalité, il y a aussi ressemblance; en effet, tout ce qui est présent à l'un est aussi présent à l'autre; pourtant il n'y a pas image, car aucun des deux n'est tiré (*expressum*) de l'autre.

Là où il y a *ressemblance*, il n'y a pas toujours image, et pas toujours égalité. Car tout œuf, en tant qu'il est œuf, ressemble à tout œuf; mais l'oeuf de perdrix, quoiqu'il soit semblable à l'œuf de poule en tant qu'œuf, n'en est pourtant ni l'image, car il n'en est pas tiré, ni l'égal, car il est plus petit, et d'une autre sorte d'animaux (*genus animantium*) » [1].

Cette analyse s'efforce de distinguer trois concepts qu'Hilaire de Poitiers avait consciemment identifiés : les concepts d'image, de ressemblance et d'égalité [2]. Augustin s'exprime dans un vocabulaire logique : il s'agit de savoir dans quel sens une inférence est possible entre ces différents concepts. La relation d'image implique une ressemblance, mais l'image n'implique pas d'égalité. L'égalité implique la ressemblance, mais n'implique pas l'image. La ressemblance n'implique ni l'image ni l'égalité. Ces trois concepts construisent donc un ensemble cohérent mais complexe d'inférences non réciproques.

Toute cette construction permet de montrer en quoi le Fils peut être une image invisible, mais égale au Père : l'égalité n'est ni impliquée par l'image, ni contradictoire avec elle. Elle est simplement compatible. Augustin va donc plus loin que Platon et qu'Hilaire. L'image n'implique ni l'inégalité, comme le disait Platon [3], ni l'égalité, comme le croyait Hilaire. Augustin a trouvé le moyen de sortir de cette antinomie, en distinguant le fonctionnement du concept d'image de l'application des concepts de ressemblance et d'égalité.

Il construit ainsi une théorie *générale* valant pour toute image, mais qui reste compatible avec le cas particulier de la théologie trinitaire : depuis Nicée I, il est affirmé que le Fils est une image égale au Père, sans déficience (*aparallaktos*).

L'image implique toujours un principe producteur. Nous avons ici le fondement d'une théorie de l'*expression* : exprimer, c'est « provenir de ». En revanche, la ressemblance peut exister entre des pairs, des égaux, sans impliquer de dépendance causale de l'un à l'autre. L'image parfaite peut donc être aussi une image invisible. Toute la théorie de l'image visible est construite autour d'un vide central : le concept d'image invisible.

Pour Augustin, il existe de surcroît une rupture entre la théologie et l'économie : la théologie porte sur l'image divine et l'économie sur le salut corporel. « Le Christ selon sa divinité parle au cœur; selon sa

1. *83 Questions diverses*, q. 74 (BA 10, 326-328).
2. *La Trinité* II, 11 (SC 443, 297).
3. C'est notamment ce que montre le *Cratyle* (431 c- 432 b).

chair il parle aux yeux et avertit de l'extérieur ; il habite à l'intérieur, pour que nous soyons convertis et vivifiés par lui, que nous soyons formés par lui, car il est la forme non faite de main d'homme de toutes choses »[4]. Ainsi, la vision de Dieu est à chercher hors de toute image sensible, dans l'intelligible. Dieu ne peut être saisi dans aucune image visible, pas plus que les réalités intelligibles en général.

Au contraire, comme l'a montré C. Schönborn, la théologie de l'icône se fonde sur l'union hypostatique et la communication des idiomes. L'icône est une image de l'hypostase, et non de la nature divine, qui reste incompréhensible et incirconscriptible. C'est parce qu'il y a eu anthropomorphose de Dieu qu'il peut être représenté (mais uniquement dans la personne du Fils) et qu'il n'y a pas d'anthropomorphisme.

Comme le dit le Concile de Nicée II : « celui qui se prosterne devant l'icône se prosterne devant l'hypostase de celui qui est inscrit en elle. »[5] Ce que l'on peut représenter n'est ni sa nature divine, ni sa nature humaine, mais l' « hypostase » unique du Christ, « perpendiculaire » à ces deux dimensions et lieu de leur union. Nier que cette hypostase puisse être représentée, c'est finalement nier l'incarnation elle-même.

Selon les termes de saint Jean Damascène :

> « Autrefois, d'un Dieu sans corps et sans contour, on ne faisait aucune espèce d'image. Mais à présent, Dieu est apparu dans la chair et il s'est mêlé à la vie des hommes, de sorte que je fais une image de ce qui, de Dieu, est vu. Je ne me prosterne pas devant la chair, mais devant l'Auteur de la chair devenu chair à cause de moi »[6].

La justification de l'icône remonte donc à l'anthropologie du Concile de Chalcédoine : dans le Christ, il y a une hypostase et deux natures. Ce qui est représenté, c'est la personne et non une nature : Pierre, et non son âme ou son corps, le Christ et non la divinité ou l'humanité. C'est pourquoi, en représentant la personne du Christ, on atteint le point de communication entre les propriétés divines et les propriétés humaines du Christ.

Insistons sur ce point : à aucun moment, et pour aucune partie du débat, il n'a été question de peindre sous forme visible le divin en tant que divin (Dieu le Père). « Je ne vénère pas [la chair] comme Dieu, jamais de la vie ! »[7] Le problème était de savoir d'abord si l'on pouvait représenter en image le Dieu fait homme, le Christ (sans abolir sa divinité), c'est-à-dire en faire une « image sainte », puis si l'on pouvait le vénérer par cette image (dans sa divinité, à travers son humanité). Dans son intentionnalité théologique (sinon dans sa matérialité d'image), l'icône est donc tout autre chose que l'idole condamnée par le judaïsme et l'islam, qui donne simplement une forme humaine arbitraire à la divinité afin de pouvoir la représenter et la vénérer. Si un Dieu a pris

---

4. AUGUSTIN, *Sermones* 264, 4 (PL 38, 1216).

5. Voir F. BOESPFLUG et N. LOSSKY, *Nicée II. 787-1987. Douze siècles d'images religieuses.* Actes du colloque international « Nicée II » tenu au Collège de France, Paris, les 2, 3, 4 octobre 1987, Paris, Cerf, 1987.

6. *Discours sur les images* I, 16 ; trad. fr. D. Menozzi, *Les Images, l'Église et les Arts visuels*, Paris, Cerf, 1991, p. 93.

7. *Discours sur les images* I, 16 ; trad. fr. D. Menozzi, p. 93.

l'initiative de se faire homme, il n'est plus nécessaire d'écarter de Dieu tout trait humain, comme si cela transgressait la pureté de sa transcendance.

Quelle fut la réaction de l'Occident quand il prit connaissance des décrets de Nicée II ? L'une des plus remarquables fut la rédaction des *Libri Carolini*. Ceux-ci se réfèrent à Augustin comme la principale autorité : ils le considèrent comme « le plus grand des philosophes »[8]. Nous possédons d'ailleurs les notes marginales indiquant l'approbation de Charlemagne au texte des *Libri Carolini* : celle-ci est particulièrment forte lorsqu'il s'agit de citations d'Augustin.

Les *83 Questions* d'Augustin jouent ici un rôle central, en distinguant les trois concepts d'image, de ressemblance et d'égalité, que les *Livres Carolins* accusent les Grecs d'avoir confondus[9]. D'une manière très révélatrice, les *Libri Carolini* opposent le Concile de Nicée I à celui de Nicée II ; le premier a rétabli l'orthodoxie trinitaire, le second sombre dans l'hérésie[10]. Il y a donc un lien entre la théologie latine de la Trinité (qui sera bientôt opposée à la théologie grecque parce qu'elle admet la procession du Saint-Esprit par le Père *et le Fils* : le *Filioque*), et le refus de la théologie de l'icône.

Cette question remonte au problème du statut du Fils comme image expressive du Père. Pour le Moyen Âge latin, l'image ne peut être dite hors de sa consubstantialité au Père, elle est l'*image invisible* de l'invisible. Cette interprétation l'emporte dans la polémique latine antiarienne. Elle interprète comme hérétique la pensée grecque : en faisant du Fils une manifestation de Dieu, les Grecs semblent le rendre inférieur, et donc nier sa divinité (arianisme), ou au moins supposer qu'il l'aurait seulement reçue par adoption (« adoptianisme »). En réaction à la pensée grecque, la théologie carolingienne exigera progressivement le développement du *Filioque* : l'Esprit Saint garantit l'égale dignité du Père et du Fils en procédant des deux ; il boucle l'unité de la Trinité (d'où son nom de « lien » – *vinculum*). Or c'est au nom de la même théologie trinitaire que les Carolingiens s'opposent à la théologie de Nicée II.

Si l'image naturelle peut être l'image d'une hypostase (un fils par rapport à son père, le Fils par rapport au Père), l'image artificielle n'est pas par nature l'image d'une hypostase : « Parmi les images, les unes sont de la même substance, les autres ne le sont pas, comme la peinture »[11].

L'articulation principale du concept d'image, dans le monde latin, passe entre l'image consubstantielle à l'original, et l'image non consubstantielle. Le concept-clé est celui de substance, et non d'hypostase, comme chez les Grecs. Les *Libri Carolini* réfutent ainsi l'opinion byzantine que les images ne mentent pas mais concordent avec l'Écriture. Ils reprochent aux Byzantins de parler d'images « vraies et saintes », et

8. *Libri Carolini* I, 2 ; *Opus Caroli Regis contra synodum (Libri Carolini)* éd. A. FREEMAN, P. MEYVART (*Monumenta Germaniae Historica, Concilia*, II, Supplementum I), Hanovre, 1998, p. 117.
9. *Libri Carolini* I, 8, p. 145.
10. *Libri Carolini* IV, 13, p. 516.
11. AUGUSTIN, *Quaestiones Deuteronomii* 4 (CCL 33, p. 277).

distinguent entre les histoires, qui sont susceptibles d'un contenu didactique, et les images des saints, auxquelles il serait vain d'en attribuer un. Toute l'épaisseur de l'art vient suppléer l'impossibilité de l'inscription directe d'une image personnelle, d'une ressemblance absolue de l'hypostase dans sa figure visible. À défaut, la forme servira une autre fonction, purement décorative. Contrairement à la parole, l'image n'est pas ce qu'elle représente[12] ; l'image artistique est illusoire, faite de pigments séducteurs, tandis que celle qu'est le Fils est véritable. L'image corporelle est *morte*, non consubstantielle au prototype, à la différence des restes des saints[13].

Les *Libri Carolini* ne considèrent donc aucunement l'intentionnalité de l'image. Ils refusent de projeter leur analyse vers une reconnaissance du prototype, et se bornent à mentionner tantôt la matérialité de l'image, tantôt son signifié transcendant, en juxtaposant les analyses, et en ouvrant une immense carrière au rôle de l'artiste, destiné à rejoindre l'individualité singulière, qui n'est pas donnée automatiquement par la ressemblance et la dépendance causale. Les *Livres Carolins* sont donc radicalement incapables d'apercevoir en quel sens une image *est* intentionnellement ce qu'elle montre.

II. La mémoire, l'écrit, l'image

Pour Augustin, notamment dans le *De Genesi ad litteram*, trois sortes de connaissance articulent trois degrés de l'âme, la vision corporelle (perception d'un objet par les sens externes), la vision spirituelle (qui donne une image des corps absents, réels ou fictifs), et la vision intellectuelle (qui saisit les objets incorporels, sans image).

Selon Augustin, rien de corporel ne peut causer un effet dans l'âme ; l'esprit n'est pas une matière soumise aux impressions du corps. Le corps est simplement la condition *sine qua non* de la perception, non sa cause productrice. C'est pourquoi ce n'est pas la vision corporelle qui produit une image dans l'esprit (*spiritus*), mais l'esprit (*spiritus*) lui-même qui « la produit en lui-même avec une merveilleuse rapidité, laquelle est indiciblement éloignée de la lenteur du corps »[14]. L'esprit est un principe actif, qui l'emporte sur le corps, la réalité passive sur laquelle il agit. L'image est une image du corps dans l'esprit. Dans le cas des visions imaginaires, des souvenirs du passé ou des anticipations sur l'avenir, leur image, même si elle est l'image d'une réalité corporelle, est de nature spirituelle. Précisément, quand l'objet corporel est absent aux sens, la vision spirituelle est perçue par l'âme, connue comme représentation.

Après l'image sensible, et le phantasme imaginatif, vient la vision *sans image*, qui porte sur les réalités intelligibles, y compris Dieu. Il en découle que, pour les réalités intelligibles, les objets sensibles extérieurs ne sont que l'occasion d'une réminiscence. Les images perceptives renvoient l'âme à sa pensée, au lieu d'être la médiation pour atteindre les objets transcendants. Nous savons que, pour Augustin, on n'accède à ce

12. *Libri Carolini* IV, 1, p. 489-491 ; I, 2, p. 117.
13. *Libri Carolini* III, 24, p. 449.
14. *La Genèse au sens littéral*, XII, 16, 33 (BA 49, 382).

qui est supérieur qu'en passant par l'intériorité du moi. « Rentre en toi-même, ne va pas vers l'extérieur. » La pensée consiste à rappeler un concept à l'occasion d'une perception sensible. Le sensible est multiple, c'est l'expression « *turba phantasmatum* » qui le caractérise : la cohue, la foule, le désordre, le trouble, par opposition à l'intériorité unifiée, qui nous permet de rejoindre l'unité divine (*De vera religione*). Ainsi la vision de Dieu n'est atteinte qu'au sommet de l'âme qui médite, et non en passant par les médiations sensibles.

Le leitmotiv de la théorie de la connaissance chez Augustin est : « Il avertit au-dehors, il enseigne au-dedans » (*Foris admonet, intus docet*) »[15]. Notre dépendance envers les réalités sensibles extérieures, notre régime d'extériorité, fait de l'homme un être diverti, aliéné. Mais toute expérience sensible peut et doit être une *admonitio*, un rappel, une incitation à passer du sensible à l'intelligible, du temporel à l'éternel, de l'intérieur à l'extérieur.

À cet égard, le corps, le langage et les images ont le même statut : il en va encore de même dans le cas particulier du Christ[16]. L'opposition essssentielle passe entre le divin et l'humain, entre le Verbe invisible et le Christ visible : l'incarnation et l'économie de l'image s'adaptent au régime d'extériorité pour restaurer le régime d'intériorité. « Et parce que désormais c'est nécessairement par nos yeux et nos oreilles que nous sommes avertis de la vérité, et qu'il est difficile de résister aux phantasmes qui pénètrent par ces sens dans notre âme — mais c'est aussi par eux que pénètre l'avertissement de la vérité —, alors, dans cet enchevêtrement (*perplexitas*), qui n'aura le visage tout en sueur pour manger son pain ? »[17] À l'origine, Dieu parlait à l'intellect de l'homme directement, sans médiation, par une parole non pas extérieure mais intérieure. La vérité était constamment vivante en lui. Cela reste un idéal que l'on atteint en n'utilisant le sensible, les signes et les images que comme un avertissement (*admonitio*).

Les *Libri Carolini* connaissent l'argument, venu de Grégoire le Grand, selon lequel l'image est un aide-mémoire. Mais précisément : malheureuse la mémoire, qui, au lieu de posséder intérieurement dans l'intériorité du cœur la présence du Christ, a besoin d'une vision en image (*imaginaria*), extérieure, charnelle, artificielle![18] « Ils n'ont pas une bonne mémoire, ceux qui, pour ne pas oublier les saints, voire le Seigneur lui-même, érigent pour cela des images »[19]. L'opposition augustinienne entre l'image sensible, l'image mentale et l'intelligible sans image est évidemment à l'arrière-plan de cette critique. L'image peut même rendre visibles les choses qui n'ont pas été, ne sont et ne seront jamais, et en cela tromper la mémoire[20].

Par là, c'est toute la question de la méditation qui se pose. Augustin insistait sur le lien entre l'image et l'écriture. Le lien entre le signe vocal

---

15. *Le Maître* 11, 36 ; 11, 38 ; 14, 46 (BA 6, 132, 136, 152) .

16. *Le Maître* 11, 36 ; 14, 46 (BA 6, 132, 152) ; *Le Libre Arbitre* II, 14, 38 ; III, 10, 30 (BA 6, 348, 442).

17. *La Genèse contre les Manichéens*. II, 20, 30 (BA 50, 344).

18. *Libri Carolini* IV, 2, p. 493.

19. *Libri Carolini* II, 22, p. 275 : c'est le titre du chapitre, qui s'oppose à un argument d'ÉTIENNE DE BOSTRA, *Contra Iudaeos*, cité au concile de Nicée.

20. *Libri Carolini* III, 23, p. 441.

ou écrit et l'image feinte n'existe pas seulement dans l'âme de celui qui perçoit, puis qui exprime sa sensation, mais aussi dans le sens du décodage du message. Lorsque nous déchiffrons un texte, se lèvent sans cesse des images correspondant aux signifiés des termes que nous découvrons[21].

« Quand nous accordons foi à des réalités corporelles <objets de ce> que nous lisons ou entendons sans les avoir vues, il est nécessaire que notre esprit s'en forge quelque <image> par des lignes et des formes corporelles, comme elle se présente à notre pensée ; soit cette image n'est pas vraie, soit elle est vraie (mais cela ne peut arriver que très rarement) ; et pourtant, ce qui importe n'est pas que nous y ajoutions foi, mais qu'elle serve à atteindre quelque chose d'autre, qui nous est suggéré par elle. Quel lecteur en effet, quel auditeur des écrits de l'apôtre Paul ou de ce qu'on a écrit à son propos ne se forge dans son esprit (*non fingat in animo*) le visage de l'Apôtre et celui de tous ceux qui sont nommés là <dans ces écrits> ? »

S'agissant des réalités sensibles, il n'y a pas de parole sans image. La lecture ou l'audition d'un message s'accompagnent toujours, dans l'acte d'interprétation, d'une image sensible. En même temps que nous comprenons ce que signifie un discours ou un texte, notre esprit nous représente toujours leurs signifiés par des images. Pas plus que nous ne pouvons connaître, nous ne pouvons lire ou écouter un discours sans nous représenter en image les objets et les personnages qu'ils évoquent. Quand ces objets ou ces personnes nous sont inconnus, nous produisons un fantasme ou une fiction. Toute compréhension d'un texte s'accompagne de la vision d'une image.

Elles proviennent d'une fabrication de l'esprit humain, non d'une transcendance externe à l'esprit de celui qui médite l'Écriture[22]. « Le visage de chair du Seigneur lui-même varie, il est forgé par d'innombrables représentations (*cogitationum*) différentes, alors qu'il était unique, quel qu'il fût ». La vérité n'est pas l'image que l'esprit forme pour lui-même en vue de se la représenter. Celle-ci reste privée, sans doute très différente de la personne réelle. Peu importe : la fonction de cette représentation n'est pas de nous présenter la vérité, mais de donner à notre pensée un contenu imaginal.

Augustin applique sa théorie des trois genres de connaissance à la lecture[23].

« Le seul précepte, *Tu aimeras le prochain comme toi-même* [Matthieu 22, 39], quand nous le lisons, suppose trois sortes de visions : la première, par les yeux, grâce auxquels nous lisons les lettres mêmes ; la seconde, par l'esprit humain (*spiritus hominis*), grâce auquel nous nous représentons (*cogitatur*) notre prochain, même absent ; la troisième, par une intuition (*contuitio*) de l'âme intellectuelle (*mens*), grâce à laquelle nous considérons l'amour lui-même comme objet de pensée».

Augustin met en évidence trois niveaux dans l'interprétation d'un texte. 1. Le déchiffrement des *lettres* comme signes (la matérialité du texte), qui s'associe à la profération d'un son vocal. 2. La représentation

21. *De Trinitate*, VIII, 4, 7 (BA 16, 41).
22. *De Trinitate* VIII, 4, 7 (BA 16, 41).
23. AUGUSTIN, *La Genèse au sens littéral* XII, 6, 15 (BA 49, 346-348, trad. modifiée).

des signifiés sensibles véhiculés par le texte (l'ensemble des signes);
cela implique la formation d'une représentation par le *spiritus*, une
phantasia ou un phantasme (quand l'objet est inconnu). 3. La compréhension du sens intelligible. L'intelligence ou l'esprit produit alors un
verbe mental, intelligible et non sensible. On passe ainsi du déchiffrement matériel des signes à la construction d'une image intérieure, puis
à une connaissance de la vérité, dans une hiérarchie qui va du signe
visible à l'invisible — à l'intelligible sans image. Tel est le dernier degré
auquel nous conduit l'Écriture. Méditer, c'est donc revenir de la vision
extérieure du texte vers la vision intérieure en images, puis vers la contemplation sans image.

La méditation monastique a longtemps été comprise dans ce sens.

Ce que nous appelons « apprendre par cœur » était d'abord un ap-
prentissage par la bouche, car c'est celle-ci qui « médite la sagesse » (*Os
justi meditabitur sapientiam*, dit un Psaume). « Dans certains textes il ne
s'agira que d'un "murmure" réduit au minimum, d'un murmure intérieur, purement spirituel. Mais toujours est au moins supposée la signification première : prononcer les paroles sacrées, pour les fixer en soi ;
il s'agit à la fois d'une lecture acoustique et de l'exercice de mémoire et
de réflexion auquel elle est préalable : parler — penser — se souvenir
sont les trois phases nécessaires d'une même activité ; s'exprimer ce
qu'on pense et se le répéter permet de l'imprimer en soi. [...] Pour les
anciens, méditer c'est lire un texte et l'apprendre "par cœur" au sens le
plus fort de cette expression, c'est-à-dire avec tout son être : avec son
corps, puisque la bouche le prononce, avec la mémoire qui le fixe, avec
l'intelligence qui en comprend le sens, avec la volonté qui désire le
metttre en pratique. »[24]

Dans la classification médiévale des exercices spirituels, la *meditatio*
est à mi-chemin entre la *lectio* et l'*oratio* (prière). En contexte chrétien,
le texte lu par excellence est l'Écriture, ainsi que ses commentaires.
Après la méditation, l'esprit peut se tourner vers Dieu, pour rassembler
ce qu'ont révélé l'auscultation et la méditation du texte. C'est le temps
de la prière proprement dite. L'*oratio* survient quand l'esprit, sans passer directement par les mots d'un texte, s'adresse à Dieu, s'unit à lui.
L'oraison est par nature brève, on la souhaite donc pure (sans distrac-
tion), et fréquente.

La grande rupture semble venue d'Aelred de Rievaulx[25] : le mot grec
phantasma connaît trois traductions latines possibles : *phantasma* (Augustin), *visio* (Cicéron et Augustin, mais Augustin admet aussi une théorie de la *visio* sans image) et *repraesentatio* (Quintilien). Or Aelred choisit de mettre au premier plan le concept de *repraesentatio*, lié à la visualisation d'une scène dans l'Écriture. Ainsi, à l'origine, la « représentation » est l'acte de mettre en présence, ce n'est pas une reproduction.
Mais elle se prend en un double sens. Il s'agit d'abord de la représentation par l'imagination de la scène narrée par les Écritures, mais ce n'est

24. J. LECLERCQ, *L'Amour des lettres et le Désir de Dieu*, Paris, Cerf (1957), 3ᵉ éd.,
1990, p. 23. Cf. J. LECLERCQ, « Exercices spirituels ; Antiquité et haut Moyen Âge »,
Dictionnaire de spiritualité, vol. 4, col. 1903-1908, Paris, Beauchesne, 1960.

25. Voir le livre de P. NOUZILLE, *Expérience de Dieu et Théologie monastique au XIIᵉ
siècle*, Paris, Cerf (Philosophie et théologie), 1999.

plus seulement un cortège d'images suscitées par les mots du texte, comme chez Augustin : les images ne s'écoulent pas selon le déroulement linéaire du texte, elles s'immobilisent et composent une scène, de sorte que le lecteur devient présent, et même participe à cette scène. Ce n'est plus le temps de l'écrit qui relie les images, mais l'espace de la scène. On a pu parler à propos de la méthode d'Aelred d'un « arrêt sur image »[26]. Mais une fois la scène imaginée (rendue présente) par l'esprit, c'est le représentant qui *se rend présent* à la scène, qui se projette en elle.

En définitive, la *repraesentatio* suppose trois caractères :
– c'est une lecture du texte au sens *littéral* du texte (et non une perspective allégorique ou morale);
– elle implique la contemplation de la scène *passée* comme présente (et non une vérité intemporelle de nature divine);
– elle s'accompagne de l'*activité* du lecteur : celui-ci n'est pas simplement observateur, mais acteur de la scène.

Nous assistons à une nouvelle organisation anthropologique, sans doute liée au développement de la lecture silencieuse, où le visuel devient omniprésent et ne cède plus le pas devant l'écrit. En même temps que la généralisation de la lecture silencieuse, qui prend le relais d'une lecture articulée (mais sans qu'on puisse établir de relation de cause à effet, et encore moins dans quel sens cette causalité s'exerce), nous passons d'une méditation du texte (dans le fil de sa temporalité) à une méditation sur une scène (saisie dans sa fixité). Ce n'est plus « la bouche du juste » qui médite la sagesse, mais son œil !

L'invention de la *repraesentatio* s'inscrit précisément là : elle articule trois éléments : la représentation mentale (imaginaire), la représentation extérieure, sous forme d'images matérielles, et la représentation liturgique. Ces trois types de représentation font système avec la renaissance de l'art visuel au XIIᵉ siècle : ils en donnent une justification théorique. La représentation mentale constitue le noyau primordial, permettant une visualisation et une intimité, puis vient la représentation liturgique, qui permet l'imitation du Christ à partir de signes et de gestes visibles, enfin, même pour celui qui sait lire, la mémoire sera soutenue par un objet extérieur, par la ressemblance des images visibles[27].

III. DISSEMBLANCE ET FIGURATION : AUGUSTIN CONTRE DENYS

Pour Augustin, l'accès à Dieu commence par la contemplation de la création, mais il se poursuit par un retour en soi-même, afin de contempler, au centre de soi, celui qui est plus haut et plus intime que soi. Il faut donc préférer la pensée à la vision sensible :

> « L'ouvrage est manifeste (*patet*), mais l'ouvrier est caché (*latet*) ; car l'objet de la vue est manifeste (*unde videtur patet*), et l'objet de l'amour, caché (*unde amatur latet*). Quand donc nous voyons le monde et que nous aimons Dieu, l'objet de notre amour est meilleur que l'objet de notre vue. Préférons

26. P. NOUZILLE, *op. cit.*, p. 144.
27. Hugues de Saint-Victor ira dans le même sens. Voir notamment Ivan ILLICH, *Du lisible au visible, Sur l'*Art de lire *de Hugues de Saint-Victor*, Paris, Cerf, 1991.

donc l'esprit aux yeux, car celui que nous aimons dissimulé (*de occulto*) est meilleur que son œuvre, que nous voyons à découvert (*de aperto*) » [28].

Ce qui est invisible est plus grand que ce qui est visible ; le créateur est plus grand que son œuvre, c'est lui qui doit être aimé, tandis que la créature doit seulement être contemplée. Dieu ne doit être aimé que comme irreprésentable ; car il est meilleur que toutes choses représentables. L'esprit, parce qu'il s'élève au-delà de lui-même vers le meilleur par l'amour, est donc meilleur que la vue. L'esprit atteint l'invisible divin par l'amour, et non par la vue.

> « Que nul ne pense (*cogitet*) Dieu comme un corps, que nul ne pense Dieu comme un homme, que nul ne pense Dieu comme un ange ; bien qu'il ait daigné se montrer ainsi aux Pères [aux patriarches], non point en sa substance même, mais par la créature qui lui est soumise. Car autrement, invisible, il n'apparaîtrait pas aux regards des hommes » [29].

Augustin aborde ici le problème des apparitions de Dieu, ou théophanies bibliques : comment l'invisible se rend-il visible ? Pour Augustin, les théophanies ne révèlent rien de la substance divine. Corps, ange ou homme ne sont en rien adéquats à révéler un aspect de la divinité. Ce qui importe en elles, c'est le fait que, par elles, Dieu s'adresse aux hommes. Mais elles ne révèlent rien quant à son sens ou son essence. Ce sont de pures créatures, différentes de l'invisible qu'elles manifestent simplement parce qu'autrement celui-ci ne se présenterait aucunement à la vue des hommes. Car ce n'est pas la vue qui peut être l'organe convenable de la connaissance de Dieu.

Néanmoins, Dieu a une forme intelligible. Il sera vu face à face dans l'au-delà. Augustin, dans une lettre qui circule au Moyen Âge sous le nom de *Traité de la vision de Dieu*, défend cette possibilité. Ici-bas, Dieu ne peut être vu que comme il lui a plu d'apparaître, sous des figures visibles, cette apparition ne dépendant que de sa volonté toute-puissante ; mais dans l'au-delà, il sera vu face à face. Un passage de la *Cité de Dieu* examine la croyance en une vision corporelle de Dieu dans cette vie ; Augustin penche pour la réponse négative, et insiste sur la vision face à face après la résurrection [30]. Le cas de saint Paul reste une exception remarquable.

À cet idéal de transparence s'oppose une théorie de la médiation : une autre tradition, relayée par les Pères grecs, insiste sur l'invisibilité absolue de Dieu. Il faut alors se demander par quels intermédiaires Dieu s'est rendu visible en se manifestant aux hommes. L'autorité la plus hostile à la visibilité de Dieu est celle de Denys l'Aréopagite, dont l'œuvre, offerte à Louis le Pieux par l'empereur d'Orient, venait, au IXᵉ siècle, d'être découverte dans le monde latin, puis retraduite et commentée par Jean Scot Érigène.

Denys exprime l'essentiel de sa position dans un passage de la *Hiérarchie céleste* :

28. *Sermon Denis* II (pour la vigile pascale 399), trad. G. Madec dans *Le Dieu d'Augustin*, Paris, Cerf (Théologie et philosophie) 1998, p. 170 (légèrement modifiée).
29. *Sermon Denis* II, trad. G. Madec, p. 171 (légèrement modifiée).
30. *La Cité de Dieu*, XXII, 29, 6 (BA 37, 698), appuyé sur *Job* 29,26 : « Dans ma chair, je verrai Dieu ».

« Si l'on objecte que, de lui-même aussi et sans intermédiaire, Dieu est apparu à certains saints (*eggenesthai tisi tôn hagiôn theophaneias*), qu'on apprenne également ceci, qu'enseignent très clairement les Paroles très sacrées : ce qu'est *en soi* le secret de *Dieu*, personne ne l'a vu ni *ne le verra*, mais des apparitions divines (*theophaneiai*) se sont manifestées aux saints selon les modes de révélation qui conviennent à Dieu, par des visions saintes et proportionnées aux capacités des voyants. Or donc, la toute sage théologie [c'est-à-dire la parole de Dieu], considérant que cette vision — qui a manifesté, comme en lui donnant forme, la ressemblance divine (*anephaine tèn theian homoiôsin*) des réalités sans formes qui était inscrite en elle — a ainsi élevé les voyants vers le divin, l'appelle à juste titre apparition de Dieu (*theophaneia*), car c'est par elle que les voyants reçoivent une illumination divine et qu'il leur est accordé quelque sainte initiation aux réalités divines elles-mêmes. Mais ces visions divines, nos illustres pères ne les reçurent que par la médiation des puissances célestes : même la sainte institution de la Loi, [...] la Parole de Dieu n'enseigne-t-elle pas clairement aussi que c'est par l'entremise d'anges qu'elle descendit jusqu'à nous, en vertu de cette règle instituée par l'ordre de la Loi divine, et qui exige que les êtres de second rang soient élevés vers le divin par l'entremise d'êtres de premier rang ? »[31].

L'essence de Dieu « en soi », son « secret », est invisible absolument, en toutes circonstances, aussi bien passées que futures. Dieu est invisible et impensable parce qu'il n'a *pas de forme*. C'est donc par essence qu'il est invisible, inaccessible à tout intellect, dans quelque état que ce soit : dans l'état présent (« Dieu, personne ne l'a vu »), mais aussi *dans la vision béatifique* (d'où le futur : « ni ne le verra »). Ni les prophètes de l'Ancien Testament n'ont vu cette essence, ni les bienheureux ne la verront. L'apparition de Dieu, la théophanie, n'est pas le simple apparaître de la chose même, mais son voilement. La théophanie permet de préserver l'invisibilité de Dieu ; elle voile en dévoilant ; elle cache autant qu'elle manifeste. En montrant le visible, elle préserve le secret dans sa distance infranchissable ; si bien qu'elle révèle en fin de compte l'invisible comme invisible. Atteindre Dieu est bien la fin de l'ascension qui conduit aux mystères divins, « enveloppés dans la ténèbre plus que lumineuse du silence ». Mais, même si elle est au-delà de toute forme, de toute théophanie positive, cette saisie reste au-delà de toute visibilité, elle est une non-vision et une inconnaissance : on n'atteint Dieu sans forme qu'en niant toute connaissance. La négativité est radicale : « Et si quelqu'un, voyant Dieu, pense (*intelligit*) ce qu'il a vu, ce n'est pas Dieu qu'il a vu »[32]. Elle s'enracine dans la théologie proclienne, pour qui le divin est sans forme.

Jean Scot, lecteur et commentateur de Denys, défend cette transcendance absolue. Dieu n'est pas un être ; il n'est donc pas soumis aux catégories de l'être : « Dieu ne se connaît pas en ce qu'il est (*quid est*), car il n'est pas un quelque chose (*quid*) »[33]. Comment donc la nature

31. DENYS, *Hiérarchie céleste* IV, 2-3 (PG 3, 180 C), trad. M. de Gandillac (SC 58[his], 97) légèrement modifiée. Je souligne.

32. DENYS, *Lettre* I (PG 3, 1065 A) ; trad. lat. *Dionysiaca*, p. 600.

33. *Periphyseon*, II, 589 B (éd. E. JEAUNEAU, CCLCM 162, 87 ; JEAN SCOT ÉRIGÈNE, *La Division de la Nature* trad. fr. modifiée F. Bertin, Paris, PUF (Epiméthée), 1995, p. 375) ; voir J.-C. BARDOUT et O. BOULNOIS, *Sur la science divine*, Paris, PUF (Epiméthée), 2001, p. 19-20.

divine pourrait-elle se penser elle-même en ce qu'elle est (*quid sit*), puisqu'elle n'est rien? Dieu lui-même ne se connaît pas!

Mais, si Dieu n'a pas d'essence, l'image de Dieu n'a pas non plus d'essence. Donc l'homme n'a pas d'essence. Ou, plus radicalement encore, comme le dit Jean Scot à la suite des Pères grecs, l'âme est sans forme ni essence, ce qui constitue sa ressemblance avec Dieu. « La notion propre de l'homme dans l'intelligence divine ne s'identifie à aucune de ces propriétés. <C'> est une notion simple, dont on ne peut dire ni qu'elle est ceci, ni qu'elle est cela, car elle excède toute définition et toute collection de parties, puisqu'on peut prédiquer d'elle seulement son existence, mais non point sa quiddité. Car la seule et véritable définition essentielle est la définition qui se borne à affirmer l'existence, mais qui nie la quiddité »[34].

Jean Scot confronte aussi la position d'Augustin avec celle de Denys :

> « *Si quelqu'un objecte*, dit <Denys>, *que des théophanies* ne nous ont pas toujours été transmises à nous, les hommes, par des anges, mais qu' *à partir de lui*, c'est-à-dire à partir de la cause de toutes choses, par la seule divinité, elles ont été révélées et formées, souvent de manière immédiate, c'est-à-dire sans aucune nature interposée ou transmettrice, qu'il apprenne sagement des divines Écritures, [...] ce qui est écrit : " *le secret de Dieu, personne ne l'a vu ni ne le verra* ". C'est comme s'il disait pour nous convaincre : si le secret de Dieu, personne ne l'a vu ni ne le verra, comment quelqu'un pourra-t-il affirmer que des théophanies se sont manifestées ou se manifesteront à certains saints? Or des théophanies se sont manifestées et se manifesteront aux saints : ce n'est donc pas par elles-mêmes, mais par l'économie (*administratio*) des anges, qu'elles ont été, qu'elles sont, et qu'elles seront. C'est cette interprétation que soutiennent Ambroise et Augustin dans leur exposé de la phrase de l'Évangile : " Dieu, personne ne l'a jamais vu "; car ce qui suit : " le Fils unique, qui est dans le sein du Père, l'exprimera " (*Jean* 1,18) n'y fera pas obstacle[35]. En effet, il faut croire que le Fils unique ne le raconte pas par lui-même, c'est-à-dire par sa propre divinité, mais par la créature qui lui est soumise. C'est ce qu'enseigne aussi Augustin dans ses livres sur *La Trinité*, par de nombreux arguments ».

Malgré la référence à Augustin, c'est Denys qui l'emporte. L'interprétation érigénienne, confrontée à l'inaccessibilité absolue de l'essence divine selon Denys, retourne finalement les arguments augustiniens, pour conclure que l'essence ne se manifeste pas en elle-même, mais dans et par la créature, en une médiation qui est à la fois obstacle et communication, interposition et transmission. Cette connaissance de Dieu dans ce qu'il n'est pas est transmise par l'ordre et la hiérarchie

---

34. JEAN SCOT ÉRIGÈNE, *La Division de la Nature* IV, 768 C; cf. 771 B-772 B. Voir JEAN SCOT, *Expositiones in Ierarchiam celestem* IV, 380-418, citant AMBROISE, *Expos. Evang. sec. Luc. I*, 24-27, éd. M. ADRIAEN (CCL 14, p. 18-20; PL 15, col. 1543-1545); et AUGUSTIN, *Epistula 147 (De videndo Deo)* 17-18, éd. A. GOLDBACHER (CSEL 44, p. 288-292; PL 33, 603-604). Jean Scot trouve une convergence entre Denys et Augustin en extrapolant à partir de ce que celui-ci dit des théophanies de l'Ancien Testament, *De Trinitate* II, 7, 12 – 10,18; II, 18, 35; III, 11, 22-27 (BA 15, 212-228, 268, 320-334).

35. AMBROISE, *Expositio Evangelii secundum Lucam I*, 24-27, éd. M. ADRIAEN, CCSL 14, p. 18-20; PL 15, col. 1543-1545); AUGUSTIN, *Epistula 147 (De videndo Deo)* 17-18, éd. A. GOLDBACHER (CSEL 44, p. 288-292; PL 33, 603-604).

angéliques, selon la condescendance d'un Dieu qui accepte de se dispenser en une histoire singulière : l'économie divine — et non selon la théologie de sa nature. On peut bien rappeler l'objection d'Augustin : c'est Dieu lui-même, dans la personne du Fils, qui manifeste au monde l'essence divine. Mais elle peut elle-même être interprétée en un sens dionysien : ce n'est pas par sa propre divinité, en lui-même, mais par des formes créées, dans l'altérité, que le Fils transmet au monde la connaissance de Dieu.

Jean Scot n'ignore pas qu'Augustin critique toute médiation par l'image. Il entend pourtant récupérer la remarque en signalant qu'elle ne réfute pas l'invisibilité « *objective* » de Dieu, et la nécessité d'y suppléer par un medium (les théophanies), mais qu'elle signale l'absence de limites « *subjectives* » du connaissant par nature.

Pour Jean Scot, il n'y a pas de vision immédiate de Dieu, pas de théophanie sans intermédiaire, car Dieu se révèle par un autre et sur un mode fini : selon la voie hiérarchique (par la médiation des anges), et sous des formes limitées. Fidèle à la tradition de Proclus et de Denys, il maintient donc l'inaccessibilité de l'essence divine.

L'impossibilité d'une vision face à face conduit donc Jean Scot à réhabiliter l'image matérielle (et non l'image qu'est l'âme). Toute vision est une apparition de l'invisible et de l'incompréhensible dans une image finie, sensible, et distincte de l'objet. La manifestation des réalités sensibles et l'apparition des intelligibles surviennent de la même manière, parce que c'est la même réalité éternelle qui devient corps sensible dans le monde et image mentale dans l'esprit. L'esprit ne fait que retrouver dans l'image sensible une réalité intelligible dont il porte en soi le germe. Il y a donc continuité entre la vision de Dieu dans l'au-delà et la vision ici-bas. Toutes deux saisissent Dieu à partir des figures qui le voilent. Toute créature aperçue par les sens est une manifestation de Dieu. Toute *phantasia* est une *théophanie*, et ceci se manifeste hiérarchiquement, pour commencer, dans les anges. Toute manifestation sensible est une manifestation de Dieu : « les fantaisies, je veux dire les théophanies, [...] car il ne faut pas douter que tout ce qui est formé dans la mémoire à partir de la nature des choses, doit son origine à Dieu »[36]. Tout est apparition, et apparition de Dieu. Chacun de nos phantasmes est une vision de Dieu. La différence entre la connaissance du monde et la vision de Dieu n'est plus une différence de nature, mais de degré.

C'est la dissemblance et non la ressemblance qui nous conduit à Dieu car rien n'est semblable à lui. C'est pourquoi la véritable théologie est symbolique : le dissemblable conduit mieux que le semblable au transcendant.

Mais la position de Jean Scot n'a pas été admise par tous, loin s'en faut. La position d'Augustin sera au contraire réhabilitée par Hugues de Saint-Victor, dont le commentaire de Denys est une véritable réplique augustinienne à Jean Scot.

---

36. *Periphyseon* III, 661 B (trad. F. Bertin modifiée, p. 137) : « phantasias, imo etiam theophanias [...] omne enim, quod ex natura rerum in memoria formatur, occasiones ex Deo habere non est dubitandum ».

Car finalement, c'est la position augustinienne qui triomphe en 1241 avec la condamnation des théophanies.

La pensée de Denys était transmise par un ouvrage exceptionnel, le *Corpus dionysien* de l'université de Paris, conservé par plusieurs manuscrits, qui présente les œuvres de Denys assorties des gloses de ses principaux commentateurs grecs et latins[37]. Ce *Corpus dionysien* témoigne des luttes doctrinales de son temps. Ses marges portent la trace des conflits du début du XIIIᵉ siècle sur les théophanies, c'est-à-dire du débat sur la *visibilité de Dieu*.

En face du commentaire de Jean Scot sur la *Hiérarchie céleste* de Denys : « Elle <l'essence divine> n'est compréhensible d'aucune créature, ni rationnelle, ni intelligible, élevée au-dessus de tout sens et de tout intellect, éloignée au-dessus de toute créature visible et invisible »[38], — une main a écrit dans la marge : « *Cave hic ab errore* (Ici, attention à l'erreur!) ». En face de la phrase « Même les anges ne connaîtront pas ce qu'est Dieu en lui-même »[39], on lit : « *iterum cave* (attention encore!) ». Est alors inséré un long passage du commentaire de Hugues de Saint-Victor[40], comme une sorte d'antidote augustinien à l'interprétation de Jean Scot. Une main qui approuve la critique de Hugues — les théophanies sont « les simulacres de l'erreur » — a ajouté : « parce que Dieu sera vu en soi immédiatement »[41]. Manifestement postérieurs aux condamnations de 1241, ces ajouts sont une remarquable trace du conflit qui faisait rage autour de l'interprétation de Denys au XIIIᵉ siècle. Ils montrent comment la voie augustinienne de la vision de Dieu dans l'au-delà s'oppose à la voie érigénienne de la transcendance absolue du Dieu invisible *en lui-même*.

À la suite de cette condamnation, les théologiens de l'université de Paris, par exemple Alexandre de Halès, réfutent les arguments de Jean Scot par un recours systématique à Augustin. – À l'invisibilité divine, Alexandre répond en s'appuyant sur la *Lettre sur la vision de Dieu* d'Augustin : « il est invisible par nature, mais visible par volonté » puisqu'il se montre quand il veut et comme il veut dans ses théophanies[42]. – À son inaccessibilité immuable, il répond avec la même *Lettre* : « il ne frustrera pas les cœurs purs de la contemplation de sa substance, car

---

37. Maxime le Confesseur, le pseudo-Maxime (Jean de Scythopolis), Jean Scot Érigène, Jean Sarrazin et Hugues de Saint-Victor; cf. H.-F. DONDAINE, *Le Corpus dionysien de l'université de Paris au XIIIᵉ siècle*, Rome, Edizioni di Storia e Letteratura, 1953.

38. *Expositiones in Hierarchiam coelestem* (CCCM 31) éd. J. BARBET, Tournai, Brepols, 1975, p. 17 (PL 141 A), cité dans le Ms *BN lat. 17341*, f. 20 vb. (Ce manuscrit était au XIIIᵉ siècle au couvent des dominicains de Saint-Jacques à Paris. C'est celui qu'ont lu Albert le Grand, Thomas d'Aquin et maître Eckhart).

39. *Expositiones in Hierarchiam coelestem* (CCCM 31) éd. J. BARBET, Tournai, Brepols, 1975, p. 17 (PL 141 B).

40. PL 175, 953 D- 956.

41. Tous ces passages sont cités par A. CÔTÉ, *L'infinité divine dans la théologie médiévale (1220-1255)*, Paris, Vrin, 2002, p. 35.

42. ALEXANDRE DE HALÈS, *Summa theologica* I, 16 a (§. 8), cf. AUGUSTIN, *Lettre 147*, ch. 15, n° 37.

cette récompense suprême est promise par Dieu à ceux qui l'aiment »[43].
– À l'idée que la connaissance de l'infini serait elle-même infinie, il oppose la distinction entre voir et comprendre :

> « Une chose est de voir, une autre de comprendre la totalité en la voyant. Est vu ce qui est senti lorsqu'il est présent ; mais la totalité est comprise en la voyant lorsqu'on la voit de telle manière que rien n'en soit caché à celui qui voit, ou dont les limites peuvent être enserrées du regard (*circumspici*) ; c'est ainsi que rien n'est caché à ta volonté, et que tu peux du regard enserrer les limites de ton anneau »[44].

Cet argument permet d'opposer la vision de Dieu, partielle, accessible, à sa compréhension, totale, inaccessible. Il permet aussi de développer une théologie de l'infinité divine, celle-ci ne faisant plus obstacle à la vision de Dieu comme chez Jean Scot. – À l'invisibilité de Dieu en soi, il objecte l'argument de Boèce : « ce qui est connu n'est pas connu selon sa nature, mais selon la capacité du connaissant »[45]. Il est possible d'avoir une connaissance qui ne soit pas sur le mode de son objet ; Dieu, qui est *invisible en soi*, peut paradoxalement devenir *visible pour nous*.

Guillaume d'Auvergne, alors évêque de Paris (et artisan des condamnations), remarque également :

> « Il t'est donc manifeste par là que la vertu intellective de l'âme humaine n'atteint pas le créateur, ni n'est capable de pénétrer par son appréhension jusqu'à lui, *selon cette erreur* ; et il ne lui est pas possible de connaître le créateur ou de le voir, si ce n'est à la manière dont un roi est connu sous sa cuirasse (*operimentum*), car cette cuirasse est la seule à être connue et vue proprement et par elle-même (*per se*). Et on en donne pour exemple le corps d'une femme enveloppée de vêtements sans appareil ni ornement. Un autre exemple en est le soleil offusqué par un nuage, dont la luminosité apparaît faiblement et de manière ténue dans le nuage. Ainsi, selon ceux qui soutiennent cette erreur, le créateur béni n'apparaît et n'est vu que sous le nuage ou la cuirasse de l'univers. Or il est manifeste que la connaissance ou la vision, non seulement ne serait pas une vision complète et en pleine lumière, mais même qu'elle ne pourrait même pas être véritablement et proprement appelée une vision, c'est pourquoi elle ne serait pas non plus une perfection complète de la puissance intellective. [...] C'est pourquoi l'âme ne serait pas toute béatifiable, ou toute glorifiable, mais seulement selon une puissance motrice supérieure (*nobilis*) »[46].

Selon la doctrine des théophanies, et comme l'a bien compris Guillaume, toute connaissance de Dieu, d'un roi, d'une femme nue ou du soleil reste indirecte et s'arrête à l'objet créé qui l'environne, cuirasse, vêtement ou nuée. C'est en définitive une connaissance de la nature, qui ne peut procurer la béatitude à celui qui la possède.

43. ALEXANDRE DE HALÈS, *Summa theologica* I, 16 a (§. 8), cf. AUGUSTIN, *Lettre 147*, ch. 20, n° 48.
44. ALEXANDRE DE HALÈS, *Summa theologica* I, 16 a-b (§. 8), cf. AUGUSTIN, *Lettre 147*, ch. 9, n° 21.
45. BOÈCE, *De consolatione* V, pr. 4 (PL 63, 848 ; Stewart-Rand-Tester, p. 410, l. 75). Cité par ALEXANDRE DE HALÈS, *Summa Theologica* I, 16 b (§ 8).
46. GUILLAUME D'AUVERGNE, *De anima* VII, pars 1, éd. F. HOTOT, B. LE FERON, Orléans-Paris, 1674, II, p. 203 b.

Pour des raisons théologiques, en raison de l'interdit biblique sur les images, le statut d'image n'est rien de figuratif. « Si l'on prenait le terme de figure au sens propre, tel qu'il se trouve dans les corps, on ne parlerait pas d'image de Dieu »[47]. L'image de Dieu ne peut qu'être abstraite, et non figurative.

L'ascension vers Dieu progresse donc selon trois degrés, correspondant aux trois degrés de la vision selon le *De Genesi ad litteram* d'Augustin : vision abstraite des choses sensibles (les créatures), vision dans les substances spirituelles (l'âme), vision face à face (de Dieu). L'élévation de l'esprit vers Dieu étant l'ascension vers la vision d'une présence, « le premier degré consiste dans la considération des choses visibles; le second, dans la considération des invisibles, comme de l'âme ou d'une autre substance spirituelle; le troisième est par l'âme vers Dieu (*ab anima in Deum*), car l'image est formée par la vérité même, et elle est immédiatement conjointe à Dieu »[48]. La considération des créatures est celle de traces, la contemplation de l'âme est celle d'une image, la vision de Dieu est sans image. La trace, l'image et la vision reconduisent de manière hiérarchique à Dieu.

Nous trouvons là la structure de la théologie scolastique du XIIIᵉ et du XIVᵉ siècle.

Au cours de cette étude, j'ai maintenu un point de vue résolument limité. Il n'était pas question de parcourir toute la pensée médiévale de l'image dans cet exposé. J'aurais pu (ou dû) parler aussi de la mystique spéculative de Maître Eckhart, et nous aurions vu que, comme chez Augustin, la mystique consiste à se dépouiller des images sensibles et visibles, pour s'identifier à l'image invisible de Dieu, c'est-à-dire au Verbe divin. J'aurais pu (ou dû) parler du statut de l'œuvre d'art, et nous aurions vu que, comme chez Augustin, la beauté sensible a pour fonction de reconduire à la beauté intelligible. Mais je m'en suis tenu à la période allant du VIIIᵉ siècle au début du XIIIᵉ, et à une ligne de crête, l'opposition entre la tradition d'Augustin et celle de Denys.

Un point ressort de manière décisive : dans cette période, Augustin, Père de l'Église, est d'abord lu comme un philosophe, qui produit une théorie générale de l'image, même s'il aide à construire une doctrine de la Trinité (et possède ainsi une fonction importante dans la construction de la théologie comme discipline). Plus exactement, c'est parce qu'il était le premier à construire une théorie philosophique générale de l'image, compatible avec la théologie, qu'Augustin était la source principale des réflexions médiévales sur l'image.

En second lieu, les théories alternatives, celle d'Hilaire de Poitiers, celle de Jean Damascène et Nicée II, mais surtout celle de Denys, sont connues, citées et étudiées. Mais elles sont toujours refoulées, critiquées ou récupérées au nom de la position augustinienne.

C'était donc bien une relecture rationnelle, philosophique, d'Augustin, que pratiquait le Moyen Âge. Mais c'était au prix d'un changement de

47. ALEXANDRE DE HALÈS, *Summa Theologica* II, §. 336 (Quaracchi, 1928, p. 409).
48. BONAVENTURE, *Sentences* I, d. 3, p. 1, art. un., q. 2 ad 4 (ed. minor, Quaracchi, 1934, t. I, p. 52 a).

domaine. On le faisait intervenir dans des questions qui n'étaient pas les siennes : la vénération des images, le rapport entre l'écrit et l'image, la condamnation des théophanies. Ainsi, la reprise d'Augustin est plus qu'une réappropriation, c'est ce que Kierkegaard appelle une répétition, c'est-à-dire une création d'imprévisible nouveauté.

52, rue Perronet
92200 Neuilly-sur-Seine

RÉSUMÉ DE L'ARTICLE. — Augustin et les théories de l'image au Moyen Âge. Par Olivier BOULNOIS.

Augustin est le seul penseur antique à avoir rédigé un traité sur le concept d'image, la Question 74, *où il démontre la possibilité d'une image (invisible) de l'invisible. Cette conception éclaire la réticence des* Libri Carolini *envers la théologie de l'icône, développée par le concile de Nicée II. La doctrine augustinienne de l'image mentale, associée au texte déchiffré, permet de comprendre la théorie médiévale de la méditation, et l'inflexion qu'elle subit en devenant « représentation » (Aelred de Reivaulx). Elle permet enfin de justifier la doctrine de la vision face à face, contre l'invisibilité de Dieu dans l'au-delà, définie par Denys et Jean Scot, qui sera condamnée en 1241.*

MOTS-CLEFS : *image – ressemblance – invisible – Écriture – méditation – représentation.*

SUMMARY OF THE ARTICLE. — Augustine and the Theories of Images of the Middle Ages. By Olivier BOULNOIS.

Augustine is the only ancient thinker to have drafted a treatise on the concept of images, Question 74, *where he shows the possibility of an image (invisible) of the invisible. This conception sheds light upon the reticence of the* Libri Carolini *towards the theology of icons developed by the Second Council of Nicaea. The Augustinian doctrine of the mental image, associated with the deciphered text, makes it possible to understand the medieval theory of meditation, and the inflection it undergoes in becoming "representation" (Aelred de Reivaulx). It makes possible, finally, the justification of the face to face vision, as opposed to the invisibility of God in the hereafter, a position defined by Dionysius and John Scotus Erigena, to be condemned in 1241.*

KEY WORDS : *image – resemblance – invisible – Scripture – meditation – representation.*

Rev. Sc. ph. th. 91 (2007) 93-108

ANSELME DE CANTORBÉRY : DERNIER DES PÈRES OU PREMIER DES SCOLASTIQUES ?

LES SOURCES DE L'ARGUMENT

par Emmanuel FALQUE

« La seule excuse que l'on puisse invoquer pour ajouter une nouvelle interprétation de l'argument de saint Anselme à toutes celles que nous avons déjà, c'est l'impossibilité de résister à la tentation ». Cette formule d'Etienne Gilson, tirée d'un article des *Archives d'histoire doctrinale et littéraire* qui ne date pas d'hier (1934), devrait suffire à nous prévenir [1]. On n'ajoute pas une nouvelle interprétation à un argument qui en a tant reçu, sans risquer à l'inverse de brouiller, voire de supprimer, une tâche qui pourtant semblait claire dans la lettre du *Proslogion* : « trouver un argument (*unum argumentum*) qui, pour être probant, n'aurait besoin que de soi-même et se suffirait seul » (*Pros.*, Prol.) [2]. Faut-il alors voir dans « le souvenir du fruit défendu » de quoi succomber à nouveau à la tentation, comme si se retenir d'en passer par là – c'est-à-dire par une nouvelle interprétation personnalisée de l'argument dit ontologique – était refuser pour un médiéviste d'être baptisé ? Non pas, loin s'en faut, qu'il faille montrer patte blanche ou recevoir sciemment l'onction pour comprendre le sens de l'argument d'Anselme (interprétation de Karl Barth ou Michel Corbin), mais en cela uniquement que le *passage par l'argument* est aussi pour tout médiéviste un « baptême du feu », l'épreuve par laquelle il lui faut aussi un jour passer, et se mesurer ainsi avec l'histoire interprétative de la plus célèbre

---

1. É. GILSON, « Sens et nature de l'argument de saint Anselme », in *Archives d'histoire doctrinale et littéraire du Moyen Âge*, 1934, p. 5-51 (cit. p. 5).
2. ANSELME DE CANTORBÉRY, *Proslogion* (Sur l'existence de Dieu), Paris, Vrin, trad. A. Koyré (1930), 1992, préf., p. 3. Pour plus de commodité, nous renverrons en priorité à cette traduction, la modifiant soit par la traduction de M. CORBIN, *L'œuvre de saint Anselme de Cantorbéry*, Paris, Cerf, 1986, t. 1 ; soit par celle de B. PAUTRAT, *Proslogion, Allocution sur l'existence de Dieu*, Paris, GF n° 717, 1993. Nous indiquerons dorénavant les références au *Proslogion* directement, entre parenthèses, dans le texte.

des thèses de la philosophie médiévale. La pluralité des lectures demeure toujours possible, quand bien même certains plaideraient aujourd'hui pour une interprétation unilatéralement théologique, voire
obvie, de l'argument. Mieux, c'est précisément parce qu'il y a un
« pluriel » dans les interprétations que se disent à fois et la richesse du
texte et celle de ses différentes traductions [3].

PATRISTIQUE ET SCOLASTIQUE

Au nom de ces multiples lectures et de leur légitime diversité, reste
cependant une question qu'on ne saurait résoudre à si bon compte :
Anselme de Cantorbéry est-il le « dernier des Pères » ou le « premier
des scolastiques », lorsque Dieu lui vient à l'idée ? Dit autrement, faut-il
tirer l'abbé du Bec en amont vers ses prédécesseurs, comme si rien (de
la patristique) de véritablement neuf ne devait ici se faire jour du point
de vue de la méthode, ou convient-il plutôt de le relire en aval à partir
de ses suivants, comme si tout (de la scolastique) ne venait que de lui
dont il serait sinon l'unique, au moins le premier, fondateur ?

Les deux interprétations vont bon train, aujourd'hui comme hier, au
moins depuis que Karl Barth a définitivement rompu avec l'interprétation courante et ordinaire d'un Anselme unilatéralement scolastique.
Certes, et les témoignages sont nombreux, le *Proslogion* fut d'abord lu
comme un ouvrage de scolastique, ce qui signifie ici comme un manuel
« scolaire » répondant aux normes d'une « discipline » ou d'une
« école » (*schola*) que la philosophie aurait déjà tôt fait de définir à
l'époque d'Anselme, disciple de Lanfranc, sous le nom de « dialectique » [4]. Mais sous le terme de scolastique, lorsqu'il est appliqué au
futur archevêque de Cantorbéry, ne se dit pas seulement une discipline
de la pensée et l'ensemble de ses règles. Ses partisans y voient aussi
une certaine conception de la philosophie autonome, le plus souvent
interdite à la théologie, et dont Anselme serait le grand initiateur : « il
n'est jamais venu à l'esprit d'Anselme comme à Gaunilon, souligne Kurt
Flasch (1992) de penser que l'argument du *Proslogion* ne faisait que
développer la conscience chrétienne de la foi, qu'il n'était qu'une sorte
d'exégèse biblique, et qu'il ne visait pas à la rigueur philosophique.
Gauchir l'argument dans ce sens théologique, c'est là un *subterfuge* qui

---

3. Pour ce qui est d'une lecture « obvie » de l'argument, excluant de son champ
toute interprétation autre que purement théologique, nous renvoyons à M. CORBIN,
« Une longue fréquentation d'Anselme », *Transversalités*, 93 (2005), p. 162 : « Si le texte
que j'ai lu est grand, c'est qu'il me dépossède, lui aussi, de toute illusion de possession et de maîtrise. Dès lors, si l'on m'objecte la pluralité de ses lectures, je ne puis
que répondre un nouvelle fois : il y a un texte, qui entend redire de manière dialectique la Parole que les saintes Écritures disent narrativement, et sur ce texte, nous ne
pouvons pas dire n'importe quoi. Sinon, le beau mot de vérité ne serait qu'une aima-
ble plaisanterie ». Quant à la diversité, et à la légitime richesse, des différentes interprétations de l'argument, on lira avec profit la monographie instructive de
P. VIGNAUX, « Saint Anselme, Barth et au-delà », in *Les quatre fleuves*, n°1 (Dieu connu
en Jésus-Christ), 1973, p. 84-95.
4. Cf. P. ROSA, *Saint Anselme de Cantorbéry, La vie et l'âme du saint*, Paris, Desclée
de Brouwer, 1929, p. 27.

vient du XXᵉ siècle et non du XIᵉ siècle ; il traduit le *renoncement à la raison* d'un théologien comme Karl Barth et contredit la confiance en la raison qu'Anselme partageait avec Bérenger. Anselme ne s'est pas défendu contre les attaques de Gaunilon en prétendant qu'il faisait de la théologie ; il a voulu *défendre la portée universelle de sa preuve* »[5]. À l'opposé de cette position plutôt scolastique, et dans la ligne cette fois de Karl Barth, Michel Corbin quant à lui défend la thèse strictement inverse, dont son dernier livre sur *Saint Anselme* (2004) est probablement le témoin exemplaire : « si le tournant, qui commence avec Abélard et ne prend forme qu'avec Thomas d'Aquin, fait passer du monastère à l'université la transmission des arts et l'enseignement sacré (*doctrina sacra*), s'il fait surgir une nouvelle figure du savoir, il est permis de dire qu'Anselme est *l'avant-dernier Père de l'Église latine*, et Bernard de Clairvaux *le dernier* »[6].

On aurait pu croire le débat passé, voire largement dépassé, dans ses termes comme dans ses enjeux. Les récentes publications montrent pourtant l'inverse. L'écart des institutions, et des appartenances respectives de ceux qui les composent, influe certes sur la diversité des interprétations de l'argument : le *Proslogion* d'Anselme vu plutôt comme un texte à teneur mystique et théologique dans les instances confessionnelles (Barth, Corbin) et comme un maître ouvrage de logique philosophique et de dialectique dans les universités laïques (R. Roques, P. Vignaux, A. de Libera, K. Flasch, etc.) – Henri Bouillard du côté confessionnel et Étienne Gilson du côté laïque constituant probablement deux cas strictement à part[7]. Mais aujourd'hui, peut-on et doit-on encore en jouer le jeu ? Faut-il restreindre le théologique à la sphère du pur confessionnel, et réserver le philosophique à de l'ultra rationnel ? La chose ne va pas, ou plus, de soi. Si la redécouverte d'Anselme comme « dernier » ou « avant-dernier » des Pères a permis de mettre au jour la dimension proprement biblique de l'argument, et si la pérennisation de son appellation comme « premier des scolastiques » a autorisé de nouveaux développement quant au sens de la logique et de la dialectique au Moyen Âge, rien n'assure qu'il faille aujourd'hui demeurer dans cette triviale alternative, au contraire. Somme toute faut-il probablement laisser Anselme être Anselme, dans une quotidienneté ordinaire qui fera aussi ses propres vécus de conscience. Ni philosophe ni théologien parce que de telles distinctions n'existent pas encore dans ce XIᵉ siècle de renaissance spirituelle, l'abbé du Bec nous apparaît d'abord comme un moine ou un bénédictin, ainsi que le fera voir l'émergence expérientielle de l'argument, entendu à la fois comme vi-

---

5. K. FLASCH, *Introduction à la philosophie médiévale*, Paris, Cerf, 1992, p. 65.

6. M. CORBIN, *Saint Anselme*, Paris, Cerf, 2004, p. 8. Pour une explicitation de cet ouvrage, nous renvoyons au dossier qui lui fut consacré, et auquel nous avons participé : « Saint Anselme de Cantorbéry, Séance académique autour de l'œuvre de Michel Corbin », *Transversalités*, 93 (2005), p. 151-196.

7. Cf. H. BOUILLARD, qui voit dans la forme philosophique de l'argument les prémisses d'une « théologie naturelle » (in *Connaissance de Dieu*, Paris, Foi vivante, 1966, p. 113-122) ; et É. GILSON qui choisit une troisième voie, dite de la « raison », entre la voie de la philosophie et la voie de la théologie (in *Archives d'histoire doctrinale...*, *op. cit.*, p. 20s.).

sion du monde et traduction d'une certaine manière d'être au monde :
« ni le dernier des Pères, ni le premier des scolastiques, souligne le célèbre historien Southern, Anselme est un *représentant de cette période
intermédiaire*, qu'il faudrait appeler *le siècle, ou les siècles, des bénédictins* »[8].

D'où vient alors la première, et la plus célèbre, formulation de
l'argument : *Deus est aliquid quo nihil majus cogitari possit* – couram-
ment traduite : « Dieu est quelque chose dont rien de plus grand ne
peut être pensé » (*Pros.*, II). Quoi qu'il en soit des interprétations scripturaires de l'argument (interdiction de construire des idoles [Barth],
grandeur et beauté de la gloire divine [Corbin], manifestation kénotique
de l'amour divin [Balthasar]), la formule ne se trouve pas comme telle
dans la Bible. Donnant « beaucoup de noms et de toutes sortes », souligne avec justesse Étienne Gilson, « jamais l'Écriture n'a donné à Dieu
de nom semblable » ni les théologiens médiévaux ne l'ont « colligé dans
leur liste des noms divins »[9]. Dire avec Anselme que « nous croyons
que tu es quelque chose dont rien de plus grand ne peut être pensé »
impose donc que cette croyance, fût-elle simplement philosophique ou
aussi théologique, vienne de quelque part. *Dieu vient à l'idée*, pour reprendre le beau titre d'Emmanuel Levinas, lorsque nous en avons, ou
en recevons, une idée de Dieu – qu'elle soit définie comme « concept »
ou comme « vie de Dieu »[10]. Dit autrement, et pour remonter en amont
de l'auteur du *Proslogion* lui-même, remarquer avec Anselme que
l'insensé « entend » (*audit*) ce qu'il lui dit, qu'il « comprend ce qu'il entend » (*intelligit quod audit*), et qu'il comprend que « ce qu'il comprend
est dans son intelligence » (*et quod intelligit in intellectu eius est*), suppose que l'auteur du texte lui-même ait déjà, pour lui-même, entendu,
compris, et compris où se joue la compréhension d'une telle formule.
Non pas, loin s'en faut, que l'abbé du Bec n'ait rien inventé. Mais en
cela seulement, qui fait d'ailleurs toute la richesse des études médiévales, qu'on ne pense jamais sans « autorités » (*auctoritates*) – et que donc
nul n'inventera un tel raisonnement sans avoir, pour une part, « lu les
Pères au Moyen Âge ». La formule prend donc *ses sources* dans une
culture, mais aussi *sa source* dans une expérience. C'est à ce double
titre, précisément, que *Dieu vient à l'idée* dans le *Proslogion* d'Anselme
de Cantorbéry.

DE DIEU QUI VIENT À L'IDÉE : LA SOURCE DE L'EXPÉRIENCE

Il conviendrait ici de reprendre le récit intégral des circonstances de
production du *Proslogion*, et même de la vie d'Anselme en général, pour
se rendre à même de mesurer la part expérimentale, ou plutôt expé-

8. R. W. SOUTHERN, *St Anselm. A Portrait in a Landscape*, Cambridge University
Press, Cambridge, 1990, p. 441. Cité et traduit par L. VIALLET, « L'huître et la perle :
saint Anselme dans la vie intellectuelle de son temps », in P. GILBERT, H. KOHLEN-
BERGER et E. SALMANN (sous la direction de), *Cur Deus homo, Congrès international 21-
23 Mai 1998*, Roma, Studia Anselmia n° 128, 1999, p. 39-72 (cf. p. 42).
  9. Cf. É. GILSON, « Sens et nature de l'argument... », *op. cit*, p. 26.
  10. E. LÉVINAS, *De Dieu qui vient à l'idée*, Paris, Vrin, 1982, Avant-propos, p. 13.

rientielle, d'un tel argument aux yeux de l'abbé du Bec, comme de son biographe Eadmer dans sa *Vita sancti Anselmi*[11]. Un événement ou plutôt une vision, à l'instar de la vision du Jésus enfant en train de naître chez saint Bernard[12], rend compte des prédispositions du jeune enfant d'Aoste pour s'élever sur de telles hauteurs : « encore petit enfant, raconte son biographe, Anselme entendit dire de sa mère qu'il y a *en haut dans le ciel* un seul Dieu qui régit et contient tout. Il s'imagina, *comme un enfant nourri en pays de montagne*, que le ciel s'appuyait sur les monts, que là se trouvait aussi la cour de Dieu, et qu'il pourrait y parvenir par la montagne. Comme il ruminait souvent cette idée dans son esprit, un *vision*, certaine nuit, lui montra qu'il devait *gravir le sommet de la montagne* et se hâter vers la cour de Dieu le grand Roi »[13].

Les montagnes du val d'Aoste, et de l'ensemble du Piémontais, sont certes propices à de telles élévations sur les hauteurs. Mais un montagnard dans ses pieds ne fait pas un alpiniste dans sa tête, d'autant que s'élever vers le « ce dont rien de plus grand (*majus*) ne peut-être pensé » n'est pas atteindre les hauteurs, mais reconnaître à l'inverse, il faudra y revenir ailleurs et plus tard, que de tels sommets nous demeurent à jamais inaccessibles. Bref, la vision de l'enfant compte davantage que sa réalisation. Si l'Infini « vient à l'idée » quand il vient comme « vie de Dieu » (Levinas)[14], vivre pour le jeune Anselme est déjà s'élever vers la divinité, et s'élever être appelé et requis dans le questionné : « à son entrée, l'enfant est interpellé par le Seigneur. Il s'approche et s'assied à ses pieds. Il est interrogé avec une affabilité souriante : qui est-il, d'où vient-il et que veut-il ? Il répond à ces questions selon ce qu'il savait »[15]. L'argument dit « ontologique » d'Anselme s'enracine donc dans une expérience, un *vécu de conscience* du corps, du cœur et de l'imagination elle-même, par où prend aussi sens sa quête du point de vue de l'intellect. Plus qu'une abstraction, l'argument est donc d'abord une traduction – transcription de ce monde que nous constituons nous-mêmes « en tant qu'enfant », être « sans paroles » ou *infans* qui tisse notre être davantage que tous les discours philosophiques ou théologiques qui le manifestent seulement : « ma chair, comme le plus originellement mien, indique en phénoménologue Edmond Husserl, je me le suis (en tant *qu'enfant*) approprié en premier et immédiatement »[16].

Les circonstances mêmes de la production, dans la pensée, de l'écriture et de sa conservation pour la postérité, appartiennent donc aussi à l'argument comme à sa source. On aurait tort de réduire la lecture des

---

11. Cf. EADMER, *Vie de saint Anselme*, in *L'œuvre de S. Anselme de Cantorbéry*, Paris, Cerf, t. 9, 1994.

12. Nous renvoyons sur ce point à notre texte, « Saint Bernard et le champ de l'expérience », in Ph. CAPELLE (dir.), *Expérience philosophique et expérience mystique*, Paris, Cerf, 2005, p. 169-190 (en particulier p. 183-184 : la vision de la naissance de Jésus enfant).

13. EADMER, *Vie de saint Anselme*, op. cit., I, 2, p. 250.

14. E. LÉVINAS, *ibidem*.

15. EADMER, *ibidem*.

16. E. HUSSERL, *Husserliana*, vol. XIV, p. 58. Cité et traduit par D. FRANCK, *Chair et corps, Essai sur la phénoménologie de Husserl*, Paris, Éd. de Minuit, 1981, p. 95 (nous soulignons).

Pères au Moyen Âge à une simple compilation bibliographique, à un
ensemble d'ouvrages à disposition dont il nous faudra bien nous aussi
montrer l'urgence. La façon dont soi-même on pense détermine la
compréhension de la pensée des autres, la façon dont on écrit, la manière de lire les autres écrits, et la manière dont on se souvient d'un
texte ou d'un passage, la façon d'en faire mémoire. La tradition n'est
pas accumulation mais transmission, non pas érudition mais production, non pas souvenir d'un passé mais ouverture vers un avenir. La
découverte même de l'argument, à l'heure où il vient d'être nommé
abbé du Bec (1078), fut ainsi pour Anselme le lieu d'une expérience,
voire d'une épreuve. Et de là aussi, il tire sa source. Le *proemium* du
Proslogion le fait voir de façon exemplaire : « désespéré, je voulais déjà
cesser toute recherche comme celle d'une chose impossible à trouver ».
La *Vita Sancti Anselmi* d'Eadmer en dramatise quant à elle la circons-
tance : « cette affaire, comme il le disait lui-même, lui causa une grande
difficulté. Car, d'une part, cette réflexion lui ôtait le boire, le manger, le
sommeil, et, d'autre part, ce qui l'accablait davantage, elle troublait
l'attention qu'il devait aux matines et au reste du service de Dieu »[17].
Comment seul un argument somme toute logique peut-il priver le
moine de ses fonctions vitales et spirituelles? N'est-ce pas trop dire que
d'y voir la perte du manger, du boire, et de la prière elle-même? C'est
que, précisément, il n'est point seulement ici question de logique.
L'affaire est spirituelle avant que d'être dialectique. Ou plutôt, c'est
l'intégration d'un argument dialectique au sein de la vie monastique qui
ici pose question et fait problème. Loin d'accuser la possible fausseté
du raisonnement, l'abbé du Bec voit au contraire son évidente vérité, et
se demande qui de Dieu ou du diable en est la cause : « il est estima
qu'une réflexion de ce genre, note son biographe, était une tentation du
diable, et il s'efforça de la chasser loin de ses préoccupations »[18]. Bref,
l'intégration même de la dialectique au sein de la vie monastique, du
scolastique dans la patristique si l'on s'autorise encore ces catégories,
devient le lieu d'un combat spirituel dont c'est l'affaire même de ce XIe
siècle renaissant d'en porter la charge. Tentation du diable, ou illumination de Dieu, il faut choisir. L'utilisation « d'arguments courants et de la
simple discussion », en cédant à la « nécessité de la raison » sans « rien
persuader à partir de l'Écriture sainte » ne va pas de soi (*Monologion*,
Prol.). Non pas que les « raisons nécessaires » suppriment « l'argument
de convenance », mais en cela seulement que l'intégration même d'une
nécessité logique au sein de la vie mystique n'est pas sans défaire, ni
bousculer, les habitudes séculaires du milieu monastique. Du diable à
Dieu, pourtant, le jeune abbé discerne la véritable origine de son argumentation – illumination et non pas tentation, jubilation et non pas
mortification, ascèse ou exercice et non pas renoncement : « or, voici
qu'une nuit, pendant les vigiles nocturnes, la grâce de Dieu *brilla dans
son cœur*, la chose fut *évidente à son intellect* et remplit tout son être
d'une *joie* et d'une *jubilation* immense »[19]. Trois étapes d'une unique
expérience spirituelle définissant ainsi les trois étapes du *Proslogion*, à

17. EADMER, *Vie de saint Anselme, op. cit.,* I, 19, p. 270.
18. *Ibidem.*
19. *Ibidem.*

la manière d'un *Itinerarium mentis in Deum* à venir : grâce du cœur d'abord (ch. I : éveil ou excitation de l'âme à la contemplation de Dieu), évidence de l'intellect ensuite (chap. II-XXV : développement de l'argument et de toutes ses conséquences), jubilation finale enfin (chap. XXVI : Est-ce la joie pleine qu'a promise le Seigneur ?).

Au nombre des sources, ou plutôt de la source, de l'argument d'Anselme se déchiffre donc une expérience, voire une double expérience : celle de la vision, enfant, de la chevauchée sur la montagne vers son sommet inaccessible, et celle du tiraillement, adulte, de l'intégration du scolastique au cœur du patristique. Les multiples épisodes rocambolesques qui suivront les conditions de conservation de sa trace écrite en sont d'ailleurs le témoignage le plus frappant : ce frère du monastère, dit « de confiance », à qui Anselme confiera les « tablettes » sur lesquelles il a consigné l'argument sans que celui-ci puisse les retrouver ; ce même frère à qui on donne la garde d'autres tablettes, après avoir réécrit l'ouvrage, et qui les ayant cachés « dans la partie la plus secrète de son lit » les retrouve « éparpillées sur le pavé devant son lit » ; et le parchemin enfin qui succédera aux tablettes de cire, et sur lequel, aux dire d'Eadmer, est conservé dans « un petit volume, mais grand par le poids des sentences et de la plus subtile contemplation », ce que le père nomma « *Proslogion* »[20]. Le *nom de la rose* n'est certes pas loin dans ce récit, mais il fait voir dans la forme de l'argument lui-même ce qu'on a depuis trop longtemps oublié. Philosophique ou théologique, là n'est pas la question essentielle du raisonnement d'Anselme. La formulation et la compréhension du « *aliquid quo nihil majus cogitari possit* » est pour l'abbé du Bec lui-même le lieu d'une expérience, voire d'une apparition, non pas en cela nécessairement que Dieu lui-même s'y donne, mais parce qu'il suffit de se plier sous le poids du concept pour en recevoir la charge et en assurer la garde : « un certain jour, comme je m'étais fatigué à résister avec véhémence à cette obsession, souligne cette fois le prologue du *Proslogion*, dans le conflit même de mes pensées, *se présenta à moi* (*se obtulit*) ce que j'avais désespéré de trouver pour que j'embrasse avec soin l'idée que, troublé, j'avais repoussée » (*Pros.*, Prol.). Le poids de l'argument n'est donc pas uniquement théologique (lecture patristique), ni logique (lecture scolastique), mais phénoménologique (nouveau type de lecture) : ce qui apparaît et la manière même dont il apparaît importe autant, voire davantage, que la rigueur interne de l'apparition elle-même. La source expérientielle de l'argument attend alors maintenant le déploiement de *ses sources culturelles*, pour que ce Dieu *qui vient à l'idée* révèle aussi un Dieu *qui se lit dans les textes*, pour que l'illumination du concept se nourrisse aussi des sources manuscrites qui en rendent raison.

DE DIEU QUI SE LIT DANS LES TEXTES : LES SOURCES DES MANUSCRITS

Lire les pères au Moyen Âge, ou plutôt examiner le sens de la « réappropriation philosophique des Pères à l'époque médiévale », im-

---

20. *Ibid.*, p. 270-271.

pose alors d'interroger matériellement, comme philosophiquement, les outils à disposition d'Anselme, ouvrant quant à lui le deuxième millénaire de l'histoire chrétienne. Le danger d'anachronisme est grand, qui consisterait à croire, et à voir, l'abbé du Bec doté d'une immense bibliothèque – à l'instar de Pierre le Mangeur, quelques siècles plus tard, représenté une serviette autour du cou et le baldaquin des livres vide tant il a dévoré d'ouvrages [21]. La petitesse de la bibliothèque, à côté de l'abbatiale, frappe dans les premiers monastères romans. Le Bec, dit aujourd'hui le Bec-Hellouin, n'échappe pas à la règle, dont le scriptorium certes plus vaste ne pouvait quant à lui masquer ce qui nous apparaît aujourd'hui comme une minuscule bibliothèque : « à la fin du XIᵉ siècle dans la bibliothèque de l'abbaye d'Anselme, note Michel Corbin dans son dernier ouvrage sur *Saint Anselme*, il y avait *à peine deux cent cinquante volumes*; et tous avaient été recopiés à la main avec des moyens rudimentaires, un exemplaire entier de la Bible valant approximativement le prix actuel d'une automobile de luxe » [22]. Économiquement riche, l'abbaye paraît donc à nos yeux culturellement pauvre. À peine « deux cent cinquante volumes ». C'est peu, même très peu, au regard des milliers d'ouvrages qui composent aujourd'hui nos bibliothèques universitaires, voire parfois certaines bibliothèques personnelles. Ce qui est bien le signe, on n'évitera pas ici de le souligner, que point n'est besoin d'étouffer sous les lectures pour faire preuve d'acuité philosophique, s'appliquant en chaque point seulement à découvrir cela même dont on requiert la cause pour développer son propre propos.

Qui a peu méritera donc de se contenter du peu. Mais encore faut-il que ce peu lui suffise à rendre raison de son argumentation. Non pas, cela va sans dire, qu'Anselme ne fasse preuve d'originalité exemplaire, et probablement jamais égalée (outre les *Méditations métaphysiques* de Descartes), en écrivant le *Proslogion*; mais en cela seulement que ce qui fait son propre vient précisément de l'écart avec ses prédécesseurs, et non pas de l'absence, la plus souvent ignorante, des références qui trament son texte comme en « sous main ». Outre la Bible, et à commencer par les psaumes qu'il connaissait par cœur, ce peu se réduit donc, aux dires de l'exégète anselmien (M. Corbin), « aux œuvres d'Augustin, à la *Consolation de la philosophie* et aux *opuscules sacrés* de Boèce, aux *Sermons* du pape Léon, et aux *Commentaires* et *Dialogues* de Grégoire le Grand » [23]. L'examen de la lecture des Pères au Moyen Âge, s'il s'agit d'Anselme, impose alors de chercher dans cette unique liste *les sources* de l'argument, sans se laisser détourner ni dévier par des élucubrations philosophiques dont l'histoire des interprétations aurait tôt fait de nous montrer l'ineptie.

Première remarque, négative, mais qui mérite dès l'abord d'être notée. Denys l'Aréopagite n'apparaît pas dans cet état des lieux. On ne compte plus pourtant, Michel Corbin y compris, le nombre des exégèses

21. Cf. J. LE GOFF, *Les intellectuels au Moyen Âge*, Paris, Seuil (1957), Points Histoire, 1985, p. 66-67.
22. M. CORBIN, *Saint Anselme*, op. cit. (Cerf, 2004), p. 8.
23. *Ibidem*.

anselmiennes de l'argument qui s'appuient sur le dépassement apophatique de sa négation pour rendre raison du *majus*, du *summum*, voire du *melius*, qui composent les différentes figures du nom de Dieu. Olivier Boulnois a récemment prévenu (2005), de façon sévère mais néanmoins juste : « c'est Thomas et non Anselme qui cite abondamment Denys. Nous sommes ici dans une nouvelle synthèse intellectuelle, où c'est moins Anselme qui pratique une théologie négative, que Corbin qui le soumet aux règles de la théologie négative »[24]. Et, une fois n'est pas coutume, la condamnation s'étend à Jean-Luc Marion lui-même : « je ne suivrai pourtant pas Jean-Luc Marion dans la suite de la note ["il faut lire Anselme comme il s'est lui-même compris, à savoir, pour une large part, à partir du *corpus* dionysien et de la théologie des noms divins"] ; cela me semble *philologiquement insoutenable* : comme l'a dit plaisamment un historien, à l'époque d'Anselme, Denys avait eu plus de traducteurs que de lecteurs ; je n'ai pas trouvé de citation de Denys chez Anselme »[25]. Cette seule raison philologique légitimera à nos yeux, nous le montrerons, une autre et nouvelle lecture philosophique de l'argument d'Anselme, par la limite et la finitude du croyant plutôt que par l'ineffabilité de Dieu, par le manifeste de la présence divine plutôt que par son refuge dans l'invisibilité[26].

Deuxième remarque, positive cette fois. Deux grandes sources, ou mieux, deux grandes traditions, sont citées en guise de manuscrits à disposition d'Anselme, et qui pourraient peut-être rendre raison de la *venue au texte* de cet argument qui, dit-il, « se présenta à lui » : saint Augustin d'un côté, et Boèce de l'autre. Les commentateurs anselmiens se contentent dans le meilleur des cas de citer, le plus souvent d'ailleurs de seconde main, les possibles références patristiques et scolastiques à l'argument (si tant est que l'on fasse commencer, comme autrefois la scolastique et le Moyen Âge à Boèce !). Force est ici d'en déployer maintenant de première main les implications, car « lire les Pères au Moyen Âge » est aussi revenir vers la patristique pour féconder la scolastique[27].

24. O. BOULNOIS, « Les preuves fatiguent la vérité. Michel Corbin et l'argument anselmien », *Transversalités*, 93 (2005), p. 176.

25. O. BOULNOIS, ibid., note 5 p. 176. Quant à J.-L. Marion, on consultera son étude néanmoins, et tout à fait, magistrale de l'argument : « L'argument relève-t-il de l'ontologie ? », in *Questions cartésiennes*, Paris, PUF, 1991, p. 221-258 (cit. p. 233 et note 1 p. 233).

26. On renverra sur ce point, et en guise de prémisse, à P. GILBERT, *Le Proslogion de saint Anselme, Silence de Dieu et joie de l'homme*, Roma, Édition pontificale de la Grégorienne, 1990, p. 68-69 : « l'intelligence de Dieu impose une négation à la pensée, une voie négative *par limitation* [...]. Cet *aliquid* n'est rien (*nihil*) de mondain ; il diffère totalement de l'expérience et nous l'affirmons seulement en cette *différence* » (nous soulignons).

27. Sans qu'elles soient exploitées, on trouvera les références textuelles et historiques de l'argument d'Anselme dans la note complémentaire du *De doctrina christiana* de saint Augustin (pour Plotin, Cicéron, Augustin,), BA 11/2, p. 468-471 : « la définition de Dieu » ; et dans P. GILBERT, *Le Proslogion de saint Anselme...*, op. cit., p. 67 (pour Boèce et Sénèque).

Du côté de saint Augustin, la référence est claire. Le Docteur d'Hippone, s'inspirant probablement de Plotin, semble même avoir tout dit, ou presque, de l'argument, mais dans ce « presque » se tient précisément l'originalité de l'abbé du Bec. L'« Un » est défini comme « supérieur » ou « au-delà de tout » au livre V des *Ennéades* de Plotin : *ti gar an tou henos beltion kai epekeina holôs* (« car qu'y a-t-il de supérieur à l'Un qui est au delà de tout ? »). En ce sens, la formulation de l'argument par le « plus grand » (*majus*) chez Anselme ou le « plus haut » (*sublimius*) chez Augustin trouve sa source dans le « supérieur » (*beltion*) chez Plotin [28]. Mais l'insistance augustinienne, et c'est là sa double originalité, se fait d'une part non seulement sur la grandeur de Dieu (*sublimius*) mais aussi sur sa bonté (*melius*), et s'entend d'autre part du point de vue du mouvement de la pensée elle-même (*cogitari*) et non pas de la seule position de l'Un (*henos*) : « lorsqu'on cherche à se représenter ce Dieu unique entre les dieux [...], souligne le *De doctrina christiana*, cette représentation est telle que la pensée s'efforce d'atteindre quelque chose (*ita cogitatur ut aliquid*) dont il n'est rien de meilleur ou de plus haut (*quo nihil sit melius atque sublimius*) » [29]. La similitude avec l'argument d'Anselme, au moins dans sa première formulation [« *aliquid quo nihil majus cogitari possit* »], frappe avec évidence – preuve, s'il en était, que Dieu ne vient pas à l'idée en venant de nulle part, mais qu'à l'expérience se joignent aussi les textes, ou au monde personnel le monde culturel qui en définit les contours. Quatre traits font ainsi la communauté de nos deux auteurs. 1) Ensemble, Anselme et Augustin s'efforcent d'atteindre Dieu par une représentation ou par l'acte d'une *cogitatio*. 2) Dans l'un et l'autre cas, ils définissent cet acte de façon *négative*, de sorte que « rien n'est » (*nihil sit*) au-delà de ce qui est posé et pensé. 3) L'un et l'autre définissent cet au-delà comme « plus grand » (*sublimius / majus*) ou « meilleur » (*melius*), de façon conjointe dans la définition augustinienne de Dieu et de manière séparée dans les deux noms anselmiens du divin (*Pros.*, chap. II [*majus*] / *Pros.*, chap. XIV [*melius*]). 4) L'un comme l'autre décrivent en terme d'« effort » (*conetur attingere* [Augustin]) ou d'« élan de la foi » (*credimus te esse* [Anselme]) cet acte par lequel le dépassement de soi bute devant un Dieu au-delà de tout dépassement possible. *Cogitatio*, négativité, grandeur et bonté, et effort de la pensée définissent donc l'en commun des deux protagonistes. Le mouvement ici n'est pas dionysien, mais exclusivement augustinien. Point n'est question d'un quelconque « au-delà ineffable » davantage propre aux Pères orientaux, mais plutôt d'un « en deçà de la limite » dont saint Augustin se fera le principal initiateur en Occident, fût-ce d'abord par le biais de la doctrine du péché.

Mais il y a plus, et même mieux, chez l'évêque d'Hippone. Car le Père de l'Église, loin de se contenter de la seule supériorité du divin, en fait aussi un argument en faveur de l'affirmation de l'existence de Dieu.

---

28. PLOTIN, *Ennéades V* (Cinquième Ennéade), Paris, Les Belles Lettres, 1991, trad. É. Bréhier, Troisième traité (« Des hypostases qui connaissent et du principe qui est au-delà de l'être »), § 15, l. 7, p. 69.

29. SAINT AUGUSTIN, *La doctrine chrétienne (De doctrina christiana)*, in *Œuvres de saint Augustin*, Institut d'études augustiniennes, BA 11/2, Paris, 1991, L. I, VII, 7, p. 85 (traduction modifiée, pour la rapprocher au maximum de la formulation d'Anselme).

Le *De libero arbitrio*, cette fois, en porte le témoignage. À Évodius avouant qu'il « reconnaîtra certainement comme Dieu celui dont on aura prouvé (*constiterit*) que rien n'est supérieur (*quo nihil superius esse*) », Augustin répond : « C'est entendu. Car il me suffira de montrer (*ostendere*) l'existence d'une réalité telle que, ou bien tu l'accepteras comme Dieu (*aut fateberis Deum esse*), ou bien, s'il y a un être au dessus d'elle (*supra est*), tu concéderas au moins que celui-ci est véritablement Dieu (*eum ipsum Deum esse concedes*). Ainsi, qu'il y ait ou non un être supérieur à cette réalité, il sera évident que Dieu est (*manifestum erit Deum esse*), dès que, Dieu lui-même aidant, j'aurai montré, comme je l'ai promis, l'existence d'une réalité supérieure à la raison (*esse supra rationem*) » [30]. L'argument ici est nouveau, et se rapproche davantage encore de la formule anselmienne. Certes la supériorité du divin et l'impossible pensée de son au-delà en font son essence en propre. Mais on peut aussi tirer de là la conclusion que « Dieu est » (*Deum esse*), dès lors que la pensée d'un être au-dessus de celui-là même que je pense comme supérieur ne saurait être autre que Dieu lui-même. L'existence même d'une réalité supérieure à la raison, fût-elle seulement pensable et non pas effective, prouve donc à tout le moins qu'un tel être de raison existe bien, quand bien même moi-même, et par moi seul, je n'aurais aucun moyen de l'atteindre.

L'argument augustinien paraît donc en tout point ressembler à celui d'Anselme, à cela près cependant qu'Évodius, loin d'objecter à Augustin une quelconque inexistence de Dieu fût-ce seulement en pensée, remet seulement en cause la possibilité d'atteindre le supérieur (*superius*), et non pas qu'il y *ait* effectivement un supérieur. Évodius ne le partage donc en rien avec l'insensé d'Anselme, qui directement pose la question de la possibilité de formuler l'existence ou la non-existence de Dieu, et non pas celle de sa supériorité ou infériorité par rapport à l'homme : « Est-ce qu'une nature pareille n'existe pas (*non est*), s'interroge Anselme en s'appuyant sur le Psaume (Ps. 13), parce que l'insensé a dit dans son cœur Dieu n'est pas? » (*Pros.*, II). Alors que Anselme pose contre l'insensé la question de l'existence de Dieu, fût-ce en concept seulement, et se sert du supérieur (*majus*) ou du meilleur (*melius*) pour la résoudre, Augustin à l'inverse postule avec Évodius la possibilité d'un supérieur (*superius*) en concept, et en tire de là l'éventualité d'un argument en vue de l'existence de Dieu que jamais Évodius ne s'était quant à lui posée. Les concepts utilisés sont donc les mêmes – le supérieur (*superius* / *majus*) et l'existant (*esse*) – mais leur usage est inverse : de la question du supérieur à la possibilité de l'existant chez Augustin, de la question de l'existant à la possibilité du supérieur chez Anselme. La « réappropriation philosophique des pères à l'époque médiévale » n'est pas ici simple répétition, mais transformation en vue d'un usage scolastique qui n'est plus uniquement patristique : l'émergence cette fois du problème de l'être et de sa signification par la distinction anselmienne de la présence de la chose « dans l'intelligence » (*in intellectu*) et/ou aussi « dans la réalité » (*in re*) à partir du cas du peintre. Bref, les ressorts de

30. SAINT AUGUSTIN, *Du libre arbitre* (*De libero arbitrio*), in *Œuvres de saint Augustin*, Desclée de Brouwer, Paris, 1941, BA n° 6 (Dialogues philosophiques), II, VI, 14, p. 241.

l'argument sont dans la patristique, mais sa mise en forme nouvelle attend quant à elle la scolastique, c'est-à-dire une configuration logique et dialectique capable de le formuler « par la nécessité de la raison (*ratione necessitas*) » et sans rien persuader « à partir de l'autorité de l'Écriture (*auctoritate scripturae*) » (*Monologion*, Prol.).

Quant à la *Consolation de la philosophie* de Boèce, le manuscrit se tient lui aussi, aux dires des anselmiens, sur le rayonnage des quelques deux cent cinquante ouvrages présents dans la bibliothèque du Bec. C'est ce traité qui donna probablement l'occasion à l'abbé de franchir un pas de plus. Mais de même que la cinquième *Ennéade* de Plotin fut probablement la source, ou le premier point de formulation, de l'argument par Augustin (*supra*), de même les *Tusculanes* de Cicéron servirent de base à Boèce, sinon à Anselme lui-même, pour un énoncé encore plus strict du raisonnement. Ici chez Cicéron, comme il en sera aussi plus tard chez Boèce, il est d'abord affaire de philosophie, dans une étonnante connivence avec la formulation d'Anselme. Admiratif de tant de prouesses de la philosophie, et surtout des capacités de mémoire et d'invention de l'esprit, le consul romain s'exclame : « vraiment, elle me paraît divine la force (*vis*) capable de réaliser tant de merveilles. Oui, qu'est-ce que la mémoire des mots et des choses, qu'est-ce encore que l'invention ? Des facultés telles assurément que *même dans la divinité on ne peut concevoir rien de plus grand (quo ne in deo quidem quicquam maius intelligi potest)* » [31]. La proximité avec l'argument d'Anselme est ici évidente, et pour ne pas dire frappante, à tel point qu'on se demandera si les *Tusculanes* de Cicéron n'auraient pas pu figurer au nombre des volumes de l'abbaye du Bec, quoique rien ne permette de le justifier. Nombre des ingrédients de l'argument d'Anselme dans le *Proslogion* s'y trouvent contenus : la mention du « plus grand » d'une part (*majus*), et la « conception du plus grand comme ne pouvant être conçue sinon en Dieu lui-même » d'autre part (*ne in deo quidem quicquam majus intelligi potest*). Reste cependant, et c'est là l'originalité de l'abbé du Bec conjugué à Augustin et à Boèce cette fois, que Cicéron n'use en aucun cas de cette grandeur des facultés, et en particulier de la « mémoire » (*memoria*) et de l'« invention » (*inventio*), pour prouver quoi que ce soit de l'existence de Dieu. La capacité rétrospective de la mémoire et la faculté prospective de l'invention importent plus que Dieu lui-même, simplement posé ici comme terme à toute grandeur supérieure ou tout au-delà de Dieu lui-même. Rien ne peut donc être conçu comme « plus grand » (*majus*) que ces facultés y compris en Dieu même pour Cicéron, sans que cela ne dise cependant rien de l'existence de Dieu lui-même.

On ajoutera même, pour ce qui est des sources païennes de l'argument, que Sénèque lui-même dans les *Questions naturelles* (*Quaestiones naturales*) fut en cela le digne successeur de Cicéron dans la généalogie de l'argument, quand bien même la traduction française du traité oublie malheureusement de le faire voir. L'âme en effet, indique la cinquième *Question naturelle* souvent éditée en guise de préface au traité,

---

31. CICÉRON, *Tusculanes*, tome I, Paris, Les Belles Lettres, 1931, Livre I, XXVI, 65, p. 40.

« commence à connaître Dieu ». Mais qu'« est-ce que ce Dieu » qu'elle connaît ? s'interroge le stoïcien. Une « grandeur » (*magnitudo*) « par quoi rien de plus grand ne peut être pensé » (*qua nihil maius cogitari potest*), écrit Sénèque, dans une nouvelle et étonnante proximité avec l'argument du *Proslogion* d'Anselme à venir [32]. La chose cette fois semble établie : non seulement les facultés n'ont pas de plus grande extension qu'en Dieu lui-même (Cicéron), mais Dieu est celui-là même dont « rien de plus grand ne peut être pensé » (Sénèque). Seule la mention de l'argument « en vue de prouver que Dieu est » manque ici à l'argumentation, et qui fera en propre le raisonnement d'Anselme dans sa double référence à Augustin et à Boèce cette fois.

Contre toutes les interprétations unilatéralement théologiques et exégétiques de l'argument, il convient donc au moins de reconnaître qu'un païen, voire deux, et même tous deux citoyens romains et stoïciens (Cicéron puis Sénèque), en furent l'une des principales sources, quand bien même il reviendrait en propre à Anselme d'avoir tourné la formulation de philosophique en théologique. Une certaine compréhension purement *métaphysique* de l'argument paraît donc sinon possible, au moins autorisée dans son origine même – ce que précisément, et dans la ligne de Cicéron, confirme en tout point l'avancée de la formulation dans la *Consolation de la philosophie* de Boèce cette fois.

Là encore souvent cité, mais jamais exploité, ce passage du livre III de la *Philosophiae consolationis* ouvre une nouvelle perspective qui, à nouveau ici, indique et signifie ce que « lire les Père au Moyen Âge » veut dire pour hier comme pour aujourd'hui. Certes, Boèce n'est pas un Père. Ou à tout le moins n'est-il pas simplement classable au nombre des « Pères ». En cela consiste précisément l'originalité du consul romain, non pas dans son contenu d'abord, mais en guise de référence. Tout le Moyen Âge, et en priorité Anselme par le relais de son maître Lanfranc, héritera de sa *logica vetus* qui fera passer la pensée du monde patristique au monde scolastique. Les outils changent, comme aussi la perspective, et tel est l'incontestable apport de Boèce contre tous ceux qui voudraient réduire l'archevêque de Cantorbéry à un simple « Père de l'Église ».

(a) Les outils d'abord. Le passage indiqué de la *Consolation de la philosophie* (L. III), dans une formulation que les traductions françaises ne rendent jamais littéralement au point d'oublier de faire voir *a posteriori* sa possible relecture à partir du corpus anselmien, ajoute à la première argumentation d'Augustin un trait de *logique* que celle-ci ne contenait en rien : « en effet, souligne Boèce, puisque rien ne peut être imaginé de meilleur que Dieu (*cum nihil deo excogitari queat*) [...], quand la raison nous prouve (*demonstrat*) que Dieu est le bien (*bonum esse*), elle nous convainc en même temps que la perfection du bien se trouve aussi en lui (*ut perfectum quoque in eo bonum esse convincat*). Car (*nam*), s'il n'est pas ainsi, Dieu ne pourra pas être le principe de toute chose (*rerum omnium princeps*) ; il y aura alors quelque chose (*aliquid*) qui

32. SÉNÈQUE, *Questions naturelles*, tome I, Paris, Les Belles Lettres, 1929, Liber primus (quintus), Préface (Praefatio), 13, p. 11.

sera plus haut que lui (*praestantius eo*), possédant le souverain bien et qui paraîtra l'avoir précédé dans les temps [...]. Ainsi, pour que notre raisonnement ne se prolonge pas indéfiniment (*ne in infinitum ratio prodeat*), il faut reconnaître que Dieu souverain porte en lui le bien souverain et parfait »[33]. La forme d'abord diffère, qui montre que lire les Pères au Moyen Âge ne signifie pas la même chose lorsqu'il s'agit du patristicien Augustin et du logicien Boèce. Ici, l'argument prend définitivement l'allure d'une démonstration, avec ses constats rationnels (« puisque la raison nous prouve »), ses hypothèses (« s'il n'en est pas ainsi »), ses conséquences (« il y aura alors quelque chose »), son impossible remontée de cause en cause (« pour que notre raisonnement ne se prolonge pas indéfiniment »), et ses termes métaphysiques (« Dieu souverain porte en lui le bien souverain et parfait »). Pourtant, l'argument est à peu de choses prêt le même, au moins au regard de saint Augustin. Pas davantage qu'Évodius, et contrairement à l'insensé d'Anselme, Boèce ne se pose la question de l'existence de Dieu, fût-ce en pensée seulement. Mieux, le but atteint est uniquement la perfection du souverain bien, et non pas son être, à croire qu'Anselme, connaissant mieux que quiconque la formulation métaphysique et cartésienne de l'argument à venir (« l'idée d'un être souverainement *parfait* » [5ᵉ *Méditation métaphysique*, AT VII, 52-54]), en avait déjà, comme par avance, refusé les termes pour le moins cette fois pas assez bibliques. Au regard de Boèce, l'abbé du Bec n'adopte pas sa langue (métaphysique), mais apprend de lui son langage (logique). En cela, les outils du consul romain deviennent aussi ceux de l'abbé du Bec (la dialectique), mais non pas sa visée (davantage métaphysique chez Boèce).

(b) D'où la différence radicale de perspective. Alors que Boèce cherche bien ici une « consolation de la philosophie », et c'est la philosophie qui parle – « mais où réside cette félicité ?, dit *la Philosophie* (*inquit Philosophia*), examine-le avec moi »[34] –, Anselme n'attend rien quant à lui d'une quelconque philosophie valant par soi, totalement absente du *Proslogion*, jusqu'au nom lui-même. Le théologique sert de porche au traité – « Excitation de l'esprit à la contemplation de Dieu (*excitatio mentis ad contemplendum Deum*) » [ch. I] – quand bien même un raisonnement de nature philosophique, mais non pas dans une langue métaphysique, pourrait aussi y prendre place : « que Dieu est vraiment (*quod vere sit Deus*) » [ch. II]. La philosophie ouvre le bal chez Boèce, quand elle s'insère seulement dans la danse chez Anselme. Cela l'abbé du Bec le savait, ou devait le savoir, ayant à la fois à sa disposition les œuvres de saint Augustin (et en particulier le *De doctrina christiana* et le *De libero arbitrio*), ainsi que la *Philosophiae consolatio* de Boèce. Le moine bénédictin ne choisit ni l'un (Augustin) à la place de l'autre (Boèce), ni l'un contre l'autre, le patristique contre le scolastique, ou le mystique contre le dialectique. Il fait de l'un et de l'autre une nouvelle unité : celle de son être personnel et de ses propres racines culturelles.

33. BOÈCE, *La consolation de la philosophie*, Paris, Garnier, 1960, texte et traduction en regard, III, Prose 10, 7-9, p. 127. Traduction modifiée pour la rapprocher d'Anselme, dont on trouvera la transcription la plus littérale dans la traduction éditée aux Belles Lettres, coll. « La roue à livres », Paris, 2002, p. 83.
34. *Ibidem*.

Représentant de cette « période intermédiaire » qu'il faudrait appeler, nous l'avons dit avec Southern en commençant, « le siècle, ou les siècles, des bénédictins », le moine bénédictin Anselme fait donc œuvre originale, avec les manuscrits à sa disposition (surtout Augustin et Boèce) en guise de *sources culturelles*, et sa propre expérience en fait et lieu de *source personnelle* (en tant qu'enfant dans la vision de la montagne à gravir et en tant qu'adulte dans le tiraillement interne de l'argument qui se montre à lui). L'ayant indiqué, reste maintenant à en faire la démonstration par la formulation de l'argument lui-même : *aliquid quo nihil majus cogitari possit* – « quelque chose dont rien de plus grand ne peut être pensé » (*Pros.*, II). Le « rapport du croire au comprendre », et le sens d'une « phénoménologie de la manifestation » plutôt que d'une « ontologie de l'existence », y prendront nécessairement part. Que l'on soit sensé ou non, l'épreuve de l'argument est, et restera toujours, le lieu d'une expérience : celle de la rencontre de Dieu certes (lecture théologique), mais aussi celle de la monstration d'un concept qui vaut par soi et indépendamment de toute confession de foi (lecture philosophique, ou mieux phénoménologique). Là se déchiffre une « expérience commune » des hommes entre eux, dont notre monde moderne a aussi un urgent besoin : « les infidèles (*infidelium*) cherchent une raison parce qu'ils ne croient pas (*quia non credunt*), indique Anselme dans une magistrale formule du *Cur Deus homo*, nous au contraire, parce que nous croyons (*quia crediumus*) : un et le même (*unum idemque*) est cependant ce que nous cherchons »[35]. *Unum idemque* – « un et le même » : tel est l'en commun qui fonde tout acte de rencontre de celui qui croit et de celui qui ne croit pas, pour hier comme pour aujourd'hui.

Développer et tirer tous les fils de cette nouvelle perspective, donner et justifier une nouvelle interprétation de l'argument, appelle à d'autres travaux que la seule tâche d'un déploiement du sens de la « réappropriation philosophique des Pères à l'époque médiévale » au sujet d'Anselme ne pouvait suffire à combler. Dans l'attente donc nous soupirons, voire nous supplions, à l'instar d'Anselme à l'ouverture du *Proslogion*, insatisfait quant à lui de sa vérité tant qu'elle n'est pas pleinement énoncée : « je te supplie, Seigneur, ne me laisse pas désespérer en soupirant, mais fais-moi respirer en espérant [...]. Apprends-moi à te chercher et montre-toi à celui qui te cherche. Car je ne puis ni te chercher si tu ne me l'apprends, ni te trouver si tu ne te montres. Que je te cherche en te désirant, et te désire en te cherchant, te trouve en t'aimant et t'aime en te trouvant [...]. Je ne cherche pas à comprendre pour croire (*neque quaero intelligere ut credam*), mais je crois pour comprendre (*sed credo ut intelligam*). Car je crois aussi que ne pourrais comprendre si je ne croyais pas » (*Pros.*, I).

1, rue René de Prie
37000 Tours

---

35. S. ANSELME, *Pourquoi un Dieu homme (Cur Deus homo)*?, in *L'œuvre de S. Anselme de Cantorbéry*, Paris, Cerf, 1988, t. 3, l. I, ch. III, p. 307 (trad. modifiée). Juste parallélisme que nous devons à P. VIGNAUX, *Philosophie au Moyen Âge, op. cit.*, p. 120.

RÉSUMÉ DE L'ARTICLE. — Anselme de Cantorbéry : dernier des Pères ou premier des scolastiques ? Les sources de l'argument. Par Emmanuel FALQUE.

On interprète souvent l'argument d' Anselme comme s'il venait de nulle part. La quête minutieuse de ses sources (Cicéron, Sénèque, Plotin, Augustin, Boèce...) et de l'expérience dans laquelle il s'enracine (l'enfant du Val d'Aoste) fait voir en saint Anselme, non pas le dernier des Pères, ni le premier des scolastiques, mais une figure originale, capable de faire de la raison elle-même le lieu d'une expérience mystique.

MOTS-CLEFS : argument ontologique – tradition/transmission – expérience mystique.

Anselme – Cicéron – Sénèque – Augustin – Denys – Boèce – Plotin.

SUMMARY OF THE ARTICLE. — Anselm of Canterbury : Last of the Fathers or First of the Scholastics? The sources of the Argument. By Emmanuel FALQUE.

Anselm's argument is often interpreted as if it came out of nowhere. Thorough research upon its sources (Cicero, Seneca, Plotinus, Augustine, Boethius...) and the experience in which it takes root (the child of Valle d'Aosta) brings to view in St. Anselm, neither the last of the Fathers, nor the first of the scholastics, but an original figure, capable of making reason itself the place of mystical experience.

KEY WORDS : ontological argument– tradition/transmission – mystical experience.

Anselm – Cicero – Seneca – Augustine – Dionysius – Boethius – Plotinus.

Rev. Sc. ph. th. 91 (2007) 109-127

LES PÈRES DANS L'EXÉGÈSE MÉDIÉVALE DE LA BIBLE

par Gilbert DAHAN

L'exégèse médiévale de la Bible se construit par additions successives, chaque génération apportant sa pierre à l'édifice commun, construction qui ne sera jamais achevée. Le message qu'elle a à déchiffrer, parce qu'il n'est autre que la Parole divine recueillie par l'homme, transcende l'intelligence de l'homme, dont l'effort d'interprétation sera infini. De ces présupposés se dégagent deux des caractères propres à l'exégèse médiévale : elle est traditionnelle, ce qui veut dire qu'elle assume, intègre, reconnaît tout son passé ; mais, en même temps, elle est vouée au progrès, à l'innovation dans sa quête sans fin. Plusieurs des textes que nous citerons tout à l'heure illustrent remarquablement ces deux dimensions. Il est nécessaire d'être conscient de ces options apparemment contradictoires mais qui donnent tout son intérêt à l'exégèse médiévale et expliquent une évolution qui, par exemple, fait coexister au même moment, chez un même auteur, une exégèse confessante et une exégèse de type scientifique[1]. Elles expliquent également la place particulière réservée aux Pères – et c'est de cela qu'il sera question ici. En faisant essentiellement parler les textes, je tâcherai de définir l'attitude générale des exégètes à l'égard de ce que nous appelons les auteurs patristiques, je déterminerai rapidement le rôle qu'ils jouent dans la construction exégétique et enfin je proposerai une typologie sommaire de leur utilisation.

1. LES PÈRES COMME *SACRA SCRIPTURA*

Je commencerai par un texte remarquable d'Henri de Gand (déjà signalé par Beumer[2]), dans sa *Summa quaestionum ordinariarum* ; il appartient à la première partie de la Somme qui, comme c'est toujours le

---

1. Voir G. DAHAN, *L'exégèse chrétienne de la Bible en Occident médiéval (XII*-XIV* s.)*, Paris, 1999.
2. J. BEUMER, *Die mündliche Überlieferung als Glaubensquelle*, Freiburg-Basel-Wien, 1962 (« Handbuch d. Dogmengeschichte » I/4), notamment p. 45-73, « Die Scholastik » (ici, p. 60).

cas dans les textes contemporains, propose une réflexion approfondie sur la science théologique. Il s'agit de la question 6 de l'article 8, « si la science théologique est parfaitement circonscrite dans les deux testaments »[3]. La réponse négative s'appuie sur deux arguments, le premier purement philosophique joue sur les rapports entre perfection et imperfection – je le laisserai de côté; le second se fonde sur une affirmation du Christ (*Jn* 16, 12) : « J'ai encore bien des choses à vous dire mais vous ne pouvez les porter maintenant », impliquant donc le caractère incomplet du message tel que le transmettent les Écritures. La réponse d'Henri de Gand est bien entendu positive : l'Écriture sainte est non seulement parfaite (c'est-à-dire complète) en elle-même mais recueillie (*conscripta*) d'une manière éminemment parfaite (*perfectissime*). Comme toujours, c'est dans la solution des arguments contraires que l'on trouve les choses les plus intéressantes et la démonstration du maître est véritablement passionnante; je ne pourrai malheureusement que résumer rapidement ce long texte. Henri de Gand va poser une continuité dans l'inspiration, du Premier Testament à ses contemporains : de même que l'enseignement du Christ venait expliquer et déployer l'enseignement de l'Ancien Testament (on a ici une explication extrêmement fine de la parole du Seigneur, *Non veni solvere legem sed adimplere*), de même l'enseignement des Apôtres expliquait et déployait celui du Christ – c'est-à-dire rendait explicite tout ce qui y était implicite; mais l'enseignement ne s'arrête pas là :

> « Il faut observer que c'est dans un rapport identique (*per illum eumdem modum*) à celui dans lequel l'enseignement des Apôtres se situe par rapport à celui de l'Ancien Testament et des évangiles, que se situe l'enseignement d'Augustin, d'Ambroise et des autres docteurs par rapport à celui de l'ensemble de la doctrine canonique, bien qu'il n'ait pas un poids égal du point de vue de l'autorité, parce qu'il n'apparaît pas que certains docteurs catholiques se soient exprimés dans l'Esprit Saint de la même manière que les Apôtres »[4].

Différence de degré dans l'inspiration, donc dans l'*auctoritas*, mais continuité, qui s'étend bien au-delà du groupe des « saints docteurs de l'Église », que nous appelons les Pères :

> « De même que les Apôtres ont expliqué des textes que le Christ n'avait pas expliqués, en se fondant sur l'exemple de ceux qu'Il avait exposés (*ad exemplar eorum quae ipse exposuit*), de même les docteurs catholiques, en se fondant sur (*ad exemplar*) les textes que le Christ et les Apôtres avaient exposés, doivent-ils (*debent*) expliquer ceux qu'ils n'ont pas expliqués, et cela

---

3. Éd. de 1520 (Josse Bade) [repr. St. Bonaventure, 1953], fol. 68r°-70r°, « Utrum perfecte conscripta est <scientia theologiae> in duobus testamentis ».

4. *Ibid.*, fol. 69v° : « Est etiam aduertendum quod per illum etiam eumdem modum quo doctrina apostolica se habet ad euangelicam et ad doctrinam veteris testamenti se habet doctrina doctorum Augustini, Ambrosii et caeterorum ad totam doctrinam canonicam, licet non aequale pondus auctoritatis obtineat : quia non constat ecclesiae doctores aliquos catholicos in Spiritu sancto fuisse loquutos, sicut constat ips<os> apostolos in eo fuisse locutos ».

jusqu'à la fin du monde, sans se satisfaire des commentaires anciens (*debent usque in finem mundi exponere nec antiquis expositionibus contenti esse*) »[5].

On ne saurait mieux dire le caractère infini de l'exégèse et la nécessité de son progrès! Je laisserai de côté les questions sous-jacentes, complexes, d'*auctoritas* et d'inspiration[6]. Pour la présente enquête, retenons simplement qu'il y a des degrés dans l'*auctoritas*, que, bien sûr, celle de la Bible est *a priori* supérieure à celle des saints, celle des saints supérieure à celle des maîtres (on se rappelle l'opposition qu'avait étudiée M.-D. Chenu entre *authentica* et *magistralia*[7]) – mais on verra que les choses ne sont pas aussi simples et que la *questio* scolastique tend à mettre l'ensemble des autorités qu'elle produit sur le même plan.

1. 1. La continuité de la tradition, que nous a expliquée Henri de Gand, a pour conséquence le classement des Pères comme partie intégrante de la *sacra Scriptura*. Ici encore, les présupposés de l'herméneutique médiévale nous apprennent à ne pas avoir une vue unilatérale et définitive des choses. Certes, la notion de canon, de corpus fermé des Écritures saintes a cours au Moyen Âge[8]. Mais en lisant les textes autoritatifs eux-mêmes, on se rend compte que la situation est différente de ce qu'elle sera bien plus tard, de ce qu'elle est aujourd'hui même (on se rappelle que c'est le concile de Trente qui fixe les règles observées jusqu'au XXe siècle) : n'y a-t-il pas, pour le Premier Testament, coexistence entre le canon de Jérôme (en gros, la Bible juive) et celui du *Decretum Damasii*, puis celui des bibles médiévales (qui incluent ce que nous appelons les deutéro-canoniques)[9]? On ne sera pas surpris que la notion d'Écriture sainte déborde ce que nous considérons être la Bible. Dans son traité *De scripturis et scriptoribus sacris*, Hugues de Saint-Victor est amené à décrire l'« ordre, le nombre et l'autorité des livres de la sainte Écriture » : pour l'Ancien Testament son canon est celui de Jérôme (les deutéro-canoniques « sont lus mais ne sont pas inscrits dans le canon »). Ce qui nous intéresse est sa division tripartite de chacun des deux Testaments : pour le Premier, il n'y a pas de problème, puisqu'il reprend le classement juif traditionnel, fourni par Jérôme, en trois *ordines*, Pentateuque ou Torah, Prophètes, Hagiographes (ici, il n'emploie pas ce terme). Pour le Nouveau Testament, encore trois ordres, mais nous pouvons être surpris : les évangiles constituent le premier, le deuxième est composé des Actes, des Épîtres pauliniennes, des Épîtres canoniques et de l'Apocalypse; le troisième ordre comprend les

---

5. *Ibid.* : « Sicut ergo apostoli exposuerunt scripturas non expositas a Christo, ad exemplar eorum quae ipse exposuit, sic catholici doctores ea quae nec Christus nec apostoli exposuerunt, ad exemplar illorum quae ipsi exposuerunt, debent usque in finem mundi exponere nec antiquis expositionibus contenti esse ».

6. Voir A. MINNIS, *Medieval Theory of Authorship. Scholastic literary attitudes in the later Middle Ages*, 2e éd., Aldershot, 1988; J. BEUMER, *L'Inspiration de la sainte Écriture*, trad. fr. A. LIEFOOGHE, Paris, 1972 (« Histoire des dogmes » 5).

7. M.-D. CHENU, *La théologie au douzième siècle*, 2e éd., Paris, 1966, p. 351-365.

8. Voir *L'exégèse chrétienne* (cité n. 1), p. 56-61.

9. Pour les bibles du XIIIe siècle, voir par exemple le tableau donné par R. BRANNER, *Manuscript Painting in Paris during the Reign of Saint Louis. A Study of Styles*, Berkeley-Los Angeles, 1977, p. 154-155; il faut, bien sûr, ajouter les Psaumes (absents de certaines bibles).

« décrétales » et les écrits des saints Pères, « Jérôme, Augustin, Ambroise, Grégoire, Isidore, Origène, Bède et autres docteurs, dont le nombre est infini »[10]. Liste intéressante à divers titres, puisqu'elle inclut Origène et deux auteurs du haut Moyen Âge, Isidore et Bède. Cependant, Hugues observe que « les écrits des Pères ne sont pas comptés dans le texte des divines Écritures » et qu'ils ont un statut comparable à celui « des livres de l'Ancien Testament qui ne sont pas inscrits dans le canon mais sont lus, comme la Sagesse de Salomon et autres »[11]. Mais quand on sait qu'en fait les deutéro-canoniques font partie de la Bible latine, l'inclusion des écrits patristiques dans les Écritures saintes ne fait pas de doute ; ce que confirme le parallèle établi par Hugues à la fin de son chapitre :

> Ancien Testament : la Loi [Moïse] > les Prophètes > les auteurs des Hagiographes
> Nouveau Testament : l'Évangile [Jésus] > les Apôtres > les docteurs.

On trouve plus tard, au début du XIVᵉ siècle, une conception similaire, certes bien plus nuancée et dans un contexte différent : dans la controverse avec les juifs, le corpus des autorités ne se limite plus à la Bible hébraïque mais intègre la littérature rabbinique. Nicolas de Lyre propose dans son opuscule *Utrum ex sacris scripturis receptis a Iudeis possit efficaciter probari Salvatorem nostrum fuisse Deum et hominem* une typologie de ces Écritures sacrées admises par les juifs : les livres canoniques de la Bible hébraïque et leurs traductions araméennes, les textes autoritatifs comme le Talmud qui, nous dit-il, « ne diffère pas en dignité des écritures canoniques » ; enfin, « les œuvres des docteurs hébraïques qui ont glosé l'Ancien Testament sont considérées comme autoritatives par les juifs », et Nicolas de Lyre fait un parallèle avec les textes de Jérôme, Augustin et autres docteurs catholiques, en observant cependant que le degré d'autorité est moindre chez les chrétiens que celui des exégètes chez les juifs[12]. Là encore, nous avons un classement qui vise à intégrer les Pères à un corpus autoritatif d'écritures saintes.

1. 2. Mais qui sont ces docteurs? Je me garderai bien de proposer une définition des Pères chez les médiévaux, mais la liste d'auteurs énumérés par Hugues de Saint-Victor, de même que l'invitation à toujours progresser chez Henri de Gand, nous amènent à nous interroger sur les limites éventuelles de ce corpus. Même s'il semble bien que les auteurs les plus anciens, ceux que nous appelons proprement les « Pères de l'Église », aient une place à part, on hésite à tracer des fron-

---

10. *De Scripturis et scriptoribus sacris*, c. 6, PL 175, 15-16. Par « décrétales », il faut entendre les textes de droit canon ayant force d'autorité (bulles pontificales, canons de conciles...).

11. *Ibid.*, col. 16 : « Haec tamen scripta Patrum in textu divinarum Scripturarum non computantur, quemadmodum in Veteri Testamenti, ut diximus, quidam libri sunt qui non scribuntur in canone, et tamen leguntur, ut Sapientia Salomonis et caeteri ». Sur ce point, voir R. BERNDT, « Gehören die Kirchenväter zur Heiligen Schrift? Zur Kanontheorie des Hugo von St. Viktor », *Jahrbuch für biblische Theologie* 3 (1988) 191-199.

12. Ms. *Paris, BnF lat. 3644*, fol. 1v ; voir G. DAHAN, *La polémique chrétienne contre le judaïsme au Moyen Âge*, Paris, 1991, p. 113-115.

tières dans le temps. Il y a, bien sûr, les *laudatores acti temporis* qui récusent toute autorité à des contemporains ou à des auteurs proches. Sans même parler de Roger Bacon, dont on connaît bien les critiques acerbes à l'égard de ses pairs (il se scandalise, par exemple, que le vulgaire s'imagine qu'un Alexandre de Halès ou d'autres maîtres sachent tout et que l'on adhère à eux comme à des anges !)[13], on citera, à la fin du XIIᵉ siècle, un Étienne de Tournai, qui dénonce au pape les nouveautés de l'enseignement de son temps :

> « Les études des lettres sacrées sont tombées chez nous dans le champ de la confusion : les élèves applaudissent aux seules nouveautés et les maîtres se préoccupent de gloire plutôt que de science, écrivant de surprenantes nouvelles petites sommes et des commentaires qui s'appuient sur des réflexions théologiques, avec lesquels ils s'efforcent de séduire, de captiver et de tromper, comme si ne suffisaient pas les opuscules des saints Pères, dont nous lisons qu'ils ont expliqué l'Écriture sainte avec la même inspiration qui, croyons-nous, a incité les Apôtres et les Prophètes à la rédiger »[14].

Ici, la frontière est nette : l'Esprit ne souffle plus sur les contemporains, auteurs de *summulae* et de *commentaria*. Il s'agit ici des gens de la génération d'Étienne de Tournai. Mais, quelles que soient les protestations, il faut reconnaître que le corpus des autorités s'accroît de génération en génération, comme on le voit dans un passage du *De reductione artium ad theologiam* de Bonaventure : l'Écriture enseigne essentiellement trois choses, la génération éternelle et l'incarnation du Christ (c'est-à-dire la foi), une règle de vie (c'est-à-dire la morale), l'union de l'âme et de Dieu (c'est le but de l'une et de l'autre). Chacun de ces trois domaines appartient davantage à l'enseignement d'un Père : le premier, Augustin (docteur), le deuxième, Grégoire (prêcheur), le troisième, le pseudo-Denys (contemplatif). Or chacun d'eux est repris par un auteur plus récent : Anselme suit Augustin, Bernard suit Grégoire, Richard [de Saint-Victor] suit Denys – Hugues [de Saint-Victor] réunit les trois enseignements[15]. On verra plus précisément dans un instant comment les listes d'autorités mêlent Pères proprement dits et auteurs du haut Moyen Âge et du XIIᵉ siècle, confirmant qu'en réalité les frontières restent indécises. De même, à propos de l'utilisation des Pères, nous poserons la question du degré d'autorité de leurs écrits par rapport au texte biblique.

13. Roger BACON, *Opus minus*, éd. J. S. BREWER, Londres, 1859, p. 327 : « [...] Nam vulgus credit quod omnia sciverunt et eis adhaeret sicut angelis ».

14. *Epist.* 251, PL 211, 517 : « Lapsa sunt apud nos in confusionis officinam sacrarum studia litterarum, dum et discipuli solis novitatibus applaudunt, et magistri gloriae potius invigilant quam doctrinae, novas recentesque summulas et commentaria firmantia super theologica passim conscribunt, quibus auditores suos demulceant, detineant, decipiant, quasi nondum sufficerint sanctorum opuscula patrum, quos eodem spiritu sacram Scripturam legimus exposuisse quo eam composuisse credimus apostolos et prophetas ».

15. *De reductione artium ad theologiam*, § 5, *Opera omnia*, éd. de Quaracchi, t. V, 1891, p. 321.

2. LE RÔLE DÉTERMINANT DE CERTAINS COMMENTAIRES

Pour l'heure, nous nous livrerons à un travail moins spéculatif en nous interrogeant sur les Pères les plus présents dans l'exégèse du XIIe et du XIIIe siècle principalement. Nous ferons cette enquête en deux temps : en constatant d'abord que certains auteurs jouent un rôle déterminant dans les commentaires de livres donnés ; puis en évoquant le genre du commentaire anthologique. En effet, certains auteurs, de l'époque patristique comme du haut Moyen Âge, sont privilégiés mais font l'objet d'une certaine spécialisation. Certes, il y a dans l'exégèse médiévale un recours constant aux Pères, notamment aux principaux Pères latins (Hilaire, Ambroise, Jérôme, Augustin, Grégoire) dans ce que l'on pourrait appeler des citations illustratives ou justificatives, l'autorité du Père en question venant appuyer l'énoncé de telle ou telle idée ; mais cela n'est évidemment pas propre à l'exégèse[16]. En dehors de cette utilisation commune, nous intéresse davantage ici ce que j'appellerai une utilisation spécialisée et proprement exégétique.

2. 1. Les prologues de certains commentaires de la *Postille* de Hugues de Saint-Cher fournissent quelques indications à cet égard. Les recherches récentes ont montré que ce vaste ensemble, portant sur la totalité de la Bible, était le résultat des travaux d'une ou plusieurs équipes de dominicains, placées sous le contrôle ou la direction de Hugues[17] (ce qui explique les différences de traitements des livres bibliques et que seuls quelques prologues contiennent les renseignements que nous allons exploiter ici). Plusieurs prologues, notamment ceux qui présentent un schéma d'*accessus*, fournissent un résumé de l'histoire de l'exégèse du livre biblique étudié[18]. Dans notre perspective, la *Postille* de Hugues est précieuse, puisque son initiateur voulait rassembler la totalité des éléments de la tradition exégétique antérieure, tout en renouvelant l'approche, du fait des changements dans les structures de l'enseignement et des méthodes d'étude textuelle récemment développées. Les prologues de l'Exode et du Lévitique sont les plus intéressants. Celui de l'Exode examine la notion de Loi, affirmant qu'il y a eu des destructeurs de la Loi, les Pharisiens, et d'autres qui l'ont réédifiée (*reedificatores*), à savoir le Seigneur lui-même, les Apôtres et les saints commentateurs ; Hugues nomme Augustin, Grégoire, Jérôme, Isidore, Origène, Hésychius, Raban [Maur], Haymon [d'Auxerre], Raoul [de Flay], Bède, Denys, Hippolyte, Damascène, Chrysostome, Ambroise *et multi alii*[19]. Liste assez hétéroclite, qui ne se limite pas vraiment à des commentateurs de l'Exode ; on remarque la présence de quelques Pères grecs, d'auteurs du haut Moyen Âge et même d'un commentateur relativement récent, Raoul de Flay, dont l'ouvrage sur le Lévitique est deve-

---

16. Sur les Pères dans l'exégèse, on trouvera de nombreux renseignements chez H. de LUBAC, *Exégèse médiévale. Les quatre sens de l'Écriture*, Paris, 1959-1964.

17. Voir plusieurs des études réunies dans le volume *Hugues de Saint-Cher († 1263), bibliste et théologien*, éd. L.-J. BATAILLON, G. DAHAN et P.-M. GY, Turnhout, 2004.

18. Voir G. DAHAN, « L'exégèse de Hugues. Méthode et herméneutique », dans *Hugues de Saint-Cher*, p. 65-99 (notamment p. 70-72).

19. Éd. de Lyon, 1645, t. I, fol. 75ra.

nu au XIIIe siècle le commentaire standard. Le prologue du Lévitique ne le nomme pourtant pas : Hugues signale les homélies d'Origène et note qu'Hésychius a fait un commentaire prolixe, dont Raban a recueilli des extraits[20]. Les autres prologues se référant à des commentateurs antérieurs se limitent à un seul nom et, dans la plupart des cas (Ruth, Judith, Esther, Maccabées), il s'agit encore de Raban Maur, rédacteur de commentaires anthologiques qui semblent ainsi avoir eu une grande influence et sur lesquels nous allons revenir.

2. 2. Dans les commentaires mêmes, certains noms sont récurrents. Il ne saurait être question d'établir des listes exhaustives. On se limitera à quelques cas. Jérôme est souvent utilisé dans l'exégèse de la Genèse : ses *Quaestiones hebraicae* sont en effet l'une des sources majeures de l'exégèse littérale du premier livre de la Bible. On le trouve également très utilisé pour les livres prophétiques, à la fois pour son recours aux vieilles latines, pour ses interprétations historiques mais aussi pour certaines exégèses spirituelles[21]. Notons que sa présence est encore plus considérable quand on se rappelle que ses prologues (ou des textes jouant ce rôle) sont très rapidement mis en tête d'un grand nombre de livres bibliques – lesquels prologues font aussi l'objet de commentaires, comme c'est le cas par exemple systématiquement dans la *Postille* de Hugues de Saint-Cher. Autre manifestation de la présence de Jérôme : le recours aux commentaires sur les Rois et les Chroniques d'un auteur de l'époque carolingienne (sans doute un juif converti), qui se présentent à la manière des *Quaestiones hebraicae* et sont vite attribués à Jérôme[22]. Augustin est un auteur encore plus présent dans l'exégèse médiévale : le *De Genesi ad litteram*, les *Enarrationes in Psalmos* et le commentaire de Jean sont souvent utilisés pour ces différents livres; la *Cité de Dieu* fournit aux exégètes une documentation historique; pour le Pentateuque, Josué et les Juges, les *Quaestiones in Heptateuchum* jouent un rôle comparable à celui des questions de Jérôme sur la Genèse; mais j'ai bien souvent rencontré des citations attribuées à saint Augustin qu'il ne m'a pas été possible d'identifier malgré le recours aux concordances. Sur les évangiles, il me semble qu'Ambroise n'est que médiocrement cité, alors que dès la seconde moitié du XIIe siècle Jean Chrystostome (ou plutôt le pseudo-Chrysostome) apparaît constamment, non seulement sur Matthieu mais sur les autres évangiles[23]. Sur les épîtres pauliniennes, le nom d'Ambroise est toujours cité; mais il s'agit évidemment de l'Ambrosiaster. À côté de ces auteurs anciens, il faut noter que le rôle de commentaire standard est joué par des textes postérieurs; on a vu que Raban Maur apparaît fréquemment chez Hugues de Saint-Cher; on relève aussi la présence de Bède ou

20. *Ibid.*, fol. 102vb. En réalité, la présence de Raoul de Flay dans la liste concernant l'Exode est une erreur; c'est bien dans celle du Lévitique qu'il aurait dû figurer.

21. Sur la présence de Jérôme, voir H. de LUBAC, *Exégèse médiévale*, t. II/1, p. 199-285 (mais tend à réduire l'utilisation de Jérôme à l'exégèse littérale dans son opposition à l'exégèse spirituelle).

22. Sur ce pseudo-Jérôme, voir les travaux d'A. SALTMAN, notamment son éd. *Pseudo-Jerome. Quaestiones on the Book of Samuel*, Leyde, 1975.

23. Il s'agit de l'*Opus imperfectum in Matthaeum*, PG 56, 611-946, rédigé directement en latin, probablement au Ve siècle (par un auteur arien?).

d'Haymon d'Auxerre. Des commentaires du XIIe siècle deviennent également des classiques : saint Bernard pour le Cantique, Raoul de Flay
pour le Lévitique, André de Saint-Victor pour Isaïe. Cela n'est pas notre
propos ici, mais il convient de rappeler que, pour les médiévaux, la
tradition des Pères ne s'interrompt pas. Sur un autre plan, une étude
plus complète devrait analyser le rôle joué par les homéliaires dans la
diffusion des textes patristiques.

   2. 3. Il faut mettre à part les ouvrages de Grégoire le Grand, qui est
la source majeure dans le domaine de l'exégèse spirituelle[24]. Ses homélies sur Ézéchiel et sur les évangiles sont souvent mises à contribution
mais ce sont les *Moralia in Iob* qui alimentent l'interprétation mystique.
Il faut distinguer du reste dans cet ouvrage ce qui est proprement
commentaire de Job et ce qui est d'ordre plus général, faisant de cet
ouvrage un véritable manuel d'exégèse spirituelle. Comme commentaire
d'un livre précis, les *Moralia* sont la source essentielle pour l'étude de
Job jusqu'au XIIIe siècle; les choses commencent alors à changer, notamment du fait de l'influence du *Guide des égarés* de Maïmonide, traduit en latin dès 1230 environ, qui voit dans Job une réflexion sur la
Providence. En fait, dès le commentaire volumineux de Roland de
Crémone, la perspective s'était quelque peu modifiée[25]; mais c'est saint
Thomas qui rompt le plus clairement avec la tradition grégorienne; le
prologue de son commentaire, dans lequel s'exprime une belle confiance en les progrès de la raison humaine, affirme cette rupture :
« Nous avons l'intention d'expliquer ce livre selon le sens littéral; le
pape Grégoire nous a en effet éclairés sur ses mystères avec tant de
subtilité et d'éloquence, qu'il semble qu'on ne doive rien y ajouter »[26].
Mais, d'autre part, les *Moralia in Iob* irriguent toute l'exégèse de la Bible,
en proposant constamment des interprétations allégoriques ou tropolo-
giques à nombre de versets scripturaires. Plusieurs florilèges des *Moralia* ont été composés, dont les plus importants, dans notre perspective,
sont ceux de Patère (Ancien et Nouveau Testament) et d'Alulfe (Nouveau Testament), qui classent les extraits dans l'ordre même du texte
biblique[27]. Que ce soit par son intermédiaire, par celui d'autres florilèges ou par un recours à l'original, les *Moralia* sont très souvent cités.

---

   24. Voir notamment H. de LUBAC, *Exégèse médiévale*, t. I/2, p. 537-548, « Le Moyen
Âge grégorien »; R. WASSELYNCK, « L'influence de l'exégèse de S. Grégoire le Grand
sur les commentaires bibliques médiévaux (VIIe-XIIe s.) », *Rech. de théol. anc. et méd.* 32
(1965) 157-204.
   25. Cf. A. DONDAINE, « Un commentaire scripturaire de Roland de Crémone : le
Livre de Job », *Archivum Fratrum Praedicatorum* 11 (1941) 109-137.
   26. *Expositio super Iob ad litteram*, éd. Léonine, Rome, 1965 (Opera omnia, 26),
p. 4. Je me permets de renvoyer au résumé de mon séminaire à l'École pratique des
hautes études, « L'exégèse du livre de Job au XIIIe s. », *Annuaire EPHE*. Section des
sciences religieuses 109 (2000-2001), p. 381-382. Voir aussi, sur le prologue de saint
Thomas, mon étude « *Ex imperfecto ad perfectum* : le progrès de la pensée humaine
chez les théologiens du XIIIe siècle », dans *Progrès, réaction, décadence dans l'Occident
médiéval*, éd. E. BAUMGARTNER et L. HARF-LANCNER, Genève, 2003, p. 259-280.
   27. PL 79, 683-1136 (*Sancti Paterii liber de expositione Veteris ac Novi Testamenti de
diversis libris sancti Gregorii concinnatus*) et 1137-1424 (*Alulfi de expositione Novi
Testamenti*). Sur les florilèges de Grégoire, voir G. BRAGA, « Le *Sententie morales super*

3. LES COMMENTAIRES ANTHOLOGIQUES

Les commentaires anthologiques nous permettent également d'évaluer l'importance de la présence des Pères dans l'exégèse. J'appelle ainsi un genre qui perdure pendant tout le Moyen Âge et exprime à l'état pur, pourrait-on dire, le caractère traditionnel de l'exégèse médiévale. Il s'agit donc de commentaires composés essentiellement de fragments pris à des auteurs antérieurs et qui, ainsi, sont à peu près les équivalents des chaînes exégétiques grecques de l'Antiquité. Cependant, à la différence de celles-ci, il y a toujours un apport du compilateur. La démarche qui préside à ces anthologies est décrite par plusieurs auteurs : il s'agit, comme le dit par exemple Rainaud de Saint-Eloi, de cueillir dans le vaste pré de la tradition des fleurs qui, mises ensemble, formeront un bouquet propre à séduire le lecteur[28].

3. 1. Dans l'exégèse du haut Moyen Âge, le commentaire anthologique domine ; seuls les ouvrages de Paschase Radbert n'appartiennent pas à ce genre, bien qu'on trouve aussi en abondance dans ses commentaires des morceaux pris à différents auteurs. L'auteur le plus représentatif est sans doute Raban Maur. Prenons à titre d'exemple son commentaire du chapitre 38 de la Genèse (l'histoire de Juda et Tamar)[29]. On peut délimiter huit morceaux dans ce passage : comme on s'y attendait, les *Questiones* de saint Augustin (extraits 1 et 3) et celles de Jérôme (extraits 2, 5, 6, 7) jouent le rôle principal ; mais l'extrait 8, le plus long, est tiré du *Contra Faustum* d'Augustin ; or ce n'est pas directement au texte augustinien que Raban a recours : il trouve en effet ce passage dans les *Quaestiones in Vetus Testamentum* d'Isidore de Séville[30], et c'est de là qu'il le copie ; pour les auteurs du haut Moyen Âge, comme pour ceux qui leur sont postérieurs le rôle des sources intermédiaires (que souvent nous ne connaissons pas encore) est capital. Dans ce texte de Raban, je n'ai pas pu identifier l'extrait 4, une brève discussion sur la fidélité de Juda à la promesse qu'il avait faite à celle qu'il prenait pour une prostituée. Jean-Louis Verstrepen a montré qu'une étude attentive des textes de Raban Maur permettait de déceler des interventions qui vont dans le sens d'une actualisation[31] ; il s'agit d'une analyse extrêmement fine, l'impression que l'on a immédiatement étant que Raban s'est contenté de mettre bout à bout des extraits d'auteurs plus anciens. D'autre part, on a vu que, pour plusieurs textes bibliques, Raban fournissait les commentaires standards : il faisait passer ainsi des faisceaux exégétiques – et c'est son nom que retenaient les médiévaux, plus que celui des auteurs sélectionnés. Il faut citer encore, pour le haut Moyen Âge, au moins les commentaires d'Angelome de

---

Job Ioannis abbatis. Ricerche sulle epitomi altomedievali dei Moralia », in *Studi sul medioevo cristiano offerti a R. Morghen*, Rome, 1974, t. I, p. 153-231.

28. *Prologue du Pentateuque*, éd. G. DAHAN, « Une introduction à l'étude de l'Écriture au XIIe s. : le Prologue du Commentaire du Pentateuque de Rainaud de Saint-Éloi », *Rech. de théol. anc. et méd.* 54 (1987) 27-51 (ici, p. 42).

29. PL 107, 625-630.

30. PL 83, 268-271.

31. J.-L. VERSTREPEN, « Raban Maur et le judaïsme dans son commentaire sur les quatre livres des Rois », *Revue Mabillon* 68 (1996) 23-55.

Luxeuil, sur lesquels Mme Silvia Cantelli a fait un remarquable travail d'identification des sources [32] : les Pères y ont la place majeure mais les auteurs immédiatement antérieurs sont utilisés abondamment; la chaîne de la tradition ne connaît pas de rupture.

3. 2. Cette démarche « anthologique » se poursuit et connaît sa consécration avec la *Glossa* dite plus tard *ordinaria*, dont la rédaction se fait à Laon puis Auxerre au début du XIIe siècle [33]. Bien qu'il n'entre évidemment pas dans notre propos de nous livrer à son étude, plusieurs remarques peuvent être faites rapidement, par rapport au problème qui nous préoccupe. D'une part, la *Glose* d'Anselme de Laon et de ses collaborateurs est le texte qui, pour des raisons diverses, a réussi, dans une production assez importante consistant à transcrire autour du texte biblique des fragments de commentaires [34] (de même, quelques générations plus tard, au sein d'une production relativement abondante de recueils de Sentences, c'est celui de Pierre Lombard qui devient le texte de référence). D'autre part, la confection et le succès de la *Glossa ordinaria* ne condamnent pas la production de commentaires anthologiques qui n'ont pas la forme matérielle de celle-ci; le commentaire contemporain du bénédictin Rainaud de Saint-Éloi, essentiellement anthologique, est significatif à cet égard [35]. Il faut aussi noter que le rôle des auteurs de la *Glossa* ne se limite pas à un simple travail de compilation, si intéressant soit-il : les apports propres ne sont pas négligeables, particulièrement dans le travail de synthèse effectué dans la glose interlinéaire. Enfin, du point de vue qui est ici le nôtre, si les Pères latins nourrissent une grande part de cette anthologie, les auteurs du haut Moyen Âge y sont très bien représentés, non seulement par leur rôle d'intermédiaires mais aussi en tant que tels – et alors ils sont nommés : Bède, Isidore, Raban (ces trois-là ont une importance considérable), Rémi, Angelome, Haymon et quelques autres. Nous prendrons de nouveau un exemple dans la Genèse, avec cette fois le chapitre 34 (histoire de Dina) [36] : il y a huit gloses marginales, que l'on peut identifier ainsi : Augustin, *Quaestiones in Heptateuchum* (gloses 3, 5, 7, 8 – cette dernière également chez Raban Maur); Jérôme, *Hebraicae quaestiones in Genesim* (glose 4), Grégoire le Grand, *Regula pastoralis* (glose 1), Raban Maur (sous le nom de Strabon, glose 6) et une glose que je n'ai pas pu identifier (n° 2 : elle fournit essentiellement l'*interpretatio* de Dina). Comme chez Raban Maur, on est frappé par la présence massive des *Quaestiones* de saint Augustin, texte auquel l'on ne s'intéresse pas trop aujourd'hui mais qui, on le voit, fournit des éléments solides pour l'exégèse littérale. Bien entendu, le corpus des textes sources varie selon les livres bibliques.

32. . CANTELLI, *Angelomo e la scuola esegetica di Luxeuil*, Spolète, 1990.

33. Voir en dernier lieu G. MAZZANTI, « Anselmo di Laon, Gilberto l'Universale e la *Glossa Ordinaria* alla Bibbia », *Bullettino dell'Istituto Storico Italiano per il Medio Evo* 102 (1999) 1-18; A. ANDRÉE, éd., *Gilbertus Universalis. Glossa ordinaria in Lamentationes Ieremie Prophete*. Prothemata et Liber I, Stockholm, 2005.

34. Voir B. SMALLEY, « Les commentaires bibliques de l'époque romane : glose ordinaire et gloses périmées », *Cahiers de civilisation médiévale* 4 (1961) 15-22.

35. Voir l'étude citée supra n. 28.

36. Impression de Strasbourg (Ad. Rusch), 1480-81 [repr. Turnhout, 1992], *ad loc.*

3. 3. Comme je le faisais observer, la composition de commentaires anthologiques ne s'interrompt pas du fait du succès de la *Glossa* : en réalité, si dans la première moitié du XIIᵉ siècle les textes concurrents s'essoufflent rapidement, à partir de la seconde moitié du même siècle ce que l'on peut encore considérer comme des commentaires anthologiques va être un genre beaucoup plus spécialisé. Je ne donnerai qu'un exemple, celui de l'*Unum ex quatuor* de Zacharie de Besançon, qui se définit comme commentaire d'une « harmonie » ou « concorde des évangiles », qui est en fait la traduction latine du *Diatessaron* de Tatien (Zacharie énumère lui-même l'ensemble des concordances connues)[37]. Bien que la part de l'auteur paraisse assez grande, il s'agit encore d'un commentaire anthologique. Dans l'une des préfaces, Zacharie énonce ses sources :

> « Nous faisons savoir au lecteur que nous avons tiré des lumières de Jé-rôme, d'Hilaire, de Raban pour le commentaire de Matthieu ; de Jérôme et de Bède pour Marc ; d'Ambroise et de Bède pour Luc ; d'Augustin et de son compilateur Alcuin pour Jean. En outre, nous ont éclairé l'œuvre d'Augustin, les homélies d'Origène, de Grégoire, de Jean Chrysostome et de nombreux autres »[38].

Le corpus est en effet assez vaste et particulièrement intéressant dans son utilisation d'auteurs tardifs tels que Junillus l'Africain, Sedu-lius ou Arator et aussi de contemporains, désignés par l'appellation de *magistri*. On notera évidemment, dans la liste fournie par l'auteur, la présence de Pères grecs, notamment celle de Jean Chrysostome (c'est encore le pseudo-Chrysostome de l'*Opus imperfectum*), qui va être dé-sormais omniprésent dans les commentaires de Matthieu (et plus géné-ralement des évangiles).

3. 4. Plus d'un siècle plus tard, on a de nouveau un commentaire an-thologique « spécialisé » avec la *Catena aurea* de Thomas d'Aquin sur les évangiles. Giuseppe Conticello a fort bien mis en lumière le recours aux Pères grecs, que saint Thomas avait fait traduire et qu'il introduisait ainsi dans l'exégèse biblique[39]. Pour donner une idée de la richesse de sa documentation patristique j'énumérerai la liste des autorités qui nourrissent le commentaire de *Mt* 26, 22-26, institution de l'eucha-ristie[40] :

— Pères latins : Cyprien, Ambroise (et en fait l'Ambrosiaster), Jérôme, Augus-tin, Grégoire, le pape Léon
— Pères grecs : Denys, Jean Chrysostome
— auteurs du haut Moyen Âge : Rémi d'Auxerre.

37. PL 186, 11-620. Voir B. de VREGILLE, « Notes sur la vie et l'œuvre de Zacharie de Besançon », *Analecta Praemonstratensia* 41 (1965) 293-309.

38. PL 186, 45 : « Notum facimus lectori quod expositionis lucem sumpsimus ab Hieronymo, Hilario, Rabano super Mattaeum, ab Hieronymo et Beda super Marcum, in Lucam vero ab Ambrosio et Beda, In Ioannem ab Augustino et eius abbreviatore Albino. Insuper opus illuminant Augustinus [...], homiliae Origenis, Gregorii, Ioannis Chrysostomi et aliorum plurimorum ».

39. C. G. CONTICELLO, « San Tommaso ed i Padri : la Catena aurea super Ioan-nem », *AHDLMA* 57 (1990) 31-92.

40. *Catena aurea in quatuor evangelia*, éd. A. GUARIENTI, n. éd., Turin-Rome, 1953, t. I, p. 383-386.

Le corpus est bien plus vaste : on a recensé 57 auteurs grecs et 22 auteurs latins. Mais, comme on le voit par l'exemple donné, l'utilisation des Pères latins est la plus importante.

De cet ensemble de textes, on peut tirer des enseignements divers. Les Pères constituent bien le socle sur lequel se bâtit la tradition – une tradition ininterrompue et renouvelée. Comme on s'y attend, certains noms dominent, notamment ceux issus de la tradition latine, auxquels il faut ajouter, outre Jean Chrysostome, Origène, dont on sait évidemment que certaines thèses ont fait l'objet de critiques sévères mais qui, parce que ses traductions ont été rapidement mises à la portée de l'Occident, joue un rôle similaire à celui des Pères latins[41]. Enfin, il conviendrait d'étudier à part le pseudo-Denys, que l'on voit sporadiquement cité dans les commentaires mais dont les écrits ont eu une importance capitale dans la réflexion et le renouvellement herméneutiques aux XIIe et XIIIe siècle.

4. L'UTILISATION DES PÈRES

Il est temps maintenant de s'interroger sur la manière dont les Pères ont été utilisés dans l'exégèse médiévale. Je proposerai deux approches de cette vaste question, l'une fondamentale, l'autre plus limitée. L'approche « fondamentale » est liée au problème de la concordance ou de la discordance des Pères. et j'analyserai le sujet en trois points.

4. 1. *Les interprétations multiples.* L'une des caractéristiques majeures de l'exégèse médiévale est qu'elle ne propose presque jamais d'interprétations univoques. Un verset biblique n'a pas *une* signification unique mais est susceptible de recevoir des interprétations multiples. Ce présupposé fonde évidemment le principe des différents niveaux d'exégèse, les fameux « sens de l'Écriture », mais il explique aussi qu'à l'intérieur d'un même niveau de signification on puisse avoir une superposition d'explications différentes ; j'ai employé ailleurs l'expression de « mitraillage herméneutique » : il s'agit en effet, par une accumulation d'exégèses, de tenter d'épuiser la richesse d'un texte biblique donné, tout en sachant que l'on ne parviendra pas à réduire à des mots humains une Parole transcendante. Bien sûr, la convocation des interprétations patristiques est le fondement de cette démarche, que l'on rencontre également dans l'exégèse juive traditionnelle. Le marqueur caractéristique est l'adverbe *aliter*, « autrement », plus rarement l'expression *alia expositio*. La *Glossa ordinaria* se contente quant à elle d'empiler dans ses marges de telles interprétations multiples. La démarche concerne aussi bien l'exégèse spirituelle (et l'on comprend assez facilement que les traitements d'un même thème puissent différer) que l'exégèse littérale (les points de vue pouvant varier d'un auteur à l'autre).

4. 2. *La questio.* La juxtaposition d'autorités peut mener à un constat de divergences. On connaît les études anciennes relatives au principe

---

41. Voir par exemple H. de LUBAC, *Exégèse médiévale*, t. I/1, p. 221-304.

diversi sed non adversi [42] et l'on sait le rôle joué à cet égard par le *Sic et non* de Pierre Abélard, qui tente de réduire les oppositions mais qui, quand on est arrivé à la limite de ces réductions, laisse la « raison » ou l'intelligence du lecteur trancher entre ceux qui disent *Sic* et ceux qui disent *Non* [43]. Dans les commentaires mêmes, ces discussions prennent au cours du XIIe siècle la forme de *questiones*; certes l'utilisation de la *questio* en exégèse biblique est ancienne comme l'ont rappelé les titres des deux ouvrages, souvent cités ici, de Jérôme et d'Augustin. Mais le XIIe siècle va formaliser la procédure, soit en la retirant du commentaire proprement dit (ainsi les *questiones* de Robert de Melun ou les *disputationes* de Simon de Tournai [44]), soit en l'y maintenant mais, dans ce cas, en en limitant la longueur. On peut citer par exemple une question de Robert de Melun sur *1 Co* 7, 20, où l'Apôtre affirme : *Que chacun demeure dans la condition où il se trouvait quand il a été appelé*; « Jérôme et Augustin semblent en désaccord, le premier, Jérôme, ne veut pas que quiconque demeure dans le rite des gentils ou des juifs s'il a été appelé à la foi; quant à Augustin il dit que chacun doit rester dans le statut où il se trouvait, de peur de scandaliser les faibles, si du moins ce statut ne constitue pas un obstacle à la foi... » [45]; ici, Robert se contente de relever les opinions opposées, sans tenter de résoudre la contradiction ni même de l'expliquer; mais sans doute cela était-il l'objet de la leçon orale. Le cas le plus intéressant est celui d'Étienne Langton, chez qui la *questio*, une question réduite à ses éléments essentiels (interrogation et réponse, avec parfois des arguments venant appuyer une prise de position), marque toute difficulté présentée par le texte, de quelque ordre qu'elle soit. Cependant, et c'est en cela que la *questio* langtonienne nous concerne ici, la difficulté peut être étrangère au texte et suscitée par une interprétation; celle-ci est souvent fournie par la *Glossa* mais il peut y avoir aussi identification précise d'un Père ou d'un auteur postérieur. On comprend alors comment l'exégèse d'Étienne Langton a pu renouveler l'étude de la Bible en Occident et ouvrir les voies de l'exégèse universitaire (plus que ne l'a fait la *Postille* de Hugues de

---

42. Notamment H. de LUBAC, « À propos de la formule : *diversi sed non adversi* », *Recherches de science religieuse* 40 (1952) [= *Mélanges J. Lebreton*] 27-40.

43. Voir surtout le prologue, éd. B. B. BOYER et R. MC KEON, *Peter Abailard. Sic et non*. A critical edition, Chicago-Londres, 1976-1977, p. 89-104, ou PL 178, 1339-1349. Voir notamment J. JOLIVET, *Arts du langage et théologie chez Abélard*, Paris, 1969, p. 238-251; A. CROCCO, « Le cinque regole ermeneutiche del Sic e non », *Riv. crit. di storia della filosofia* 34 (1979) 452-458; J. JOLIVET, « Le traitement des autorités contraires selon le *Sic et Non* d'Abélard », dans J. BERQUE, J. P. CHARNAY et al., *L'ambivalence dans la culture arabe*, Paris, 1968, p. 267-280.

44. *Œuvres de Robert de Melun*, éd. R. M. MARTIN, t. I, *Questiones de divina Pagina*, Louvain, 1932; t. II, *Questiones [theologice] de epistolis Pauli*, Louvain, 1938; *Les « Disputationes » de Simon de Tournai*, éd. J. WARICHEZ, Louvain, 1932.

45. *Quest. de ep. Pauli*, éd. citée, p. 199 : « In quo dissentire videntur Ieronimus et Augustinus, quorum alter, scilicet Ieronimus, non vult quod aliquis in ritu Gentilium vel Iudeorum permaneat, si vocatus ad fidem fuerit; Augustinus vero dicit quia in eo statu in quo vocatus est manere debet, ne scandalizentur infirmi, si tamen status ille fidem non impediat nec in eo spes ponatur... ».

Saint-Cher)[46]. Au XIIIe siècle, en effet, la *questio* dite scolastique constitue l'une des parties du commentaire biblique ; on observera cependant
que par rapport aux genres propres de la dispute, question ordinaire
ou quodlibétique, ou même par rapport au développement des *questiones* dans les commentaires des *Sentences* à partir du dernier tiers du
XIIIe siècle, la *questio* du commentaire biblique est plus brève et plus
sobre dans l'exposé des arguments. En outre, contrairement à ce que
l'on dit parfois, les commentaires bibliques dans lesquels les *questiones*
sont bien délimitées et constituent l'un des trois éléments (avec la *divisio* et l'*expositio*) sont relativement rares (on trouve cela chez Nicolas de
Gorran et dans certains commentaires de saint Bonaventure); la plupart du temps, la *questio*, même si elle est assez complexe, est intégrée à
l'*expositio* ou vient interrompre celle-ci. C'est le cas par exemple chez le
dominicain méridional du début du XIVe siècle Dominique Grima.
Comme dans les questions théologiques, l'interrogation naît souvent
d'une contradiction entre autorités patristiques ou d'une interprétation
d'un Père jugée surprenante[47].

4. 3. *Le regard critique.* Il va de soi que cette mise en perspective
d'autorités à première vue contradictoires pose problème dans un système qui reconnaît aux auteurs anciens, les Pères, une participation à
l'inspiration qui a produit non seulement les Écritures saintes mais
aussi leur exégèse. Un regard critique est-il alors possible? La réponse
est oui; et le prologue du *Sic et non* abélardien nous donne encore
quelques pistes pour explorer ce difficile problème[48]. Mais, sans débor-
der sur ce sujet traité par ailleurs, je me limiterai à l'aspect exégétique
et à quelques textes. Tout d'abord, un texte du commentaire des *Sentences* de saint Thomas (I, dist. 33, q. 1, a. 5) : il s'agit de s'avoir s'il peut
y avoir sans péché contradiction à propos des notions fondamentales
de la théologie, particulièrement autour de la Trinité (*de notionibus*)[49].
L'un des arguments nous amène au problème de l'autorité des Pères[50] ;
je traduis le passage :

> « Si l'on dit que certains tirent prétexte du fait qu'à propos de ces no-
> tions on ne trouve rien dans l'Écriture sainte et qu'ainsi chacun peut avoir
> l'opinion qu'il lui plaît, on peut opposer ceci. Ou bien par Écriture sainte on
> entend le canon de la Bible, ou bien les décrets des saints Pères. S'il s'agit de

46. Voir G. DAHAN, « La méthode critique dans l'étude de la Bible (XIIe – XIIIe s.) »,
dans *La méthode critique au Moyen Âge*, éd. M. CHAZAN et G. DAHAN, Turnhout, 2006,
p. 103-128 (not. p. 118-124).
47. Sur l'ensemble de ce paragraphe, voir plusieurs des contributions au volume
cité sur *La méthode critique au Moyen Âge*.
48. Voir le résumé de notre séminaire, « L'exégèse chrétienne de la Bible », *Annuaire EPHE.* Section des sciences religieuses 106 (1997-1998) 405-408. Abélard
affirme le caractère inspiré des écrits des Pères mais admet que ceux-ci ont pu tem-
porairement être privés de l'Inspiration (*amissio gratiae*) et qu'ils ont pu se tromper.
49. *Scriptum super libros Sententiarum*, lib. I, dist. 33, q. 1, a. 5, éd. P. MANDONNET,
t. I, Paris, 1929, p. 776-777 : « Utrum contrariae opiniones de notionibus possint esse
sine peccato ».
50. Mais, comme le fait observer le P. Gilles Berceville, que je remercie vivement,
il est plus vraisemblable que saint Thomas pense ici aux décisions des conciles (*dicta
sanctorum patrum*) plutôt qu'aux réflexions théologiques de ceux que nous appelons
les auteurs patristiques.

l'Écriture sainte, de même que ces notions n'y sont pas énoncées, de même n'y trouve-t-on rien à propos des Personnes. Donc, pour cette raison il pourrait être licite de nier les Personnes ou de varier leur nombre; ce qui serait toutefois considéré comme de l'hérésie. Mais s'il s'agit des décrets des saints Pères, on y trouve des mentions explicites des propriétés [des Personnes]... Il semble donc que nul ne puisse être excusé »[51].

Un second texte de Thomas, toujours dans son commentaire des *Sentences* (II, dist. 24) va dans le même sens : expliquant le texte même du Lombard, Thomas se heurte à l'affirmation selon laquelle « dans l'Écriture par le nom de sensualité est comprise la partie inférieure de la raison »; il explique que « par Écriture on n'entend pas ici le canon biblique mais les écrits des Pères »[52]. De ces courts textes, on peut tirer deux enseignements. D'une part, Thomas établit une délimitation assez nette entre le canon biblique et la littérature patristique (ou la littérature canonique), tout en englobant l'un et l'autre dans la catégorie plus large d'Écriture sainte; comme le soulignait le P. Congar, il n'en sera pas de même dans la suite de la carrière de Thomas[53]. D'autre part, en tant qu'Écriture sainte, justement, les Pères font autorité en matière de définition théologique. Le problème de leur contradiction éventuelle reste entier.

Je ferai de nouveau appel à la *Summa questionum ordinariarum* d'Henri de Gand. La *questio* 8 de l'article XVI examine quel est l'argument le plus efficace, celui tiré de la raison ou celui tiré de l'autorité. La réponse fait une distinction dans l'autorité : d'une part, l'Écriture canonique, d'autre part les saints et les commentateurs. Henri établit un parallèle avec une « raison claire et lucide, dont la vérité ne peut être mise en doute », et une raison à laquelle on pourrait apporter une contradiction. Mais à l'intérieur même de l'autorité des commentateurs, il faut déterminer si l'explication vise le croire ou le comprendre, *aut enim tendit expositio ad recte credendum aut credita intelligendum.* Dans le premier cas, l'explication la plus efficace est celle qui se fonde sur l'autorité de l'Écriture canonique, mais dans le second, une explication véridique faite au moyen de la raison l'emporte[54]. Ici encore,

---

51. *Ibid.,* p. 776 : « Si dicas quod excusantur propter hoc quod de notionibus nihil in sacra Scriptura habetur, et ita licuit unicuique opinari quod voluit; contra. Aut enim sacra Scriptura dicitur canon Bibliae, aut dicta sanctorum Patrum. Si canon Bibliae, sicut nec de notionibus, ita etiam nec de personis ibi fit mentio. Ergo per eamdem rationem liceret negare personas vel diversificari circa numerum personarum : quod tamen haereticum iudicaretur. Si dicta sanctorum Patrum, contra expresse inveniuntur facere mentionem de proprietatibus, sicut videtur in multis auctoritatibus inductis. Ergo videtur quod omnino excusari non possint ».

52. Lib. II, dist. 24, expositio secundae partis textus, éd. citée, t. II, p. 635 : « Hic per scripturas non canonem Bibliae sed dicta sanctorum significat ». Le texte du Lombard se trouve au c. 13 de la dist. 24; voir éd. de Quaracchi, t. I, Grottaferrata, 1971, p. 460.

53. Voir Y. CONGAR, « Traditio und sacra doctrina bei Thomas von Aquinas », dans *Kirche und Überlieferung.* Festgabe für J. R. Geiselmann, éd. J. BETZ et H. FRIES, Freiburg i. B., 1960, p. 170-210; le même, *La tradition et les traditions,* t. I, Essai historique, Paris, 1960, p. 127.

54. Éd. citée, fol. 109v°-110v°, « Utrum potior sit expositio rationis inuestigatione an auctoritate », responsio : « Dicendum ad hoc, distinguendo primo de auctoritate, quia aut est auctoritas sacrae Scripturae canonicae aut est auctoritas alicuius sancto-

comme chez Thomas, la catégorie plus large d'autorité reconnue admet une différence de degré. Quelque autoritatifs que soient les textes des Pères, ils ne sont pas aussi incontestables que ceux de l'Écriture et ainsi peuvent être objet de discussions.

Le genre exégétique permet donc une certaine souplesse dans l'utilisation des autorités. Nul ne vient évidemment rompre la chaîne de la tradition mais une question sur le bien-fondé d'une interprétation traditionnelle est légitime, même si l'on s'entoure de toutes les précautions pour la poser. L'exemple de saint Thomas dans ses leçons sur les épîtres pauliniennes est remarquable pour la liberté avec laquelle il met en cause certaines interprétations de la *Glossa*; il est vrai qu'alors il s'agit de la *Magna glossatura*, c'est-à-dire d'un texte réaménagé par Pierre Lombard mais qui se fonde toujours sur une tradition exégétique dans laquelle l'apport des Pères est massif. Il vaudrait la peine d'étudier plus en détail ces contestations de la *Glossa* chez Thomas[55]. Elles nous confirment en tous cas que l'exégèse biblique peut être l'espace d'une certaine liberté qui autorise ou, mieux, qui incite à l'examen personnel des prises de position enregistrées par la tradition. Plus peut-être que la littérature théologique, qui se heurte vite à des problèmes de dogme[56].

4. 4. Je voudrais enfin évoquer l'utilisation des Pères dans le domaine très délimité des correctoires de la Bible, auxquels je m'intéresse particulièrement. J'ai montré plusieurs fois l'ampleur du matériau mis en œuvre par les auteurs de ces admirables recueils de notes de critique textuelle : à côté des textes bibliques, qui constituent évidemment le fond de la documentation, les écrits des Pères et d'auteurs plus tardifs sont exploités[57]. Cela selon deux orientations. D'une part, les Pères antérieurs à Jérôme ou ses contemporains sont la source qui fournit les « restes » de Vieilles Latines et la démarche des auteurs de correctoires (qui désignent ces Vieilles Latines par le terme de *Septuaginta*) est la même que celle de dom Sabatier ou des éditeurs actuels de Beuron :

---

rum aut expositorum eius. Et similiter de ratione : aut est clara et lucida, ut de eius veritate dubitari non poterit, aut non est talis, sed cui aliquis contradicere poterit. Secundo distinguendum est de expositione, ut distinctum est in quaestione praecedenti : aut enim tendit expositio ad recte credendum, aut ad credita intelligendum. Si vero expositio tendat ad recte credendum, potior est semper expositio quae est auctoritate canonicae scripturae, quam cuiuscumque rationis... Si vero expositio tendat ad recte credita intelligendum, sic expositio veridica ratione facta ... semper potior est quae fit quacumque auctoritate ».

55. Voir quelques exemples dans notre introduction à la trad. par J.-E. STROOBANT DE SAINT-ELOY, *Thomas d'Aquin, Commentaire de la deuxième épître aux Corinthiens*, Paris, 2005, p. I-XLVIII, « Exégèse et théologie dans le commentaire de Thomas d'Aquin sur la Seconde épître aux Corinthiens » (ici, p. IV).

56. Mais le jeu des arguments opposés permet cette souplesse même en théologie, comme le montre brillamment Alain BOUREAU dans sa contribution au volume cité sur *La méthode critique*, « La méthode critique en théologie scolastique. Le cas des commentaires des *Sentences* (XIIIᵉ - XIVᵉ s.) ».

57. Voir « La critique textuelle dans les correctoires de la Bible du XIIIᵉ s. », dans *Langages et philosophie. Hommage à Jean Jolivet*, éd. A. de LIBERA, A. ELAMRANI-JAMAL et A. GALONNIER, Paris, 1997, p. 365-392 ; plus précisément, sur ce point, *L'exégèse chrétienne*, p. 196-200.

fouiller dans ses moindres recoins la littérature patristique ancienne pour reconstituer les traductions antérieures à la Vulgate. D'autre part, la présence ou l'absence dans les commentaires standards de notes sur des passages donnés permet de se prononcer sur le caractère interpolé ou non de ces passages ; en fait, sur ce point, il faut interpréter avec précaution les remarques des auteurs de correctoires ; noter qu'un commentaire autoritatif comporte une note sur un passage ne signifie pas nécessairement qu'on lui enlève le sceau infâmant de l'interpolation ; cela veut dire plutôt qu'une tradition textuelle a intégré le passage en question, tradition assez forte pour que certains commentateurs ne fassent pas de distinction entre des passages de qualité différente. Voici quelques exemples rapides. Sur *Ex* 3, 2, la Bible de Saint-Jacques a le texte habituel : *Apparuitque ei Dominus in flamma ignis* (il s'agit de l'épisode du Buisson ardent) ; il n'y a pas de *variae lectiones* mais le correctoire note la différence avec l'hébreu et la Septante (Vieille Latine, donc), qu'il trouve chez Augustin : « He. et lxx. *apparuit ei angelus domini*, et sic habet Augustinus »[58]. Le correctoire *Sorbonne II* a une note d'une grande richesse sur *Jg* 4, 8, dans laquelle il produit deux textes de Vieille Latine :

> « *Si nolueris uenire non pergam.* Orig<enes> addit hoc : *quia nescio diem in qua mittet dominus angelum suum mecum.* Augustinus : *in qua prosperat* etc., id est facit mecum prospera per angelum, sed he<brei> non habent nec est t<extus> »[59].

Le texte d'Augustin avait : *quoniam nescio diem in qua prosperat angelum dominus mecum.* L'ensemble du texte « vieille latine » est une interpolation[60].

Je noterai aussi que le contenu de critique textuelle de certains commentaires est bien sûr pris en compte, notamment ceux de saint Jérôme. Je donnerai tout juste cette note du correctoire de Hugues de Saint-Cher sur *Gn* 4, 16, à propos de la terre de Nod vers laquelle s'enfuit Caïn : la Vulgate ne traduisait pas le nom géographique et en donnait l'*interpretatio*, aboutissant au texte *habitavit profugus in terra* :

> « Les LXX ont *dans la terre de Naid*, l'hébreu *dans la terre de Nod*, dont l'*interpretatio* est « instable », ce que nous traduisons par *profugus*. L'hébreu dit cependant que Naid et Nod signifient la même chose, que seul diffère le signe vocalique [*apex*] et que c'est un nom de lieu. Mais Jérôme récuse cela »[61].

58. Ms. *BnF lat. 16719, ad loc.* Pour le texte d'Augustin, cf. *Quaestiones in Heptateuchum II, 3*, éd. J. ZYCHA, Vienne, 18895 (CSEL 28/2), p. 94.

59. Ms. *BnF lat. 15554* (seconde partie), *ad loc.* Sur ce correctoire voir G. DAHAN, « *Sorbonne II*. Un correctoire biblique de la seconde moitié du XIIIᵉ s. », dans *La Bibbia del XIII secolo. Storia del testo, storia dell'esegesi*, éd. G. CREMASCOLI et F. SANTI, Firenze, 2004, p. 113-153.

60. Le texte d'Augustin est fourni par les *Quaest. in Hept. VII*, 26, éd. citée, p. 465. Pour Origène, voir *In librum Iudicum homiliae IV*, 4, éd. W. A. BAEHRENS, Origenes Werke, t. VII, *Homilien zu Numeri, Josua und Judices*, Leipzig, 1921 (GCS 30), p. 494 : « Non ascendam nisi et tu adscenderis mecum, quia nescio diem in qua mittet Dominus angelum suum mecum ».

61. Ms. *BnF lat. 3218*, fol. 137rb : « *In terra profugus.* LXX : *In terra naid*, heb<reus> : *In terra nod*, quod interpretatur instabilis, pro quo dicimus profugus.

Ce sont les *Quaestiones hebraicae in Genesim* de Jérôme qui sont mises ici à contribution[62].

Nous voici au terme de ce parcours rapide dans un territoire immense, puisque les Pères sont constamment présents dans l'exégèse médiévale. Malgré le caractère cavalier et incomplet de cette approche, il est toutefois permis de tirer quelques conclusions d'ensemble. Le fait majeur est celui d'une tradition ininterrompue, chaîne qui remonte à la Parole première et lui doit son inspiration. Il explique plusieurs des caractères propres à l'exégèse chrétienne du Moyen Âge (comme à toute exégèse traditionnelle) et notamment qu'il s'agit d'une exégèse par accumulation, qui à chaque fois cherche à s'insérer, à s'implanter dans le fil d'une tradition. Cela explique aussi le rôle des commentaires anthologiques, intermédiaires qui livrent commodément le contenu de cette tradition exégétique (à ce propos il faut signaler la différence que font les commentateurs, quand ils citent des Pères, entre *in glossa, in originali* ou d'après des florilèges). Cela explique aussi la « circulation » des textes, je veux dire ici la manière très libre dont les commentateurs se meuvent dans le corpus, passant de Bède à Augustin, ou de Jérôme à saint Bernard, non en nivelant tout mais en établissant des distinctions entre Pères et auteurs plus tardifs ou, si l'on préfère, entre *auctores* et *magistri*. Mais le plus remarquable est que cette tradition n'implique pas la répétition stérile ou la paralysie intellectuelle : au contraire, j'avais tenté de le montrer lors d'un précédent colloque[63], elle inscrit le renouvellement comme exigence tout aussi fondamentale, puisqu'elle pose le caractère infini de sa démarche et affirme la nécessité du progrès intellectuel de l'homme, y compris (ou au moins ?) sur le plan de l'herméneutique.

17, rue Cuvier
94120 Fontenay-sous-Bois

Hebreus tamen dicit quod naid et nod idem significant sed in apici differunt et est nomen loci, ut dicit. Sed Ieronimus negat ». La Bible de Jérusalem traduit par un nom de lieu (« et séjourna au pays de Nod »), de même que les autres traductions récentes.

62. *Hebraicae quaestiones in libro Geneseos*, éd. P. de Lagarde, in CCSL 72, Turnhout, 1959, p. 7 : « *Et habitauit in terra Naid.* Quod LXX Naid transtulerunt, in hebraeo Nod dicitur, et interpretatur σαλευόμενος, id est instabilis et fluctuans ac sedis incertae. Non est igitur terra Naid, ut uulgus nostrorum putat, sed expletur sententia dei, quod huc atque illuc uagus et profugus oberrauit ».

63. « Innovation et tradition dans l'exégèse chrétienne de la Bible en Occident (XIIe – XIVe s.) », dans *Auctor et auctoritas : invention et conformisme dans l'écriture médiévale*, éd. M. Zimmermann, Paris, 2001, p. 255-266.

RÉSUMÉ DE L'ARTICLE. — Les Pères dans l'exégèse médiévale de la Bible. Par Gilbert DAHAN.

Deux lignes caractérisent l'exégèse médiévale de la Bible : elle s'inscrit dans une tradi- tion de réception de la Parole divine, elle considère sa lecture comme un progrès infini. Les Pères représentent le fondement de cette tradition exégétique. Peut-être plus, même : ayant aussi bénéficié de l'inspiration, ils font partie eux-mêmes d'une Écriture sacrée, qui dépasse le canon des textes bibliques. On étudie donc ici, notamment à travers un texte d'Henri de Gand, cette notion des Pères comme sacra Scriptura. *Puis on note que certains ouvrages ont joué un rôle déterminant – aux Pères s'ajoutent des auteurs du haut Moyen Âge et même du XIIᵉ siècle. L'une des manifestations les plus claires de cette présence est le commentaire anthologique, qui fleurit dans le haut Moyen Âge, mais se poursuit au moins jusqu'à la* Catena aurea *de Thomas d'Aquin. L'utilisation des Pères est multiple : on ne craint pas d'opposer leurs vues, notamment dans la* questio, *on recherche aussi dans leurs œuvres des traces des traductions anté-hiéronymiennes.*

MOTS-CLEFS : *Bible – exégèse – patristique – Moyen Âge – tradition.*

SUMMARY OF THE ARTICLE. — The Fathers in Medieval Exegesis of the Bible. By Gilbert DAHAN.

Two lines characterize medieval exegesis of the Bible: it falls within a tradition of re- ception of the divine Word; it views its reading as an infinite progress. The Fathers repre- sent the foundation of this exegetical tradition, and perhaps even more: having also bene- fited from divine inspiration, they themselves take part in a sacred Scripture which goes beyond the canon of biblical texts. So it is that we study here, notably by way of a text of Henry of Ghent, this notion of Fathers as sacra Scriptura. *Then we note that certain works played a decisive role – to the Fathers are added authors of the early Middle Ages and even of the 12ᵗʰ century. One of the clearest manifestations of this presence is the anthological commentary, which flourishes in the early Middle Ages, yet continues at least until the* Catena aurea *of Thomas Aquinas. The usage of the Fathers is manifold. One is not afraid to oppose their views, notably in the* questio, *and in their works one searches for traces of pre-Jerominian translations.*

KEY WORDS : *Bible – exegesis – patristic– Middle Ages – tradition.*

Rev. Sc. ph. th. 91 (2007) 129-144

L'AUTORITÉ DES PÈRES
SELON THOMAS D'AQUIN

Par Gilles BERCEVILLE

INTRODUCTION. UN RISQUE D'ANACHRONISME

Lorsqu'un théologien évoque aujourd'hui l'autorité des Pères, il signifie par là une certaine importance accordée dans la foi de l'Église et dans sa propre discipline à l'enseignement des auteurs appartenant aux premiers siècles de l'ère chrétienne. Les Pères sont distingués des maîtres du Moyen Âge et des modernes. Leur enseignement se recommande pour son enracinement biblique et sa portée pastorale et spirituelle. On leur reconnaît un rôle fondateur à l'égard de la doctrine chrétienne : ce sont eux en particulier qui ont procédé aux explicitations et aux discernements ayant abouti aux sept premiers Conciles œcuméniques. Certes tous les Pères n'ont pas la valeur et le poids des Cappadociens ou de saint Augustin. Certains ont même pu développer des théories qui furent officiellement condamnées par la suite. Mais leur proximité plus grande avec la période apostolique, la profonde insertion de leur réflexion dans la vie ecclésiale, le fait qu'ils soient indemnes de certaines oppositions qui à l'occasion de controverses violentes ont postérieurement durci les thèses et appauvri les perspectives, confèrent à leur discours une fraîcheur et une plénitude que l'on retrouve plus rarement après eux et qui fait de la lecture de leur œuvre un ressourcement pour le croyant comme pour le théologien.

« [...] L'Église a connu un moment où elle était assez purement elle-même, assez purement dépendante de ses seules sources divines, assez indemne de collusions avec diverses réalités historiques humaines particularisantes, pour être au maximum ce foyer de communion ouvert à tous, qu'on appelle l'Église indivise. C'est aussi l'Église des Pères, et ils sont les pères de cette Église » [1].

---

1. Cf. Y. CONGAR, *La Tradition et les traditions*. II : Essai théologique, Paris, 1963, pp. 191-216. Pour la citation : p. 203. Plus récemment : COMMISSION BIBLIQUE PONTIFICALE, « L'interprétation de la Bible dans l'Église », *Documentation catholique* 2085,

Le titre de « Père » n'a commencé à être ainsi défini et valorisé qu'à
une époque où l'on s'est démarqué de ce qui était devenu le « Moyen
Âge », souvent pour souligner les déficiences de celui-ci. Dès l'Antiquité
chrétienne, les auteurs ou les conciles se sont référés aux générations
antérieures et ont entendu demeurer scrupuleusement fidèles aux doctrines des Pères dans la foi[2]. Mais on revendiquait alors pour soi-même
une situation de continuité, parfois menacée par des innovations toutes
récentes. Il ne s'agissait pas d'enjamber une époque de décadence pour
se replonger dans un âge d'or de la foi et de la théologie.

Au milieu du XIIe siècle, lorsqu'il commence à traiter du péché originel, le Lombard écrit : « Sur ce sujet, les saints docteurs [*sancti doctores*]
se sont exprimés de façon assez obscure et les docteurs des Écoles
[*scholastici doctores*, ou selon une autre version *scholastici lectores*] ont
émis des opinions diverses »[3]. La distinction semble désormais établie
entre les « *authentica* » et les « *magistralia* », les textes anciens qui jouis-
sent d'une autorité sanctionnée par l'Église et ceux des maîtres qui
enseignent dans les Écoles et qui ont reçu le mandat de déterminer
dans les questions relatives à la foi, sans que leur détermination soit
soustraite, bien sûr, au débat avec leurs pairs et aux contrôles des autorités compétentes. Il n'en demeure pas moins que l'enseignement d'un
théologien du XIIIe siècle comme Thomas d'Aquin a été dispensé bien
avant que l'on oppose la forme de théologie que pratiquaient les Pères
et ce qu'il est convenu d'appeler depuis le XVe siècle la « théologie scolastique »[4]. On peut ainsi penser que Thomas devait avoir dans
l'exercice de sa discipline un rapport aux auteurs de l'époque patristique de type sensiblement différent du nôtre. Comment les identifiait-il,
quelle conception avait-il de leur place dans la réflexion théologique,
quel poids donnait-il à leurs doctrines, et selon quels principes les
commentait-il ?

Nous nous proposons d'abord de rappeler les conditions d'émergence de la catégorie moderne des Pères comme lieu théologique distinct, et la portée de cette périodisation de la tradition ecclésiale, soli-
daire d'une hiérarchisation des autorités. Nous serons alors mieux à
même de rejoindre un Thomas d'Aquin, en deçà de cette critériologie

---

2 janvier 1994, p. 34 : « les Pères de l'Église, qui ont eu un rôle particulier dans le
processus de formation du canon, ont semblablement un rôle fondateur par rapport
à la tradition vivante qui sans cesse accompagne et guide la lecture et l'interprétation
que l'Église fait des Écritures. Dans le courant de la grande Tradition, la contribution
particulière de l'exégèse patristique consiste en ceci : elle a tiré de l'ensemble de
l'Écriture les orientations de base qui ont donné forme à la tradition doctrinale de
l'Église et elle a fourni un riche enseignement théologique pour l'instruction et la
nourriture spirituelle des fidèles ».

2. Cf. CONGAR, *op. cit.*, p. 193-194.

3. *Sent.* II, d. XXX, cap. 6, 1, cité par R. QUINTO, *Scholastica*. Storia di un concetto,
Padoue, 2001, p. 56. R. Quinto relève que la première catégorie correspond à des
Pères comme Grégoire, Augustin, Fulgence de Ruspe, et la seconde à des auteurs
contemporains du Lombard ou d'un passé récent, désignés par le pronom « *quidam* »,
tel Abélard.

4. Cf. R. QUINTO, *op. cit.*, p. 116. Et Y. CONGAR, *op. cit.*, p. 198 : « Jean Driedo, une
quinzaine d'années avant le concile de Trente, assimile la Scolastique aux Pères : le
décisif, à ses yeux, n'est pas l'antiquité chronologique, mais une orthodoxie manifes-
tée par l'approbation de l'Église, surtout celle de l'Église romaine ».

moderne, dans les dispositions qu'il entretenait à l'égard des auteurs jouissant d'une reconnaissance officielle dans l'Église pour la pureté et la sûreté de leur doctrine, les « *sancti* »[5], et les principes qui orientaient sa lecture de leurs œuvres. Je voudrais insister sur le fait que c'est toute sa conception, particulièrement unifiée, de la « doctrine sacrée » qui doit être prise en compte pour apprécier son rapport aux Pères. Une conséquence du recadrage de sa lecture des Pères dans une conception d'ensemble très explicite chez lui de la tradition de la foi sera de reconsidérer la pratique bien connue mais peut-être aussi quelquefois mal comprise du commentaire révérenciel.

1. L'ÉMERGENCE DE LA CATÉGORIE DE LIEU THÉOLOGIQUE ET SON APPLICATION À LA PÉRIODE PATRISTIQUE

C'est au dominicain Melchior Cano qu'il revint d'élaborer, en marge du Concile de Trente[6], le premier de façon systématique et développée, une théorie dite des « lieux théologiques » devenue classique après lui. Melchior Cano ne manque pas dans le *De locis* de reconnaître en saint Thomas son inspirateur et son maître[7]. Celui-ci, écrit Cano, « a indiqué comme d'habitude de façon brève et ramassée quels étaient non pas tous, mais la plupart des lieux théologiques »[8]. Ni lui ni personne d'autre cependant, ajoute Cano, n'a fait jusqu'ici la théorie de leur usage.

Cano se réfère au fameux passage de la *Somme de théologie* (Ia, 1, 8, ad 2) où saint Thomas distinguait entre différentes « autorités », c'est-à-dire entre différents textes faisant autorité : les textes de l'Écriture, des « autres docteurs » que ceux de l'Écriture, et enfin des philosophes païens. Chacun de ces trois ensembles de textes, les références bibliques, les références des docteurs non bibliques et les références philosophiques, est diversement indexé quant à sa portée démonstrative

---

5. *ST* II-II, q. 10, a. 10 : « La doctrine des Docteurs catholiques tient son autorité de l'Église. C'est pourquoi il faut s'en tenir à l'autorité de l'Église plutôt qu'à celle d'Augustin, de Jérôme, ou d'un autre docteur, quel qu'il soit ». Sur l'approbation des Pères par l'Église, voir les références données par Y. CONGAR, *op. cit.*, notes 19 et 20, p. 324.

Thomas explique dans la *Somme de théologie* que le terme de *sanctitas* est connoté par les notions de pureté et de fermeté. L'idée de sanction officielle lui est aussi attachée : « Une chose est dite sanctionnée [*sancitum*] lorsqu'elle est confirmée par la loi » *ST* II-II, q. 81, a. 7. Thomas qualifie ailleurs la pensée des « Docteurs sacrés » d'« intacte », *illibatam* (*In librum Beati Dionysii de divinis nominibus*, cap. 2, lectio 1, Marietti n° 125, Turin, Rome, 1950, p. 40). Il donne l'exemple de l'approbation du symbole d'Athanase par le Pape (*ST* II-II, q. 1, a. 10, ad 3 : « quia integram fidei veritatem ejus doctrina breviter continebat, auctoritate Summi Pontificis est recepta, ut quasi regula fidei habeatur »). Dans le *Quodlibet* IV, q. 9, a. 3, il dit des Grecs qu'ils ne reconnaissent pas « nos saints ».

6. Le concile de Trente s'achève en 1563. La première édition du *De locis* est publiée la même année à Salamanque. Nous le citons ici d'après l'édition de Madrid, 1776.

7. Livre 12, chapitre 3, éd. de Madrid, t. II, p. 137 : « D. Thomas mihi et auctor et magister fuit hujus operis componendi ».

8 *Ibidem.*

dans les argumentations de la doctrine sacrée. Le recours à un texte biblique est un argument propre à la doctrine sacrée, et l'on ne peut aller contre l'enseignement réel et dûment établi, la *sententia*[9], de la page sacrée. Le recours au texte d'un docteur de la foi autre que les auteurs bibliques fournit un argument propre à la doctrine sacrée mais l'avis de l'auteur sollicité n'est pas en soi contraignant, car dans les déterminations de la foi le maître ne s'appuie que sur la Révélation accordée aux prophètes et aux Apôtres. Enfin, la citation des anciens philosophes est un argument emprunté à une autre discipline, qui comme tel bien sûr n'est pas contraignant pour le théologien.

Dans le même article de la *Somme*, lorsqu'il avait énoncé l'objection qui fut l'occasion de la distinction des autorités inspiratrice de l'œuvre de Cano, Thomas avait eu recours à la notion de « lieu » : « *locus ab auctoritate* », « le lieu emprunté à une autorité », disait-il. Comme l'a souligné Ambroise Gardeil dans son article du *Dictionnaire de théologie catholique* consacré aux lieux théologiques, où il reprenait les données fournies par l'étude de A. Lang[10], il y a une « sensible divergence » entre le sens du mot « lieu » dans les Topiques d'Aristote d'une part et dans le *De oratore* de Cicéron ou le *De inventione dialectica* de son disciple, l'inspirateur humaniste de Cano, Rodolphe Agricola, d'autre part. Selon Aristote, les lieux, *topoi*, sont des affirmations très générales susceptibles d'être utilisées dans la phase d'élaboration de sciences diverses. Lorsque Thomas parle du « lieu emprunté à l'autorité », il le fait dans la ligne du *topos* aristotélicien, signifiant par là une citation d'auteur, une *auctoritas*, applicable à des questions diverses[11]. Chez Cicéron commentant Aristote[12] et chez Agricola démarqué par Cano, les « lieux » désignent plus largement les domiciliations d'arguments (*argumentorum sedes, domicilia omnium argumentorum theologicorum* dira Cano[13]), munies chacune d'une « signalisation » (*nota*). Melchior Cano parlera donc d'un « lieu » théologique comme d'une source de principes théologiques apparentés, tous affectés de par leur origine d'une marque distinctive commune. Cano distingue ainsi les dix « lieux » que voici, par ordre d'importance : l'autorité de l'Écriture, celle des traditions du Christ et des Apôtres, l'autorité de l'Église catholique, celle des Conciles, celle de l'Église romaine, celle des « saints anciens », celle des Docteurs scolastiques et des canonistes ; puis celle de la raison naturelle, des Philosophes, et enfin de l' « histoire humaine ». Les sept premiers lieux, fondés sur le principe d'autorité, sont propres aux théologiens ; les trois derniers, raison, philosophie et histoire, fondés sur le principe de raison,

9. Cf. M.-D. CHENU, *Introduction à l'étude de saint Thomas d'Aquin*, Paris, 1950, p. 70.

10. A. GARDEIL, « Lieux théologiques », *Dictionnaire de théologie catholique*, t. IX, 1926, 712-747 ; A. LANG, *Die loci theologici des Melchior Cano und die Methode des Dogmatischen Beweises*, München, J. Kösel et F. Pustet, 1925.

11. ARISTOTE, premier livre de la *Rhétorique*, 1358a. Dans la traduction de M. DUFOUR, t. I, Paris, Les Belles Lettres, 1932, p. 82-83.

12. Cf. CICÉRON, *Topiques* II, 7, trad. H. BORNECQUE, Paris, 1924, p. 69 : « Lorsque nous voulons dépister les arguments, nous devons savoir les lieux où [on les trouve] ; c'est ainsi en effet qu'Aristote appelle comme qui dirait les mangeoires où l'on cherche les arguments [*sedes e quibus argumenta promuntur*] ».

13. *De locis*, l. I, cap. ultimum, Madrid, t. I, p. 4.

sont empruntés par les théologiens et qualifiés d'annexes, « *adscriptitia* ». Lorsque, traitant de la mise en œuvre de la doctrine des lieux théologiques, Cano examine les principes de la théologie (livre XII, chapitre 3), il précise que les deux premiers lieux, Écriture et Tradition du Christ et des Apôtres, contiennent les principes normatifs (*legitima*), les cinq suivants, Église universelle, Conciles, Église romaine, saints anciens, docteurs scolastiques et canonistes, interprètent ces mêmes principes ou en tirent les conclusions.

De la *Somme de théologie* au *De locis*, un rapport nouveau s'est instauré à l'égard de la chronologie. D'un côté comme de l'autre, on trouve l'idée d'une force plus ou moins contraignante des références dans l'argumentation du théologien, en fonction de leur caractère scripturaire ou non scripturaire, théologique ou non théologique. Ce qui est plus explicite au moins chez Cano est le lien entre l'époque et l'autorité. Ce lien plus explicite n'est-il pas un des facteurs de l'adjonction d'une tradition orale du Christ et des Apôtres à l'Écriture ? On place en tête des références sollicitées par le théologien non seulement le texte biblique mais plus largement un enseignement oral ou écrit délivré au moment historique privilégié entre tous de la vie terrestre du Christ et de l'Église primitive. De Thomas à Cano, la catégorie des Docteurs non bibliques s'est par ailleurs divisée dans les deux catégories des « saint anciens » d'une part, des docteurs scolastiques et des juristes d'autre part.

Tout en se réclamant de l'Aquinate, Melchior Cano revendique de faire une œuvre vraiment nouvelle. Un siècle plus tard, Jean de Saint-Thomas, dans son *Cursus theologicus*, en traitant de la science théologique en tant qu'elle est argumentative, commente l'*ad secundum* de l'article 8 de la première question de la *Prima pars* en présentant la liste des dix lieux, qu'il rattache tous à l'autorité de l'Église (« L'infaillibilité de tous ces arguments doit être rapportée comme à sa règle suprême à la réception et à l'usage de l'Église »)[14]. Chez Jean de Saint-Thomas, la désignation des lieux s'est légèrement modifiée. On est passé notamment de l'autorité des « anciens saints » et des « Docteurs scolastiques » à celle des « saints Pères » et des « théologiens scolastiques ». On trouve donc désormais la nomenclature devenue classique : Écriture, Pères, théologiens.

La liste des lieux théologiques dressée par Cano s'est imposée comme une explicitation et un complément de celle des types d'autorités que Thomas proposait dans la *Somme de théologie*. Le P. Sertillanges écrivait ainsi dans l'édition de la Revue des Jeunes, en 1925 :

> « Dans la réponse ad 2um de ce même article [8 de la première question de la prima pars], Thomas fait mention, en passant, de ce qu'on appelle les lieux théologiques, c'est-à-dire les sources où l'on puise les principes de la science sacrée, en vue de valables démonstrations. Il en cite quatre : l'Écriture, les Docteurs (c'est-à-dire les Pères), les philosophes, et la raison naturelle. Il faut y ajouter, d'après l'opinion commune : l'autorité et les cou-

---

14. JEAN DE SAINT-THOMAS, *Cursus theologicus*, Disp. II, art. XII, édition de 1637, t. I, p. 523 : « Sed tamen quaecumque infallibilitas in istis probationibus maxime regulanda est per acceptationem et usum Ecclesiae ».

tumes de l'Église, les définitions des conciles, les décisions du Siège apostolique et du Pontife romain, l'opinion commune des théologiens, enfin
l'histoire humaine [15] ».

Le P. Sertillanges identifie donc la catégorie thomasienne des
« Docteurs autres » que les auteurs bibliques avec la catégorie des
« Pères » dans son acception moderne, et il en exclut les « théologiens »
dont il ne précise pas s'il s'agit des « scolastiques ». Sans aucun doute
Sertillanges identifie-t-il ici théologie et scolastique. Comment pourrait-
on établir cette « opinion commune des théologiens » qu'il évoque ici,
hors de ce que l'on appelait naguère l'École ? Notons seulement que
rien ne permettait à Sertillanges d'exclure dans l'interprétation de la
pensée de Thomas les *magistri* de la catégorie des *doctores*, sinon une
habitude de langage reçue précisément de l'« École » et projetée sans
réflexion sur le texte du Docteur commun. [16]

Quoi qu'il en soit de la fidélité de son rapport à la pensée de Thomas, l'œuvre de Cano est en tout cas reconnue comme décisive par les
historiens dans une évolution de la théologie où les thèses se substi-
tuent aux questions, la théologie dite positive se développant pour les
appuyer, selon l'ordre convenu des manuels : Bible, Pères, auteurs postérieurs, avant de passer la main à la théologie spéculative. Un mouvement de retour aux sources est ainsi impulsé, mais le donné traditionnel risque aussi d'être fragmenté et instrumentalisé. Le Père L. Bouyer
excellait à pourfendre les écueils éventuels de cette approche :

> La Parole de Dieu ne paraît intéresser [nos manuels théologiques] que
> pour autant qu'elle révèle certaines vérités inaccessibles à la raison hu-
> maine. Ces « vérités » elles-mêmes étant conçues comme des énoncés doc-
> trinaux séparés, la Parole de Dieu, finalement, se réduit à une collection de
> formules. On les en détachera, d'ailleurs, pour les réorganiser dans une sé-
> quence plus satisfaisante logiquement, voire pour les retoucher ou les re-
> manier de façon à les rendre plus claires et plus précises. Tout ce qui reste
> après cela de la Parole divine apparaîtra comme un résidu, une espère de
> tissu conjonctif en lui-même dénué d'intérêt [17].

II. LA CONCEPTION THOMASIENNE DE LA DOCTRINA SACRA

Chez Thomas d'Aquin, l'héritage patristique n'est pas encore pensé
comme un « lieu » théologique, un des grands sous-ensembles aux contours étanches de la Tradition. La catégorie des docteurs est ainsi coex-
tensive à toute l'histoire de la diffusion de la foi, depuis les origines.
Cette perfection s'applique d'abord à Dieu lui-même en tant qu'il se
donne à voir aux bienheureux ou qu'il communique la lumière de

---

15. A. D. SERTILLANGES, dans SAINT THOMAS D'AQUIN, *Somme théologique. Dieu*, t. I,
Ire, *Questions 1-11*, Éd. de la Revue des Jeunes, Paris, Tournai, Rome, 1925, p. 331.

16. C. GEFFRÉ, dans son annotation de l'édition de la *Somme* au Cerf, 1984, p. 161,
note 21, réintègre les *magistri* dans sa compréhension de l'expression *Doctores* chez
Thomas.

17. L. BOUYER, *Eucharistie*. Théologie et spiritualité de la prière eucharistique, 2^e
éd., Paris, 1990, p. 36-37.

l'intellect aux hommes ici-bas[18], et elle est participée à différents degrés par toutes les intelligences créées qu'il a choisi de s'associer pour illuminer et instruire l'humanité dans son acheminement par la foi vers la Béatitude. Le Christ, « Docteur des docteurs », les anges qui illuminent et révèlent, les hommes qui reçoivent les révélations et les enseignent, sont les « docteurs de la foi »[19].

De Thomas aux générations de théologiens qui le suivirent, on observe pour le terme de « docteurs » comme pour bien d'autres vocables, le passage d'un usage des mots qui se veut en continuité avec le langage commun, avec toute sa souplesse, et donc avec le langage même de l'Écriture et de la Tradition (toutes les articulations de sens étant cependant soigneusement examinées pour éviter les « sophismes d'équivocité »[20]) à un usage plus spécialisé, plus technique et plus univoque. On peut relever un détail significatif du rétrécissement de la notion de « Docteur » qui, à l'époque moderne s'est imposé au langage théologique, dans le commentaire de la *Somme* par Cajetan, antérieur de quelques années au *De locis* de Melchior Cano (première publication à Lyon en 1540 et 1541). Après la mention de l'Écriture, Thomas parlait dans l'*ad secundum* de l'article 8 de la première question de la *Prima pars* évoqué plus haut des « *autres* Docteurs », « *alii Doctores* ». L'adjonction de l'adjectif indéfini montre encore une fois qu'il était entendu pour Thomas et ses lecteurs que le titre de Docteur s'étendait à l'ensemble du processus de communication des vérités divines, depuis la Révélation faite aux Prophètes et aux Apôtres, jusqu'à l'enseignement subséquent des Pasteurs de l'Église et des maîtres de toutes les générations. Trois siècles après Thomas, son disciple Cajétan, commentant le fameux *ad secundum* supprime *alii*. Il mentionne ainsi « les Docteurs », *Doctores*, sans même relever que l'expression prend chez lui un sens plus restreint que dans le texte de Thomas. Il va de soi désormais pour Cajetan et pour ses lecteurs que, parlant des Docteurs, on ne traite pas des auteurs de l'Écriture, mais des auteurs de la tradition qui en découle.

La conception d'ensemble de la *doctrina sacra* proposée par Thomas, très unifiée, permet en particulier de mieux comprendre il me semble sa manière propre de mettre en œuvre la notion aristotélicienne de subalternation lorsqu'il définit et défend la valeur de science attachée à la discipline dont il a reçu la charge. Bonaventure avait eu recours avant lui à cette même notion dans son Prologue au Commentaire des *Sentences*. Chez Bonaventure, l'ouvrage du Lombard et les commentai-

18. Thomas parle de la vision immédiate de l'essence divine comme de la « doctrina » évoquée par Jérémie 31,34 : « Non docebit ultra vir proximum suum, et vir fratrem suum » (*ST* I, q. 106, a. 1). Il dit encore de Dieu qu'il enseigne l'homme en lui communiquant la lumière de l'intellect, *ST* I, q. 117, a. 1 : « Qui docet hominem scientiam », Ps 97,10.

19. À proprement parler, Dieu lui-même n'est pas Docteur *de la foi*. Il la motive en étant le terme de la volonté de celui qui donne son assentiment à la Révélation (« credere in Deum »), il en est l'objet formel en tant que c'est lui que l'on croit (« credere Deo »), mais dans l'ordre de la foi ce n'est pas lui-même qui illumine ou communique directement aux hommes la vérité. Cf. *ST* I, q. 111, a. 1, et *ST* II-II, q. 2, a. 2.

20. Cf. *ST* I, q. 13, a. 5.

res qu'on en fait sont distingués des livres écrits par les « Docteurs pour défendre la foi ». Les uns et les autres sont cependant regroupés en une seule catégorie, dont la note propre est d'être subalternée à l'Écriture[21]. La certitude qui est attachée à l'enseignement de l'Écriture et la certitude qui est attachée à l'enseignement des défenseurs de la foi et des maîtres des écoles et des universités ne sont pas du même ordre, explique Bonaventure. D'un côté, la certitude de la foi, de l'autre, celle plus fragile de la raison mise au service de l'intelligence de la foi, pour l'exposer ou la défendre.

Chez Thomas, dans le passage parallèle de son commentaire des *Sentences*, c'est l'ensemble de la doctrine sacrée, l'Écriture *et* tous les autres enseignements de la Tradition, qui est présenté comme formant un seul tout, entièrement subalterné à la science de Dieu et des bienheureux[22]. Dans ses déterminations, Thomas procède d'une vision de l'annonce de la foi où sont rassemblés dans une même communauté de Docteurs, enveloppée par le rayonnement des esprits bienheureux et rassemblée autour de l'humanité du Christ, les prophètes et les Apôtres, les pasteurs, les prédicateurs et les maîtres des générations suivantes[23].

Tout unis qu'ils soient dans leur ministère, les docteurs n'occupent pas tous cependant le même rang, et les références que l'on fait d'eux dans l'argumentation théologique n'ont pas toutes le même effet. Le discours inaugural que Thomas prononça à l'occasion de son installation comme maître en théologie le montre bien. Il offre une vision d'ensemble de la Révélation. Thomas s'appuie sur le verset 13 du Psaume 103 : « *Rigans montes de superioribus suis, de fructu operum tuorum satiabitur terra* » (« Arrosant les montagnes depuis ses hauteurs : du fruit de tes œuvres la terre sera rassasiée »). Dans l'humanité bénéfi-

---

21. Commentaire des *Sentences*, Prologue, q. 2, ad 4 : « Ce livre [des *Sentences*] se rapporte à l'Écriture Sainte sous le mode d'une certaine subalternation, et non pas comme une partie principale [au tout]. Il en va de même des livres écrits par les Docteurs pour défendre la foi. En effet, dans la division du savoir, ce n'est pas n'importe quelle détermination qui cause la subalternation, mais une détermination qui tire d'une certaine manière d'un autre côté [*quodam modo distrahens*]. La science de la ligne droite n'est pas subalternée à la géométrie, mais la science de la ligne visualisée, parce que cette dernière détermination tire d'une certaine manière le savoir du côté d'autres principes. Puisque l'Écriture sainte porte sur le crédible comme tel, alors que ce livre porte sur le crédible rendu intelligible, et cette détermination le tire d'un autre côté, « ce que nous croyons nous le devons à l'autorité, ce que nous comprenons, nous le devons à la raison » [AUGUSTIN, *De utilitate credendi* 11, 25], de là vient que comme la science supérieure et la science inférieure relèvent d'un autre mode de certitude, ainsi il y a un mode de certitude différent dans l'Écriture sainte et dans ce livre, et c'est pourquoi on y suit une autre méthode. Et de même que la science subalternée, lorsqu'elle défaille, revient aux certitudes de la science subalternante, qui est plus grande qu'elle, de même le Maître [des *Sentences*], lorsque la raison ne peut plus fournir de certitude, recourt à la certitude de l'autorité de l'Écriture sainte, qui dépasse toute certitude rationnelle ».

22. Commentaire des *Sentences*, Prologue, q. 1, a. 3, éd. Mandonnet, p. 13.

23. Comme expression artistique de cette perspective doctrinale d'une communauté des Docteurs de la foi, relativement tardive mais antérieure encore à la critériologie théologique moderne, on peut penser au tableau dit de la *Dispute du Saint-Sacrement* peint à partir de 1509 par Raphaël dans la chambre des Signatures du Palais du Vatican.

ciant des libéralités divines, Thomas distingue la catégorie des « docteurs » et celle des « auditeurs ». « [...] depuis les cimes de la sagesse divine, commente Thomas, l'intelligence des docteurs est abreuvée ; ces docteurs sont ici signifiés par les montagnes, et c'est par leur ministère que la lumière de la Sagesse divine descend jusqu'à l'intelligence des auditeurs. » Les docteurs qui servent de modèles sont le Christ, « Docteur des docteurs », les Prophètes comme Isaïe ou Ezéchiel, et les Apôtres comme Jean ou Paul, mais ce sont les pasteurs et les maîtres de toutes les générations, chargés de « prêcher, enseigner et réfuter », jusqu'à Thomas lui-même dont on célèbre l'entrée en fonction, qui doivent refléter d'âge en âge leurs vertus. Thomas, qui se désigne ainsi lui-même comme appartenant à la communauté des docteurs se range cependant simultanément dans la catégorie des « auditeurs ». C'est à lui-même qu'il se prêche en énumérant les qualités qui doivent être celles d'une bonne terre : l'abaissement figurant l'humilité, la stabilité figurant la rectitude et le discernement dans l'écoute, la fécondité figurant la bonté de la vie mais aussi l'annonce de la vérité reçue, une annonce capable de multiplier les vérités « à partir du peu de choses entendues ». Ce dernier trait montre bien qui est concerné et quelle place se donne Thomas : il n'est docteur qu'en se faisant d'abord lui-même auditeur humble, judicieux dans ses interprétations, soucieux de porter du fruit.

Comme le titre de « Docteur », la notion de « Révélation » n'est pas jalousement réservée chez Thomas au domaine de l'Écriture. Le caractère tout à fait privilégié de la Révélation consignée dans l'Écriture est cependant bien marqué. Elle est la seule qui puisse servir de fondement à la détermination publique de la foi. « Notre foi s'appuie, enseigne Thomas, sur la révélation faite aux Apôtres et aux Prophètes qui ont écrit les livres canoniques, et non pas sur une révélation éventuellement faite à d'autres docteurs.[24]» Le recours à ces autres docteurs, qu'ils aient été ou pas bénéficiaires d'une révélation particulière, tous placés sans ambiguïté au second rang, serait-il facultatif dans l'étude de la Vérité divine ? Assurément pas, ils tiennent une place indispensable dans l'exercice de la théologie. C'est à travers eux en effet que l'on pourra accéder au sens correct du texte biblique, qui est son sens ecclésial[25]. Dans son commentaire des Noms divins, Thomas formule le rôle dévolu aux Docteurs sacrés : ils nous ont gardé les Écritures composées par leurs prédécesseurs dans toute son intégrité (« *illibatam* ») alors que les controverses contre les détracteurs de la foi les obligeaient à expliciter le donné scripturaire et à lever les ambiguïtés des commentaires[26].

Le principe d'unité de la doctrine sacrée se situe pour Thomas dans la reconnaissance en Dieu de la Vérité première. Toute autorité vient de

24. *ST* I, q. 1, a. 8, ad 2.
25. Cf. *ST* II-II, q. 5, a. 3, ad 2 : l'objet formel de la foi est « la vérité première qui nous est proposée dans les Écritures, celles-ci étant comprises correctement selon la doctrine de l'Église ».
26. *In librum Beati Dionysii de divinis nominibus*, cap. 2, lectio 1, Marietti n° 125, Turin, Rome, 1950, p. 40. Cf. G. GEENEN, « Thomas d'Aquin. VII : Thomas d'Aquin et les Pères », *Dictionnaire de théologie catholique*, t. XV, 1946, col. 738 à 761.

lui. De lui procède la lumière de la raison. Il est l'objet formel de la vertu de foi et de la science théologique. C'est lui qui éclaire, c'est lui que l'on croit. La certitude de l'homme s'appuie sur Dieu, qui la communique par la raison ou par révélation. Ainsi s'explique que la philosophie puisse s'intégrer harmonieusement dans la réflexion du théologien sans rien perdre de sa consistance propre. Par ailleurs, dans l'exercice officiel de la doctrine sacrée dont est chargé le maître, la connaissance de la Révélation n'est pas le fruit d'une inspiration personnelle. Elle se présente comme le bien de toute l'Église dans les Écritures canoniques. La lecture de l'Écriture est le sol nourricier de la spéculation du théologien, « auditeur » avant d'être « docteur ». Pratiquée quotidiennement par tous les maîtres à l'époque de Thomas et de Bonaventure, n'explique-t-elle pas pour une part au moins comment ceux-ci peuvent tenir sans difficulté apparente la thèse de la subalternation de la théologie, que les théologiens postérieurs, certains thomistes des premières génération y compris, auront plus de mal à défendre ou même rejetteront?[27] « La science subalternée que l'on possède, écrit en effet Thomas, ne vérifie parfaitement le caractère de science que dans la mesure où la connaissance est dans une certaine continuité avec celle de celui qui possède la science subalternante.[28]» Or la méditation des Écritures associe le maître et ses étudiants de façon permanente, par la médiation des Prophètes et des Apôtres qui les ont dictées et par celle des autres Docteurs de la foi qui les ont commentées, à la Révélation du Christ. Le recours à l'Écriture a ainsi de lui-même une dimension ecclésiale. Le théologien rejoint en elle l'Église universelle qui en est le destinataire[29] et l'interprète infaillible, notamment à travers les déterminations des souverains pontifes. L'interprétation ecclésiale de l'Écriture s'articule dans les symboles de la foi composés par les Saints autour de quelques affirmations capitales. Mais les *majores* qui ont charge d'enseigner ne sont pas dispensés par la connaissance du symbole de la lecture de l'Écriture, dont le symbole n'est que la grille d'interprétation ratifiée par l'Église, une lecture qui doit toujours s'appuyer sur les commentaires autorisés[30].

III. *PIE EXPONERE*, LE COMMENTAIRE RÉVÉRENCIEL

Tous les discours relevant de la Doctrine sacrée n'ont pas aux yeux de Thomas la même autorité. Ils ne s'imposent pas tous de la même manière à la détermination qui échoit au maître. Ils découlent tous cependant, de façon plus ou moins directe, de la vérité divine, depuis l'expression d'une révélation dont la fidélité totale est garantie, jusqu'au commentaire et à la prédication de ceux qui exercent désormais dans l'Église de façon plus ou moins digne des charges pastorales, les *majores* de chaque génération. « Les inférieurs ne s'en remettent dans leur

27. Cf. J.-P. TORRELL, *Recherches thomasiennes*, Études revues et augmentées, Paris, Vrin, 2000, p. 179.
28. *De Veritate*, q. 14, a. 9, ad 3.
29. Cf. *In Joannem* 21, 24 (*et scimus quia verum est testimonium ejus*) : « [...] loquitur in persona totius Ecclesiae, a qua receptum est hoc Evangelium ».
30. *ST* II-II, q. 2, a. 5 et 6.

foi imparfaitement explicitée aux supérieurs que dans la mesure où ceux-ci adhèrent à la vérité divine. L'Apôtre dit par exemple : " Soyez mes imitateurs, comme je le suis moi-même du Christ ". C'est pourquoi ce n'est pas la connaissance humaine qui est règle de foi, mais la vérité divine.[31]» De cette manière, les enseignements des Docteurs participent tous, quoiqu'à des degrés très divers, de la majesté divine et commandent tous le respect. Prendre conscience de cette perspective générale que nous venons de rappeler, c'est aussi entrer dans une meilleure intelligence du rapport de Thomas aux textes qu'il hérite de la Tradition, en évitant certaines conceptions sans doute quelque peu réductrices et ambiguës de son herméneutique.

Le Père Chenu a situé dans son contexte historique et expliqué les principes de la méthode dite de l' « exposition révérencielle »[32], ce qu'il appelle au passage « la théorie de la *pia interpretatio* »[33]. Après avoir énuméré quelques règles et pratiques par lesquelles saint Thomas dégage dans des passages faisant difficulté l' « intention de l'auteur » ou le « sens historique du texte », à savoir la considération des polysémies, « *sed hoc multipliciter dicitur* »; l'attention à l'usage « jouant contre la propriété des termes »; au style ou *modus loquendi* de l'auteur, qui peut aller jusqu'à disjoindre l'expression de la pensée, les *verba* du *sensus*; le repérage des citations qui ne sont pas nécessairement reprises à son compte par l'auteur (*non asserendo sed citando*...); l'examen du contexte, de la *circumstantia litterae*; l'établissement de l'éventuelle inauthenticité des textes allégués, le P. Chenu s'étend sur le cas où Thomas renonce à tenir le sens d'une *auctoritas*. L'Aquinate recourrait alors à un procédé que le P. Chenu dit autant « curieux » que « conscient ». « Devant [les] insuffisances [des autorités], écrit le P. Chenu, leurs imprécisions, leurs divergences, devant les exigences systématiques d'une construction homogène, il les faut "interpréter", *exponere* », c'est-à-dire « en adoucir les contours grossiers [...] en affiner le vocabulaire, redresser les impropriétés, préciser les solutions ». Le P. Chenu relève la présence d'un procédé analogue chez les artiens et surtout chez les juristes, et sa fécondité. Dans le domaine du droit, on n'hésite pas à parler d'« interprétation tendancieuse », au demeurant « opportune » et « légitime ». Il s'agit alors de modifier le sens originel d'une prescription pour permettre des évolutions institutionnelles sans afficher de rupture. Profiter du passé, prolonger une tradition, lui donner une nouvelle fécondité, en s'ouvrant à des situations inédites. Chez les théologiens, le P. Chenu présente l'*expositio reverentialis* comme un « pieux euphémisme », un « coup de pouce », dont on ne doit pas être « dupe ». Il invite à ne pas attribuer à Thomas un concordisme naïf : comme déjà l'avait souligné le P. Mandonnet, Thomas n'ignore « pas le moins du monde le fait général du développement du dogme et de la diversité des positions que l'on trouve chez les Pères et même dans la carrière doctrinale du seul Augustin [...] quand il rencontre sur son chemin les opinions des Pères, il les amène et les réduit à son propre sens, en les interprétant dans la direction de son système et de ses idées. Au lieu de dire que les Pères se

31. *ST* II-II, q. 2, a. 6, ad 3.
32. M.-D. CHENU, *Introduction...*, p. 122-125.
33. *Ibid.*, p. 124, note 1.

sont plus ou moins trompés, ou qu'il pense autrement qu'eux, il les expose *reverenter*, ainsi qu'il appelle cette manière de faire »[34].

Une telle présentation pourrait faire croire que Thomas en pratiquant l'*expositio reverentialis* veut sauver les apparences, qu'il fait beaucoup plus en fait qu'il ne prétend faire, en toute bonne conscience d'ailleurs puisque personne ne s'y tromperait. Il prêterait à telle « autorité » embarrassante ses propres pensées, tout en sachant pertinemment qu'il modifie le sens originel du texte qu'il reprend à son compte. L'*expositio reverentialis* apparaîtrait dans ces conditions comme une procédure précise et convenue, une interprétation pieuse qui n'est pas loin d'être un pieux mensonge[35]. Chez un auteur comme Thomas, on peut se demander si l'*expositio reverentialis* n'est pas tout autre chose : non pas une « technique »[36] applicable à quelques textes embarrassants de « Pères » vénérés sans être infaillibles, mais l'expression particulièrement forte d'une attitude générale à l'égard de l'ensemble des Docteurs de la foi, et qui n'a rien d'un subterfuge.

Il convient tout d'abord de s'en tenir au vocabulaire de Thomas et d'en chercher la traduction la plus exacte. Jamais on ne trouve chez notre auteur l'expression *pia interpretatio* ou *pie interpretari* comme chez Hugues de Saint-Victor[37] ou Roger Bacon, ce dernier parlant effectivement de « *corrigere Aristotelem pia interpretatione et reverenda* »[38]. Le substantif ou le verbe associés à *pie*, *reverenter*, ou aux adjectifs correspondants, est toujours chez Thomas *expositio* ou *exponere*. Il ne s'agit pas pour Thomas de fixer le sens à donner dans son propre système de pensée à telle formule ancienne, selon un des sens que l'on donne aujourd'hui au terme d'interpréter[39], mais de présenter, d'expliquer, de commenter la pensée des Docteurs elle-même[40]. Dans tous les cas, la détermination exacte du sens visé par l'auteur est recherchée et jamais il ne semble qu'il veuille discrètement l'occulter. En particulier, Thomas invite à ne pas négliger le contexte d'une affirmation, à ne pas l'isoler et

---

34. P. Mandonnet, *Siger de Brabant*, t. I, p. 44-45, note. Cité *ibid.*, p. 125.

35. Thomas rejette pourtant ce qu'il appelle l'*extorta expositio* : cf. *ST* I, q. 39, a.4, ad 5.

36. Le P. Chenu intitule son paragraphe « technique des autorités » et, de façon très significative, il précise en note : « nous rejoignons [par l'interprétation révérencielle] à la fois la théorie de la qualification des lieux théologiques, et les observations des historiens sur le développement des dogmes. », *op. cit.*, p. 123, note 1.

37. *De sacramentis*, livre I, p. 1, c. 2, PL 176, 187, cité par le P. Chenu, *op. cit.*, p. 124, n. 1.

38. *Opus majus*, cité par le P. Chenu, *op. cit.*, p. 124.

39. *Interpretari* signifie classiquement expliquer, traduire, comprendre dans tel ou tel sens. Dans le Commentaire du *Peri hermeneias*, Thomas définit *interpretari* comme le fait de se prononcer sur la vérité d'un énoncé, *interpretatio* pouvant dès lors désigner l'énoncé susceptible d'être vrai ou faux (1 *Perih.* 1). Il définit le même verbe ailleurs comme le fait de donner le sens d'un discours, notamment en le traduisant (*ST* 176, 2 ad 4).

40. *Exponere* et les termes dérivés peuvent correspondre comme *interpretari* au sens précis de donner la signification d'un énoncé (cf. *ST* I, q. 31, ad 2 ; I *Sent.* d. 39, divisio textus), mais aussi plus largement au fait de présenter un texte, de le commenter.

la généraliser indûment (*non sunt extendendae*)[41]. Il faut admettre bien sûr que le principe de cohérence interne d'un corpus puisse le conduire en fait à trop relativiser des affirmations qui risqueraient de contrer des points bien établis de doctrine : comme par exemple lorsqu'il interprète ce que dit l'Ecclésiaste de la mort de l'homme à la lumière de ce que la Sagesse enseigne de l'immortalité de l'âme, puisque les deux livres sont tous deux rédigés, pense-t-il, par le même auteur, le roi Salomon. Mais quoi qu'il en soit de la pertinence de ses interprétations, il s'agit toujours pour Thomas de restituer le sens même du texte.

Pia expositio : La « piété » est selon Thomas une vertu annexe ou partie potentielle de la vertu de justice, qui dispose à rendre à ses parents dans la mesure où cela est possible les sentiments d'affection, le respect (*reverentia*), le dévouement qu'on leur doit[42]. Le même mot désigne le don de l'Esprit qui confère à notre attachement à Dieu et au prochain la sollicitude affectueuse que l'on doit avoir à l'égard du Père céleste et de tous les hommes, dans la mesure même où ceux-ci lui sont liés. Parmi les actes caractéristiques de ce don, Thomas mentionne le fait d'honorer les Saints et, selon un précepte d'Augustin, de « ne pas contredire l'Écriture, qu'on la comprenne ou pas »[43].

Le climat de la lecture des livres saints est celui de la piété. Celle-ci suscite une attention particulière : *pia diligentia, pie considerare*[44]. La considération pieuse s'oppose à l'interprétation rapide et superficielle. Le piété soigneuse de Thomas commentateur se manifeste en particulier dans l'égalité d'attention qu'il accorde aux détails des textes, quitte parfois à en effacer le relief : que l'on pense à son interminable commentaire sur les rites de la Loi ancienne, donnant lieu à l'article le plus long de la *Somme de théologie*[45]. Aucun détail n'est laissé de côté. Il semble que la religiosité scrupuleuse des ministres du Tabernacle revive à travers l'acribie de ses notations exégétiques.

Le commentaire révérenciel correspond donc à mon sens chez l'Aquinate à une attitude très générale à l'égard de l'ensemble de la doctrine sacrée. Lorsqu'il en est fait explicitement mention chez lui, ce n'est pas pour signaler un procédé particulier et plus ou moins contourné de substitution de sens, procédé qui serait appliqué à une catégorie bien circonscrite de textes, mais pour rappeler au contraire que l'attitude générale de piété à l'égard des Docteurs de la foi doit s'appliquer tout particulièrement lorsque l'on rencontre des passages difficiles, que ceux-ci doivent être honorés, que l'on ne doit pas ménager sa peine pour les comprendre, que l'on ne doit pas les trahir en négligeant de pénétrer leur sens véritable. Bien loin de cacher les défauts des Pères comme Sem et Japhet la nudité de Noé, le commentaire révérenciel leur rend d'abord justice en faisant venir au jour leur sens véritable.

---

41. *Contra errores Graecorum*, prologue : « nec etiam extendere oportet, sed exponere reverenter ».

42. *ST* II-II, q. 80, art. unicus.

43. *ST* II-II, q. 121, a. 1, ad 3.

44. *SCG* IV, 54 : « Si quis autem diligenter et pie Incarnationis Mysteria consideret, inveniet tantam sapientiae profunditatem quod humanam cognitionem excedat [...] ».

45. *ST* I-II, q. 102, a. 5.

Dans le cas de références non bibliques, le fait même de manifester un désaccord[46] avec elles est d'ailleurs présenté par Thomas comme une manière de respecter l'intention des auteurs chez qui ces références ont été puisées. Lorsqu'il dit dans la *Somme* que la référence aux docteurs autres que les auteurs de l'Écriture fournit seulement des probabilités à l'argumentation théologique, Thomas a bien soin de se recommander d'Augustin :

> « C'est aux seuls livres des Écritures dits canoniques que l'on m'a appris à faire l'honneur de croire très fermement qu'aucun de leurs auteurs n'ait pu commettre quelque erreur en les écrivant. Quant aux autres, quelle que soit l'excellence de leur sainteté et de leur doctrine, je n'estime pas qu'une chose soit vraie du seul fait qu'il l'ont pensée ou écrite »[47].

Thomas avait sans doute à l'esprit ce passage d'Augustin lorsqu'il dit dans le style plus relâché de son commentaire sur Jean :

> « Il faut faire cette différence entre les nombreux auteurs qui ont traité par écrit de la foi catholique : les auteurs des Écritures canoniques, comme les Évangélistes et les Apôtres, et les autres de cette catégorie, ont affirmé la vérité [de leurs écrits] avec tant de constance qu'ils ne laissent pas place au doute. [Jean] dit ainsi : « Nous savons que son témoignage est vrai ». Et dans Galates I on peut lire : « Si quelqu'un vous annonce un autre évangile que celui que vous avez reçu, qu'il soit anathème ». La raison en est que seule l'Écriture canonique est règle de foi. Les autres auteurs, quand ils traitent de la vérité, disent qu'ils ne veulent être crus qu'en ce qu'ils disent de vrai.[48]»

Conclusion. Unité de la Parole de Dieu et critériologie théologique

J'ai essayé de mettre en lumière la conception encore très unifiée de la Doctrine sacrée qui était celle de saint Thomas, et comment tout l'exercice de sa charge de maître fut dominé par une attitude révérencielle à l'égard de ses pères dans la recherche de la vérité et dans la foi, en particulier de ceux qu'il nommait les *Sancti*.

La théologie du vingtième siècle a redécouvert le sens plénier de la Parole de Dieu. *Verbum Dei* est devenu le titre de la Constitution dogmatique du Concile Vatican II sur la Révélation. Bien loin de se réduire à l'énoncé sans suite de vérités abstraites relatives à Dieu et à l'homme, la Parole de Dieu est l'événement d'une rencontre, l'histoire d'une amitié où il est donné gracieusement à la personne humaine d'entrer dans l'intimité trinitaire[49]. Ce renouveau était trop massif et enthousiasmant pour ne pas produire certains rejets excessifs. Il y a une quinzaine d'années, la Commission théologique internationale publiait un texte où l'on regrettait que soit trop peu étudiée « la doctrine des qualifications

---

46. Un exemple de désaccord exprimé en *ST* III, q. 27, a. 4, ad 3 : « Dicendum quod in verbis illis Chrysostomus excessit ».
47. *ST* I, q. 1, a. 8, ad 2.
48. *In Joannem* 21, 24, Marietti 2656.
49. Cf. Concile Vatican II, Constitution dogmatique *Verbum Dei*, chapitre 1.

théologiques »[50]. Le discernement de ce qui est essentiel à la foi, de ce qui ne l'est pas, de ce qui lui est contraire, reste pourtant un des services attendus du théologien. Dans l'exercice de cette responsabilité, on risque aujourd'hui, au nom d'une approche unifiée de la Révélation, de négliger l'apport de l'époque moderne en matière de critériologie théologique, de manquer en conséquence de finesse dans la manière de qualifier les affirmations relatives à la foi et d'enrôler de façon trop indistincte dans ses argumentations les enseignements provenant des sources diverses du savoir et de la foi.

La critériologie théologique apparaît comme embryonnaire chez Thomas quand on la compare à celles que développa la période moderne. S'appuyant sur une théorie de l'infaillibilité des énoncés de foi[51], la doctrine de Thomas repose sur la distinction de quatre niveaux d'autorité : l'Écriture en son interprétation ecclésiale, les auteurs reconnus par l'Église (les *sancti*), les maîtres théologiens, les philosophes enfin et les autres auteurs profanes. Dans la mise en œuvre souple et réfléchie de cette quadruple distinction, Thomas demeure un maître.

« Moins novateur peut-être qu'on ne l'a cru parfois, a-t-on écrit récemment, Thomas se distingue [...] avant tout par sa capacité à maintenir sa doctrine de façon unifiée au centre d'un faisceau d'influences extrêmement variées.[52] » Cajetan a su discerner et exprimer de la façon la plus concise comment la piété de Thomas fut un des plus vigoureux ressorts de son œuvre : « Le fondement de notre auteur est solide : il était péripatéticien, et donc en cohérence non seulement avec lui-même, mais encore avec les docteurs sacrés. C'est en effet parce qu'il les a suprêmement vénérés que, d'une certaine manière, il a reçu en partage leur intelligence à tous[53]». *Quos quia summe veneratus est auctor ideo quoddammodo sortitus est intellectum omnium.* C'est dans la mesure même où son estime et sa vénération des « Saints » étaient profondes et solidement ancrées en lui, qu'elles motivèrent chez cet amant de la vérité un prodigieux effort d'assimilation et une présentation vraiment nouvelle parce que sincèrement et passionnément fidèle de leur doctrine.

Couvent Saint-Jacques
20, rue des Tanneries
75013 Paris

50. COMMISSION THEOLOGIQUE INTERNATIONALE, « L'interprétation des dogmes », *Documentation catholique* 2006, 20 mai 1990, p. 493-494.

51. Cf. *ST* II-II, q. 1, a. 3.

52. P.-Y. MAILLARD, *La vision de Dieu chez Thomas d'Aquin.* Une lecture de l'*In Joannem* à la lumière de ses sources augustiniennes, Paris, Vrin, 2001, p. 295-296.

53. CAJETAN, *In IIme II^{æ}*, q. 148, a. 4, *in fine*, cité par GEENEN, *loc. cit.*, col. 760.

RÉSUMÉ DE L'ARTICLE. — L'autorité des Pères selon Thomas d'Aquin. Par Gilles BERCEVILLE.

La catégorie moderne de « Pères » n'a pas d'équivalent exact chez Thomas. Le rapport de celui-ci aux auteurs publiquement reconnus par la Tradition, les Sancti, s'inscrit dans une conception très unifiée de la Tradition des vérités divines, la doctrina sacra. Retrouver cette perspective d'ensemble permet de comprendre que le commentaire révérenciel n'est pas chez Thomas une technique permettant de modifier le sens des « autorités », mais plutôt une attitude générale de respect à l'égard des « Saints » qui trouve une application particulièrement forte dans le cas de textes autorisés faisant difficulté.

MOTS-CLEFS : critériologie théologique – lieux théologiques – Pères de l'Église – tradition.

Thomas d'Aquin – Melchior Cano – M.-D. Chenu.

SUMMARY OF THE ARTICLE. — The Authority of the Fathers According to Thomas Aquinas. By Gilles BERCEVILLE.

The modern category of "Fathers" has no exact equivalent in the thought of Thomas. His relationship to authors publicly recognized by the Tradition, the Sancti, falls within the Tradition's highly unified conception of divine truths, the Doctrina sacra. Recovering this unbroken perspective allows for understanding that the reverential commentary is not in Thomas a technique permitting the modification of the meaning of "authorities", but rather a general attitude of respect regarding the "Saints" which finds a particularly strong application in the case of authorized texts presenting difficulties.

KEY WORDS : theological criteriology – sources of theology – Fathers of the Church – tradition.

Thomas Aquinas – Melchior Cano – M.-D. Chenu.